中共陕西省委党史研究室 编

初心永恒

——革命先烈的信仰与追求

 西安交通大学出版社
XI'AN JIAOTONG UNIVERSITY PRESS

图书在版编目（CIP）数据

初心永恒：革命先烈的信仰与追求 / 中共陕西省委党史研究室编 . -- 西安：西安交通大学出版社，2019.5
ISBN 978-7-5693-1183-9

Ⅰ．①初… Ⅱ．①中… Ⅲ．①革命烈士—生平事迹—陕西 Ⅳ．① K820.841

中国版本图书馆 CIP 数据核字（2019）第 099563 号

书　　名：	初心永恒——革命先烈的信仰与追求
编　　者：	中共陕西省委党史研究室
策划编辑：	张瑞娟　贺彦峰
责任编辑：	贺彦峰
出版发行：	西安交通大学出版社（西安市兴庆南路1号　邮政编码710049）
网　　址：	http://www.xjtupress.com
电　　话：	（029）82668315（总编办）　82667874（发行中心）
传　　真：	（029）82668280
印　　刷：	陕西天之缘真彩印刷有限公司
开　　本：	787mm×1092mm　1/16　印张：21.25　字数：223千字
版次印次：	2019年5月第1版　2019年5月第1次印刷
书　　号：	ISBN 978-7-5693-1183-9
定　　价：	46.00元

读者购书、书店添货，如发现印装质量问题，请与本社发行中心联系、调换。
投稿热线：（029）82668284
读者信箱：qsfs2010@sina.com

版权所有　　侵权必究

前言

党的十八大以来,习近平总书记曾在多个场合缅怀先烈,号召我们不忘革命先烈的遗志和初心,为实现中华民族伟大复兴的中国梦努力奋斗。他指出:"一个有希望的民族不能没有英雄,一个有前途的国家不能没有先锋。""一切向前走,都不能忘记走过的路;走得再远、走到再光辉的未来,也不能忘记走过的过去,不能忘记为什么出发。""理想之光不灭,信念之光不灭。我们一定要铭记烈士们的遗愿,永志不忘他们为之流血牺牲的伟大理想。""我们要铭记一切为中华民族和中国人民作出贡献的英雄们,崇尚英雄,捍卫英雄,学习英雄,关爱英雄,戮力同心为实现'两个一百年'奋斗目标、实现中华民族伟大复兴的中国梦而努力奋斗!"……习总书记这些动情感人、铿锵有力的话语震撼人心,时刻激励我们保持初心、砥砺前行。我们必须牢记历史、慎终追远,崇尚英雄、敬仰先烈,从他们的身上汲取精神营养,努力传承好先烈们的革命传统、优良作风和伟大精神。

不忘初心,方得始终。中国共产党人的初心和使命,就是为中国人民谋幸福,为中华民族谋复兴。正是这份初心和使命,使得中国共产党自诞生之日起,就以之为引领,激励和感召着一代又一代共产党人汇聚于党旗之下,书写出了一篇篇可歌可泣的壮丽诗篇。

革命战争年代,无数仁人志士、英雄儿女抛头颅,洒热血,用行动和鲜血践行了共产党人的初心和使命,谱写了一曲曲动人的生命之歌。在他们身上,我们看到了"国家兴亡、匹夫有责"的使命担当,看到了为追求理想奋斗终身的坚定信念,看到了默默奉献、淡泊名利的高风亮节,看到了不惧严刑折磨和死亡威胁的不屈意志……他们的感人事迹和革命精神,就是对共产党人初心和使命的最好诠释。

陕西是一块神奇的土地,更是一块被烈士鲜血浸染过的红色热土。近代以来,这里发生过许多镌刻史册的伟大革命事件:清涧起义、渭华起义、旬邑起义,开创了西北地区武装夺取政权的先声;以三原为中心的渭北革命根据地,以照金为中心的陕甘边革命根据地,以安定、绥德、清涧为中心的陕北革命根据地等工农武装割据的形成,使红色火种成为燎原之势;由陕甘边和陕北革命根据地发展形成的陕甘革命根据地,是土地革命战争后期"硕果仅存"的唯一保存完整的革命根据地,成为中共中央和中国工农红军长征的落脚点、八路军奔赴抗日前线的出发点;党中央、毛泽东在延安的十三年,孕育诞生了光耀千古的延安精神……在这一光辉的历史进程中,无数三秦儿女前赴后继,投入到一场场波澜壮阔、艰苦卓绝的斗争之中,用生命换取胜利、用鲜血书写忠诚。魏野畴、李子洲、王尚德、刘志丹、谢子长……这一个个耳熟能详的名字深深地印刻到了全国人民的心里,他们的形象灿若星辰,他们的精神气若长虹,他们的故事感天动地。

"天地英雄气，千秋尚凛然。"正是这无数的英雄先烈，构筑成了我们民族的脊梁，成为我们不断开拓前进的勇气和力量。从建党到新中国成立，先后有11万三秦儿女为党、为国献出了宝贵生命，其中登记在册的烈士有27812名。在岁月冲刷中，先烈伟业依旧放射出耀眼的光芒；在时代变迁中，英雄精神不断彰显着永恒的价值。我们认为，革命先烈就是我们的初心典范，走近先烈、了解先烈，不仅是对初心的回望与坚守，更是激励我们实现中华民族伟大复兴的不竭动力。为此，我们从浩如烟海的党史资料中披沙拣金、精心挑选了80余名新民主主义革命时期陕西籍或与陕西有关且具有重要影响的革命先烈的事迹，编成这本《初心永恒——革命先烈的信仰与追求》，分九个篇章进行模块化呈现，每篇中的故事按照先烈牺牲时间先后为序排列。这本书辑录了先烈们亲手撰写的文章、信函、诗歌、狱中遗书和绝笔，记述了发生在他们身上的感人事迹和革命故事。我们能够从中真切感受到他们忘我牺牲、无私奉献的革命理想和崇高精神，能够真正读懂中国共产党人坚定执着的初心，能够从中不断汲取精神营养，努力为实现中华民族伟大复兴中国梦贡献力量。

目 录 CONTENTS

篇一 遗书遗志

西安中山军事学校校长史可轩
"弘毅坚忍以持之" / 1

井冈英烈何挺颖
"愿做革命一新兵" / 7

陕西共产革命的播火者李子洲
"将来的社会是光明的" / 12

四川省省委书记刘愿庵
"准备踏着先烈们的血迹去就义" / 20

沪上工人领袖刘秉钧
"携手前进,开辟新人生路径" / 25

清涧起义领导者白明善
"共产党人是杀不完的" / 29

百折不挠的起义领导者王泰吉
"瞑目庆祝红旗飞" / 34

战斗在宁夏民族地区的崔廷儒
"抱最后牺牲的决心" / 42

西北战场上的勇士栗政通
"一个革命者寸心的表白" / 47

篇二　理想信念

西安中山学院院长刘含初
"将来一定会有好光景过的" / 54

陕西早期马克思主义传播者魏野畴
"勿做时代的落伍者" / 59

西北工农革命军总指挥唐澍
"一定要实现共产主义" / 64

建立狱中秘密党支部的雷晋笙
"那堪澎湃英雄血，杀向天涯染杜鹃" / 70

优秀省委书记吉国桢
"不屈不挠的共产主义战士" / 74

天汉播火者陈锦章
"打富济贫、支援红军" / 79

民族英雄谢子长
"我们的一切活动都要为着人民群众的这一根本利益" / 84

群众领袖刘志丹
"革命利益高于一切" / 91

献身统战工作的宣侠父
"健如奔马拙如牛" / 98

商山英杰王柏栋
"为了人类未来的光荣" / 103

陕西第一个团组织创建者王尚德
"闹革命就不能怕" / 108

篇三 永不叛党

燃起渭北革命火焰的许才升
"共产党人是杀不完的" / 114

陕东赤卫队队长张汉俊
"执行革命纪律" / 119

以圣贤豪杰为榜样的张蔚森
"我已身经六险而未死,现在一死复何惜" / 124

陕西最早共产党员刘天章
"生为革命而生,死为革命而死" / 130

两当起义领导者之一刘林圃
"要我叛党是痴心妄想" / 137

共产党的县委书记张鼎安
"国仇未报壮士老,匣中宝剑夜有声" / 143

狱中建立"贞操同盟"者孙宪武
"为了寻求真理,哪怕活剥皮" / 148

篇四 赤胆忠心

礼泉游击支队司令员秋步月
"宁为正义献身,断不愿寄人篱下" / 151

"铁嘴犯人"焦维炽
"铁牢可坐穿,壮志不能变" / 156

不怕杀头的李艮
"当共产党是为了革命" / 160

机智勇敢的李妙斋
"不能让他们跑了" / 164

钢铁铸成的汉子崔文运
"我从入党那天起,就准备为革命而死" / 168

智勇双全的包森
"战场可能会夺去我们的生命,但永远夺不去我们的精神" / 172

抗日名将许权中
"革命不能畏死,怕死就不能革命" / 177

"农运大王"乔国桢
"就是烧成了灰,也仍然是共产党员" / 182

篇五 报国为民

农民英豪薛自爽
"枪不能让敌人拿去" / 189

"铁军"政治部主任廖乾五
"烈士之血,主义之花" / 193

陕南革命先驱陈浅伦
"总有一天革命要胜利" / 199

列宁小学教师张景文
"男当红军女宣传,革命势力大无边" / 205

骁勇善战的红军将领杨森
"一定要把敌人打垮" / 210

血战永济的杨法震
"华北危机,吾辈军人岂能等闲视之" / 215

为人民服务的典范张思德
"为人民利益而死比泰山还重" / 219

威震敌胆的抗日勇士张智法
"多夺机枪,多捉俘虏" / 225

篇六 勇于牺牲

站立不跪的勇士汪铭
"就这样打吧" / 231

韩城赤卫队队长高德辉
"革命不怕死,怕死休革命" / 236

凤州之子赵德懋
"争取言论、出版自由" / 242

牺牲在安边城的红军勇士谭忠余
"我们的武器是用于抗日打鬼子的" / 246

渭北群众领袖黄子文
"战胡匪奋不顾身捐躯疆场" / 251

西府总队作战参谋彭修
"要死就要死在战场上" / 254

篇七 革命夫妻

共赴刑场的白德胜、任志贞夫妇
"我只要你革命到底的一颗心" / 258

同心为党的刘伯坚、王叔振夫妇
"生是为中国,死是为中国" / 265

患难与共的杨虎城、谢葆真夫妇
"精诚团结起来,整齐我们抗日救国的阵容" / 270

篇八 英雄群体

西安九烈士
"头可离颈,志不可灭" / 277

舍身跳崖的贾家三妯娌
"对敌斗争不要怕死" / 282

东江口三烈士张文津、吴祖贻、毛楚雄
"为国捐躯,虽死犹荣" / 286

满门忠烈巩德芳
"革命的胜利一定要到来" / 291

同日就义的周氏三兄弟
"杀了我,我还是一条叮当响的好汉" / 296

为新中国奋斗到底的四八烈士
"为人民而死,虽死犹荣" / 302

篇九 革命同心

献身红色中国的德国牙医冯海伯
"我觉得这个地方很好" / 310

战地救护队长罗锦文
"不打败日本侵略者,决不回家园" / 317

革命教育家杜斌丞
"努力实现民主主义" / 321

篇一　遗书遗志

"弘毅坚忍以持之"

西安中山军事学校校长史可轩

史可轩（1890年—1927年），陕西兴平人。1907年加入同盟会，随后参加了辛亥革命。1913年赴日本入孙中山主办的浩然军事学社，并加入中华革命党。1914年回国从事反袁斗争。1924年先后在冯玉祥部任团长、郑州警备司令、旅长等职。1926年加入中国共产党。后任国民军联军总司令部政治保卫部部长、第一师师长、西安中山军事学校校长。1927年7月因冯玉祥"清党"率部转移，在途经陕西富平美原镇时被反动军阀杀害，时年37岁。

1913年10月27日史可轩写给堂弟史世芳的书信,内容如下:

世芳爱弟英鉴:

顷得来书,展读数过,不觉手舞足蹈。

析吾弟学业进步,感吾弟惠我箴言,喜何如之。地球公转,循一轨道,而不间寒暑。江河赴海,奔流直前而不舍昼夜。斯二语,乃圣贤相传心法,英雄成事基础。在易则为自强不息,在中庸则为至诚无息。禹谟之念兹在兹,汤盘之日新又新。曾子之所谓弘毅,孟子之所谓持志,胥此理也。吾弟能见于此,并以分惠乃兄,余真喜极而狂也。更以事实证之:汉高祖累战累北,卒以垓下一胜而成帝业;刘玄德辗转青、徐、豫、荆,至中年犹寄人篱下,卒取成都而鼎列三分;夏少康以一成一旅中兴夏祚;越勾践身为奴,妻为婢,卒诏吴都;孔子好下敏求,至亡寝食,读周易三绝纬编,卒为至圣;释伽抛弃王位,持心苦行,彷徨沙漠中四十余年如一日,绝饮食者尚数日,卒悟大道于菩提树下,而普度众生。以上俱杰,其目的虽不同,而其所以赴其目的之精神,则同贯彻终始,无间境迹。真所谓江河学海,不到不止,噢可畏也哉!

然言之匪艰,行之维艰。尝见有青年志士,其在学堂也,每欢日,吾将来必如此如此,必不如彼如彼。及其出而应世,其不变节丧志者殆无。非其人立身伊始,即为此自欺之语,而冀以钓数年之名誉也。诚以外界之激刺,社会之熏染,具有莫大之魔力。根器稍薄弱,辄为所融化。梁任公所谓甲关既过,犹有乙关,乙关既过,犹有丙关。其目的愈大,其遇关愈多,即其阻力愈厚,其不退也愈难。谚云:道高一尺魔高一丈,行百里者半九十,有味乎斯言哉。庄子云:与接为构,日与心斗。盖人自堕胎以来,无日不与我身以外之境遇剧战,且不独身以外。自此心以外之躯体百官,亦日与心战,其能征服外界而主之者,斯为圣贤,为豪杰。其为此外界所征服而降之者,即为奴隶,为牛马。人禽之辨,在于几希。唯在各人之自择自用，自作自受。危乎险哉人心易炽，微乎细矣道心难持，此一关吓退了几多英雄汉。吾弟将来身经此关，即知其险要难飞渡也，兄言至此，忽自愧其言之不顾行也，盖兄亦此关退却之败将也。自责不暇，又何可以之责人？只以对于我所最期望、最钟爱之五弟，遂急不择音，而拉杂书此。吾弟其勿以兄自责薄责弟重，而漫不加省，遂问汉斯言也。故弟之所以励兄者，兄还以之励弟。愿我弟兄互相勉励，不间不舍焉可。虽然且与弟更进一言曰：天下无难事，只怕有心人。朱晦翁云书不记，熟读可记，义不精，细思可精；唯有志，不立直是无着力处。拿破仑曰：英雄字典中，并无难之一字。讷尔逊曰：吾生平不知难字为何物，不知何者为难事。盖天下事固有艰难不可思议者，但触此一点自强不息之灵明，则自迎刃而解。古人云：精诚所至，金石为开。舜何人，予何人，有为者，亦若是，此圣贤切要工夫，唯其极即可参天地，育万物。愿弟莫滑口读过。吾弟思想最高，深沉思之，当知此中厚味。再者兄临起身时，检行囊得弟函，知弟苦衷隐忧，尝以泪洗面令我心伤。吾弟少失所恃，诚为人生大不幸。然生于忧患，死于安乐，孤注孳子，其掺心也危，其虑患也深，故达。伤心事，成功母也。弟其善体先母在天之灵，勉修此不幸之身，则祸者，正为福之门也。弟其勉之哉，弟其莫灰心焉。至用工之法，宜先立定远大目的，正当宗旨，然后再躬行实践以赴之，弘毅坚忍以持之，则自不至走错路径也。弟近来文章如何？来函时祈寄数篇为盼！余不多叙。

  此候

学安

兄正轩免冠十月二十七

1914年1月19日，史可轩再次给堂弟复信说："绕吾身以外之困苦艰难，逆心拂意之事，皆所以磨炼成我也。吾人处事能勘得此关底蕴，则一事保万事举矣。"表现了史可轩坚强的革命意志和爱国爱民的赤子之心。

1927年2月间，中共陕甘区委决定，为了培养党的军事人才，委派史可轩等筹办西安中山军事学校，史可轩兼任校长，李林任副校长兼教务部主任，并聘请乌斯曼诺夫、赛夫林等五位苏联专家任教官，对国民军联军中的下级军官以及工农运动中的进步青年700余人，进行军事和政治训练。他常对同学们讲："我们不仅要学好军事理论，更要重视军事实践，既要能文能武，又要知己知彼，为国为民干一番事业，不辜负父老百姓的期望。"

四一二反革命政变后，中共陕甘区委和国民党陕西省党部执行委员会随即发出通电，声讨蒋介石的罪行。陕西各界民众团体开展了声势浩大的讨蒋群众运动。5月5日，为纪念五一国际劳动节和马克思诞辰，在红城（今新城）广场召开了西安各界民众10万人大会，史可轩任大会总指挥，愤怒声讨了蒋介石在上海屠杀革命群众的罪行。5月16日，西安各界人民召开了追悼李大钊烈士大会，史可轩和张含辉主持大会，揭露了帝国主义者和军阀屠杀革命烈士的罪行，赞扬了李大钊的革命事迹和坚贞不屈、为国为民壮烈牺牲的伟大革命精神。

6月19日，冯玉祥参加了蒋介石召集的徐州会议之后，接受了蒋介石"清党"反共的反革命主张，在豫陕两省开展了清除共产党的活动。一时乌云满天，国内局势出现了一个大的逆转。

日夜奔忙于安定后方和支持前线工作的史可轩，听闻汪精卫于7月15日在武汉叛变革命,深感时局危急。7月20日突然接到冯玉祥来电,要他率部立即赶到洛阳。他觉得事有蹊跷,便找到杨晓初、高克林研究商讨,认为冯玉祥的紧急调命,目的是要消灭这支部队,决定表面上接受冯玉祥的命令,带领部队先离开西安但不出潼关,同时将情况急报中共陕西省委(由陕甘区委改组成)等待指示。史可轩当日下午紧急召开了政治保卫部、卫队师和西安中山军事学校的干部会议,决定军事学校学员按原编制随政治保卫部和卫队师行动,由许权中率领,一起离开西安,沿渭河乘船东行,边走边等待省委指示。当部队进抵临潼县交口镇时,省委派崔孟博带信赶到。省委指示:"部队不出潼关,在渭北扎根,保存革命的有生力量,独立发展武装斗争。"遵照省委指示,部队连夜出发,兼程前进,第二天一早到达临潼县康桥镇。从康桥镇再向前进,必经国民军二军田生春师驻防的美原镇。史可轩想利用旧交关系,说服田生春能和他一起行动,把其部队拉过来,壮大革命力量。7月30日晚,史可轩和营长张育生一同去美原镇田生春师部交涉。不料,田生春已被收买,一见史可轩和张育生到来,不顾旧情当即将其捆绑并严刑拷打,逼其投降。史可轩色厉言正、毫不屈服,当夜即被杀害。

史可轩不幸遇难后,部队由许权中率领,进驻临潼县关山镇,为史可轩举行了隆重的追悼会。全体官兵共同宣誓,要团结一致,坚持革命到底。中共陕西省委为了加强这支部队的领导,又成立了由许权中、高克林、杨晓初、高致凯、张汉俊组成的旅党委;还吸收了大量党团员入伍,进一步壮大了部队力量,改善了部队成分。后来,这支部队成为1928年春渭华起义的主力军。

"愿做革命一新兵"

井冈英烈何挺颖

何挺颖（1905年—1929年），陕西南郑人。1920年，考入汉中联立中学读书，参加过反帝爱国学生运动。1925年初，考入上海大同大学数学系，参加了五卅运动。6月，加入中国共产主义青年团，后转入上海大学社会学系学习，其间加入中国共产党。1926年秋，参加北伐战争，任国民革命军第八军团指导员。大革命失败后，先后参加了湘赣边界秋收起义、三湾改编，后随毛泽东上井冈山，参加了开创井冈山革命根据地的斗争。1929年1月24日，在大余战斗中身负重伤，26日途经吉潭村时再遭敌袭不幸牺牲，年仅24岁。

何挺颖遗作五首诗。

其一:
　　散沙柱多四万万,
　　热度只有五分钟。
　　中国不亡无天理,
　　午夜徘徊心如焚。
　　　　（1923年5月）

其二《寄左明》:
　　缪斯女神吾所爱,
　　赛斯先生吾所求。
　　渊明若处荒年世,
　　应不种秫而种粟。
　　　　（1924年秋,左明即廖左明,又名佐民）

其三:
　　南京路上圣血殷,
　　百年侵略仇很深。
　　去休学者博士梦,
　　愿做革命一新兵。
　　　　（1925年5月）

其四《赠陆阿毛》:
　　我不过仅仅教你认识了几个字,
　　你却教我懂得了不少的事。
　　我照着书本给你讲"阶级斗争",
　　你的行动却讲得多么有色有声。
　　在过去无产阶级对于我只是一个概念,
　　今天呵！我才认识了你们这一伙英雄好汉。

你们是天生的革命战士,
我多荣幸做了你们的同志。

（1926年3月,陆阿毛是一名产业工人）

其五《寄佐民》：
四万万人发吼声,
火山爆发世界惊。
中国有了共产党,
散沙结成水门汀。

（1926年12月）

1924年,何挺颖从汉中联立中学毕业后,即奔赴上海,在这里参加了汉中旅沪学生会,受到了马列主义思想的熏陶。1925年,何挺颖考入大同大学数学系。5月,日本资本家杀害中国工人领袖顾正红的消息传出后,上海各界群情激愤,声援工人罢工,揭露日本帝国主义的罪行。何挺颖也积极地投入到这场反帝爱国运动中,参加了罢课、罢市运动,奔走呼号,宣传反帝。为了向家乡传播革命思想,他暑期还参与创办《汉钟》杂志（后改名《新汉》）,向汉中青年宣传新文化和马克思主义基本知识。

1925年秋,何挺颖转入上海大学社会系,学习革命理论,和共进社同志一起研究革命,经常聆听瞿秋白、恽代英、邓中夏等人的授课,积极从事革命活动。同年秋冬,他由中国共产主义青年团团员转为中国共产党党员。

1927年7月,何挺颖接到党组织的命令,在武汉警卫团团长卢德铭带领下,由武汉前往江西,参加南昌起义。中途得知起义部队已经南下，于是率部折向赣西，参加了毛泽东领导的秋收起义。9月中旬到达浏阳文家市，在这里，何挺颖第一次见到了毛泽东，聆听了其关于当前形势的分析及转向罗霄山脉中段游击的讲话。9月29日，起义部队到达江西永新县三湾村，在毛泽东领导下进行了改编，何挺颖被任命为一团三营党代表。他坚决执行毛泽东的指示，以连为单位建立了党的支部和士兵委员会，在班、排建立了党小组，积极整顿巩固部队，实行官兵平等，团结对敌，极大地增强了部队的战斗力。

1927年12月底，湘敌吴尚的第八军独立团及湘东"清乡"司令的"挨户团"共20多个连的兵力，一起扑向茶陵，妄图将新生的茶陵县工农兵政府扼杀在襁褓中。此时茶陵城里只有我军四个连的兵力，他们顽强阻击敌人，从上午一直打到下午，眼看子弹快打完了。在此千钧一发之际，何挺颖、张子清率领的三营赶到，投入战斗，大大地鼓舞了士气。由于敌人不断增兵，敌我双方众寡悬殊，茶陵县工农兵政府主席谭震林与何挺颖等紧急商议，主张撤到农村，退回井冈山。但是这一正确主张却遭到团长陈浩、副团长徐庶、参谋长韩庄剑等人的极力反对。他们以"去湘南打游击"为名，企图把部队带去投靠蒋系方鼎英军。危急时刻，毛泽东根据何挺颖等人的报告，迅速从宁冈赶到茶陵县的湖口，才将这支部队带回井冈山，从而粉碎了陈浩等人叛变投敌的阴谋，挽救了工农革命军。前委处决了陈浩等叛徒，任命何挺颖为该团党代表，张子清为团长，朱云卿为团参谋长。

1928年1月，在毛泽东的领导下，何挺颖、张子清率领部队攻打遂川，打垮了肖家壁的靖卫团，攻占了遂川县城，在万寿宫建立遂川县工农民主政府。2月中旬，部队由遂川到茅坪攻打宁冈新城，取得新城大捷，成立了宁冈县工农兵政府。3月上旬，按照中央和湘南特委要求，将前委改组为师委，毛泽东任师长，何挺颖任师委书记。何挺颖担任师委书记后，积极支持毛泽东工作，抵制"左"倾错误。湘南暴动失败后，朱德、陈毅率部向井冈山转移，毛泽东、何挺颖闻讯立即率部队接应。4月28日，毛泽东率领的井冈山工农革命军，与朱德率领的南昌起义余部、陈毅率领的湘南农军在宁冈砻市会师，成立了中国工农革命军（后改为中国工农红军）第四军。10月14日，湘赣边界特委在茅坪召开第二次代表大会，何挺颖当选边界特委委员。年末，为加强红四军主力二十八团的领导，毛泽东、朱德调配何挺颖任二十八团的党代表兼团党委书记。

1929年1月14日，何挺颖随毛泽东、朱德率领红四军主力离开井冈山转战赣南。24日，在大余同敌人展开激烈战斗，何挺颖亲临一线指挥。由于敌军抢先占领有利地形，激战一天未能打退敌人，何挺颖身负重伤，独立营营长张威、特务连连长郑特等牺牲。毛泽东得知何挺颖负伤的消息后，极为关切，当即指示陈毅转告林彪，要好好照顾，把他转移到安全地区。26日晚，红军撤离大余县城向东转移。夜行军中，遭敌突袭，何挺颖身负重伤不幸牺牲。

何挺颖故居

"将来的社会是光明的"

陕西共产革命的播火者李子洲

李子洲（1892年—1929年），陕西绥德人。1917年考入北京大学，1919年参加了五四运动，并出任北大学生会干事。1921年参加马克思学说研究会。1923年加入中国共产党。1924年回绥德任陕西省立第四师范学校校长，并积极筹备建党工作。1926年底到西安参与筹建国民军联军驻陕总部的工作。1927年任中共陕甘区委组织部部长、陕西省委常委兼组织部部长和军委书记，参与领导了清涧、三原、渭华等地的武装起义。1928年2月任中共陕西省委代理书记。1929年2月因叛徒出卖被捕，同年6月18日在狱中病逝，时年37岁。

1917年夏，李子洲考入北京大学预科，求学期间，正是中国社会发生重大变动的年代。1919年5月，巴黎和会中国外交失败的消息传到北京，震动了北大校园。李子洲义愤填膺，参加了北京各院校在北大召开的学生代表会议和集会游行。6月下旬，李子洲等带领北大学生，参加了包围新华门总统府，向徐世昌请愿示威的斗争，揭露日本帝国主义和北京军阀政府狼狈为奸的罪恶行径，取得了徐世昌接见学生代表的初步胜利。

李子洲十分关心陕西的革命运动。为了"唤起陕人自觉心""宣布陕西社会状况于外界"，1919年秋，李子洲与魏野畴、杨钟健等人一起，整顿了陕西旅京学生联合会，并负责会务。1920年1月出版了《秦钟》（月刊）杂志，李子洲负责发行工作。该刊虽仅出了六期就被迫停刊，但它对反对陕西封建势力和传播新文化，起了很大的推动作用。

为了深入地探求如何在陕西地区开展革命活动等问题，1921年10月，李子洲和刘天章、杨钟健、杨晓初等人又创办了《共进》（半月刊）杂志，仍由他负责发行工作。《共进》的政治观点较《秦钟》前进了一步，锋芒所向，直指陕西反动军阀和封建势力。1922年10月，《共进》半月刊社改为政治性社团——共进社。

1923年初，李子洲由李大钊、刘天章介绍，加入了中国共产党。1923年2月，二七惨案发生，李子洲作为北大学生会的干事，参与了中共北方区委组织的追悼大会，并写了题为《施、林及二七被害诸烈士追悼会有感》的诗篇。诗中写道：

阶级战争开始了，
我们平民阶级的先锋已被敌人戕害了！
我们站在后线的人啊！
鼓舞起奋斗的精神，
拿定牺牲的决心，
手枪、炸弹，
前赴、后继，
争我们最后的胜利，
那才对得起我们牺牲的诸烈士。

我们站在后线的人啊！
要知道："最后的胜利总是属于革命的平民"；
"为革命而死的人虽死犹荣"。
勿愁不能成功；
勿惧牺牲性命！
手枪、炸弹，
前进、冲锋，
杀尽那无恶不作、祸国殃民的军阀，
那才能使社会平等，
那才算得血性男儿。
我们站在后线的人啊！
"懦弱者"的徽号不好听啊！
如若是甘心受人压迫，
永远为人所屈服，
能兑了"懦弱者"的讥诮吗？

我们站在后线的人啊！
诸烈士的担子移在我们的肩上了，
诸烈士的成功与失败全看我们的进退。

前进！
前进！！
齐前进！！！
完成他们——诸烈士——的工作，
争我们的自由幸福。
前进！
前进！！
齐前进！！！

1924年秋到1926年冬，李子洲在陕北除办学外，还积极建立党、团组织，开展群众运动。当时陕北已经出现了共产党员和社会主义青年团员，亟待党、团组织的建立。李子洲和王懋廷、王复生与李大钊联系，在绥德建立了由中共北方区委领导的党团支部（不久改为特支），吸收李瑞阳、霍世杰、白乐亭、王兆卿、乔国桢、刘志丹、李登霄等一批青年参加党、团组织。他还派王懋廷、王复生、白乐亭等多次去榆林中学进行革命活动，1925年秋，在李子洲的主持下，成立了榆林中学党支部、榆林女子师范党支部和榆林街道党小组。省立第四中学在延安成立后，李子洲即协助校长呼延震东聘请党、团员王超北、刘尚达等到校任教，通过他们在四中发展了一批党、团员，建立了党、团支部，从而使党的力量在陕北这个闭塞落后的地方逐渐发展起来。

1927年7月11日，中共陕甘区委改组为陕西省委，李子洲任常委兼组织部部长。为应对反革命逆流的到来，陕西省委曾向中央提出过一些措施和办法，但由于白色恐怖严重以及其他原因，陕西省委始终未能直接得到在武汉的党中央的指示，决定派李子洲亲赴武汉，向党中央汇报请示工作。7月下旬，李子洲冒着被通缉的危险，化装成商人，秘密离开西安，日夜兼程，于8月初抵达武汉。在武汉，他和已转入地下的党中央秘密接上关系后，连夜代表省委起草了《关于陕西工作开展问题向中央请示》的报告，对陕西大革命失败后的局势、冯玉祥对革命的态度等问题做了详细汇报，请求中央选派强有力的同志来陕工作。

邓小平为《李子洲》一书题词

随后，李子洲携带八七会议文件和中央对陕西工作的指示精神，迅速返陕。9月26日至27日，李子洲和省委书记耿炳光在西安红埠街9号秘密召开了陕西省委第一次扩大会议。这次会议是在革命的紧急关头召开的，它纠正了陕西党组织内的右倾错误，制定了新的政策和策略，逐渐把党的工作重心放在准备和组织武装反抗国民党的反动统治方面，使陕西的革命斗争进入一个新的历史时期。

其间，李子洲为贯彻党的八七会议决议，呕心沥血，做了大量工作。九二六会议前后，选派了一批得力干部到党和群众基础较好的渭南、华县、旬邑、礼泉、三原等县加强领导。同时，他与省委其他领导人运筹帷幄，部署和领导了清涧、渭华等地的武装起义。

李子洲参与组织领导的清涧、渭华起义虽然失败了，但它们对国民党反动派的血腥屠杀政策给予了英勇的反击，加深和扩大了党在广大人民群众中的影响，为革命培养和锻炼了一批骨干力量，也为刘志丹、谢子长等后来建立陕甘边、陕北革命根据地，开展武装斗争打下了基础。

1929年1月底，陕西团省委书记马云藩被捕叛变，向敌人供出了李子洲和省委其他领导人，省委机关遭到严重破坏。2月2日深夜，李子洲和党团省委的其他负责人刘继曾、徐梦周、李大章、刘映胜等先后被捕，关押在西安市西华门敌军事裁判处看守所。

敌人抓到李子洲等省委负责人后，对他们采取了种种威逼利诱的卑劣手段，企图从他们身上捞到共产党的重要机密。李子洲和刘继曾感到可能会有叛徒出卖，决定加强对被捕党员的教育工作，密切注意狱中党员的表现，并对开始动摇的一些党员，进行耐心说服教育，要他们经得住考验，对一些形迹可疑的人，则提高警惕。几天后，敌人又审问李子洲，要他供出渭华起义中党的活动情况和党的文件藏在哪里，继而恫吓，扬言要施以毒刑。但李子洲坚贞不屈，敌人仍然无法从他口中得到半点党组织的机密。

敌人一计不成，又生一计。约在李子洲入狱一个月后，肖振瀛命守卫兵一律卸掉狱中"政治犯"的脚镣，在生活待遇上，也特别"关心"起来，以头等白面相待，妄图用"软化"的手段来劝李子洲屈服。国民党陕西省政府主席宋哲元还在肖振瀛等陪同下，装出一副慈善的面孔来"看望"狱中的"政治犯"。宋哲元装模作样地说："李先生，你好！我来看望你们了！"李子洲怒目而视,冷冷地回答了一句:"谢谢!"宋哲元又问:"李先生,你相信什么主义呀?"李子洲昂然答道:"我相信列宁主义!"宋反问:"信仰列宁主义有什么好处?"李子洲理直气壮地回答:"列宁奉行共产主义,反对剥削和压迫。他一生为人民谋利益,丝毫不顾自己。他领导俄国革命成功,是一个伟大的人物。"宋哲元无言对答,调转话题,又以威胁的口吻问:"李先生你怕死不怕死?"李子洲巧妙地回答:"古人言,死生由命,富贵在天嘛!"宋哲元碰了一鼻子灰,露出一副窘相,继而又说:"我如果把你释放了,你还干不干共产党的事?"李子洲坦然地回答:"你们是不会释放我的!"宋哲元束手无策,半晌说不出话来。

敌人的软硬兼施全落空后又采取了所谓"攻心战术"。他们给狱中每个人发了一本《三民主义》的小册子,指定让李子洲讲解。李子洲把敌人的"教诲室"当讲坛,巧妙地同敌人进行斗争。他用大量的历史事实,赞颂孙中山国共合作的主张和实践,讲解联俄、联共、扶助农工的三大政策,揭露国民党蒋介石挂着羊头卖狗肉,镇压人民革命的罪恶勾当。敌人无计可施,又重新给他带上沉重的脚镣,生活上也百般虐待,吃的尽是发了霉的黑面和掺着砂子腐烂了的小米,酸霉味刺鼻,难以入口。

这时已是春末夏初,牢房里阴暗潮湿,加上粪便的腥臭,苍蝇、跳蚤、臭虫的活动,使人终夜不得入睡。李子洲入狱前就已积劳成疾,此时胃病更加严重,随后又患伤寒,继而转发肺病,身体越发消瘦下去。狱中同志心里非常难过,多次劝他用"济难会"（狱外共产党救济受迫害的同志的秘密组织）的经费买些滋补药品，李子洲都婉言谢绝了。他说："目前党组织的费用非常困难，要为党的事业着想，照顾大多数同志，我的病好不了啦，不要管我！"同志们看到，在敌人的折磨和摧残下，李子洲病已垂危，便联名上书反动当局，强烈要求给李子洲卸镣。但直到李子洲病逝前几天，敌人才派来卫兵卸镣。李子洲愤怒而坚毅地说了一声："不用了！"

在狱中，李子洲曾通过看守和狱外友好人士的帮助，给在家乡的妹妹李登岳写了一封信。他在信中写道：

> 我并不惧怕死，早把生死置之度外了。我一个人牺牲了，会有更多的人站起来。不要为我伤心流泪，勇敢斗争下去，党的事业必胜，将来的社会是光明的！

李子洲在生命最后一息发出的这铿锵有力、鼓舞人心的言辞，充分表现了一个共产主义战士视死如归的坦荡胸怀，和对未来充满必胜信念的崇高精神境界。

6月，天气逐渐炎热，牢房里闷得透不过气来。李子洲的病情愈益恶化，虽经友人韩兆鹗请名医王志蔚治疗，但仍不能好转，不幸病逝狱中。

"准备踏着先烈们的血迹去就义"

四川省省委书记刘愿庵

刘愿庵(1895年—1930年),陕西咸阳人,幼年移居成都。1925年上海五卅惨案发生后被推举为叙州五卅惨案后援会负责人之一。同年加入中国共产党,并任中共成都特支书记。1926年冬被派往合川陈书农部开展兵运工作,配合刘伯承等领导了泸州、顺庆起义。1927年任中共四川临时省委常委、宣传部部长。1928年改任临时省委组织局主任。同年6月在中国共产党第六次全国代表大会上当选为候补中央委员。1929年后,任中共四川省委书记。1930年5月因叛徒出卖被捕牺牲,时年35岁。

刘愿庵就义前一天,写给爱人的家书:

我最亲爱的:

久为敌人所欲得而甘心的我,现在被他们捕获。当然他们不会让我再延长为革命致力的生命,我亦不愿如此拘囚下去。我现在准备踏着先烈们的血迹去就义,我已经尽了我的一切努力,贡献给了我的阶级,贡献给了我的党,我个人的责任算是尽到了。所不释然的是此次我的轻易,我的没有注意一切技术,使我们的党受了很大损失。这不仅是一种错误,简直是一种对革命的罪过。我虽然死了,但还是应当受党处罚的。不过我的身体太坏,在这样烦剧的受迫害的环境中,我的身体和精神,表现非常疲惫,所以许多地方是忽略了。但我不敢求一切同志原谅,只有你——我的最亲爱的人,你曾经看见我一切勉强挣扎的困苦情形,只有希望你给我以原谅,原谅我不能如你的期望,很努力地、很致密地保护我们的阶级先锋队,我只有请求你的原谅。

对于你,我尤其觉得太对不住了。你给了我的热爱,给了我的勇气,随时鞭策我前进努力,然而毕竟是没有能如你的期望,并给以你最大的痛苦。我是太残酷地对你了。我惟一到现在还稍可自慰的,即是我再四的问你,你曾经很勇敢的答应我,即使我死了,你还是——并且加倍地为我们的工作努力。惟望你能践言,把死别的痛苦丢开,把全部的精神,全部爱我的精神,灌注在我们的事业上,不应该懈怠、消极。你的弱点也不少,所对一切因循、缺乏勇气与决心,加以极大的补救,你必须要像《士敏土》里的黛莎一样,有铁一样的心。

对于你的今后,必须要努力作一个改革的职业家,一切教书谋生活等个人主义的倾向,当力求铲除,这才是真正地爱我。……假如我死后有知,我俩心灵惟一的联系,是建筑在你能继续我们的工作与事业，而不是联系在你为我忧伤和忠贞不贰上面，这是我理性的自觉，绝不是饰词，或者故意如此说，以坚定你的信念，望你绝不要错认了！

对于我们的工作，如果能给我以机会，我或者可以写出许多话来，但现在是不可能。不过这一切问题，历来的决议说得很多了……然而我们的许多同志总是借口许多理由，说在实行上，事实上有某种困难，把他修改或者取消了，这充分表现出畏难苟安的小布尔乔亚的恶习。我们并不是说没有困难，但布尔什维克的精神，是需用一切的努力去战胜这些困难，绝不是对于困难屈服（修改原则或取消主义）。这是我理应能够而又必须最后说的一句最重要的话。

对于我的家庭，难说，难说，尤其是贫困衰老的父亲，……整个社会无量数的老人在困苦颠连中，我的家庭、我的父亲，不过（是）无量数之一分子而已。我的努力革命，也何尝不是如此。然而毕竟对于家庭，对于父亲是太不孝了。社会是这样，又复何说。此后你若有力，望你于可能时给父亲以安慰和孝养，尤其是小弟妹，当设法教之成人，这是我个人用以累你的一件事。不过对于我死的消息，目前对家庭，可暂秘密不宣，你写信去说我已到上海或出国去了，你随时编造些消息去欺骗父亲好了。不过，可怜的父亲，是有两个儿子的生或死，永远不能知道了。五弟不自振作，可以说，五弟媳当使工作，不需她始终有个依赖丈夫想做所谓太太的观念，你应在可能时，在教育方面帮助她。

端儿是我很喜欢的一个孩子，也是我们兄弟存留的一个独孩子，你在不妨碍工作范围内，可以抚养她，五弟媳是不会教育孩子的。只是我未免太累你了，然而这也是无法可想的，你能原谅我。

望你不要时刻想起我，……更不要无谓的思量留念，这样足以妨害工作，伤害身体，只希望你时时刻刻记起工作，工作,工作!

我被捕是在革命导师马克思的诞生(日)晨九点钟。我曾经用我的力量想销毁文件,与警察搏斗,可恨我是太书生气了,没有力量如我的期望,反被他们殴伤了眼睛,并按在地上毒打了一顿,以致未能将主要的文件销毁,不免稍有牵连,这是我这两日心中最难过的地方。只希望同志们领取这一经验,努力军事化,武装每个人的身体。

你的身体太弱,这是我不放心的。身体弱会影响到意志不坚决与缺乏勇气,望你特别锻炼你的身体。主要方法是习劳,吃药是不相干的,望切记。

我今日审了一堂,我勇敢地说话,算是没有丧失一个布尔什维克主义者的精神,可以告慰一切。在狱中,许多工人对我们表同情,毕竟无产阶级的意识是不能抹杀的,这是中国的一线曙光,我的牺牲,总算不是枉然的,因此我心中仍然是很快乐的。

再,我的尸体,千万照我平常向你说的,送给医院解剖,使我最后还能对社会对人类有一点贡献,如亲友们一定要装殓费钱,你必须如我自愿和嘱托,坚决主张,千万千万,你必须这样才算了解我。

别了,亲爱的……,不要伤痛,努力工作,我在地下有灵,时刻望着中国革命成功,而你是这中间的一个努力工作的战斗员!

你的爱人死时遗书
五月六日午后八时

1927年四一二反革命政变后,白色恐怖笼罩全国,中共川东组织遭到严重破坏,省会城防司令向育仁加强了对成都地区革命活动的镇压。刘愿庵、钟善辅等共产党人遭到通缉。刘愿庵坚持革命,毫不动摇,转入地下,继续斗争。

1928年2月，中共四川临时省委第一次扩大会议在巴县秘密召开，正式成立了中共四川省委，刘愿庵被选为省委常委兼管宣传工作。3月，任代理省委书记。6月，赴莫斯科出席中国共产党第六次全国代表大会，当选为中共中央第六届委员会候补委员（化名刘坚予）。中共六大后，刘愿庵从莫斯科回国，恢复了再次遭到破坏的四川临时省委。1929年6月，四川临时省委在成都召开第二次扩大会议，选举成立中共四川省委，刘愿庵当选为省委书记。

1930年春，面对四处燃起的革命烽火，反动军阀采取"自首"政策，设立特务委员会，在各县、市建立起清共组织，网罗叛徒，捕杀共产党人，摧毁党的组织。4月28日，刘愿庵召开省委各部委负责人紧急会议，要求剩下的同志坚持斗争，并重新进行分工，刘愿庵任书记兼宣传部主任。5月5日，刘愿庵和邹进贤、程攸生等在重庆浩池街一家酱园铺楼上开会时，由于叛徒陈茂华的出卖，被敌逮捕。刘愿庵被捕后，军阀刘湘首先采取"蜜糖"策略收买他，派刘愿庵的早年朋友、亲戚来劝降，以院长、厅长等高官和金钱为诱饵，要刘脱离革命，均遭拒绝后，又于5月6日在中国工农红军第二十一军军事法庭审判刘愿庵，妄图以势慑人。在法庭上，刘愿庵神态自若，把法庭当讲台，宣传党的主张及共产主义真理，全场为之震服。

刘愿庵深知，敌人将会置自己于死地。临刑前一天，他给爱人写了遗书。1930年5月7日，刘愿庵与邹进贤、程攸生等同志一起，被押赴刑场，英勇就义。

"携手前进,开辟新人生路径"
沪上工人领袖刘秉钧

刘秉钧(1901年—1931年),陕西城固人,1923年在上海南方大学就读时加入中国共产党,是汉中首位中共党员。1926年,刘秉钧毕业于上海文治大学,就任上海乐育中学校长,受党的指派先后担任文治大学学生会主席、中共上海法南区委书记兼中共江苏省委候补委员等职,直接参加了上海工人三次武装起义。1927年10月25日被捕入狱,1931年4月中旬牺牲于上海法租界捕房西牢,时年30岁。

1923年，刘秉钧返乡探亲，沿途宣传新文化、新思想，以《癸亥暑假旋里见闻录》为题，在《汉钟》月刊上连续发表八篇文章，在《文字鼓吹》一文中写道：

> 鄙人于本年暑假旋里一次，在家乡每遇父老兄弟姐妹，谈及地方时局，未有不痛苦流涕，泣诉目下生活的惨凄，俱云"非早日开辟新人生路径，我汉中的人惟有束手待毙"，可知吾汉中现时之需要新生活，真若大旱之望云霓，要使新生活何由实现，诸君试想：满清末叶，倘无一般学者鼓吹革命，则清室江山，岂易指日推翻；洪宪帝制，若无舆论反抗，安知不稳坐至今。

1924年9月10日，他又写道：

> 我看现在我汉中人民处在深潭之上，荒山之下，左有强盗，右有贼兵，且此立足之地又眼见将倾。素日听天由命，今则呼天不应，命危旦夕！诸君试想：此时众人之一线生路何在？若不上此荒山，果真坐以待毙吗？

1924年，刘秉钧一面刻苦攻读，一面利用课余之暇及假日奋力撰稿。曾先后用刘秉钧、萍衡、刘平、鼙痕等名字，发表《哪一条是往新人生路上去的路？》《年来服务〈汉钟〉之兴趣与经验和今后应取之方针及应求改良之所在》等数十篇文章。用犀利的文笔抨击时政，揭露帝国主义、封建主义和盘踞在汉中地区的军阀吴新田压迫人民的罪恶，呼唤广大青年知识分子走革命之路，他说："环境逼着我们不得不走的这一条生路，就是要大家团结起来，携手前进，开辟新人生路径。"

1925年5月，顾正红惨案发生后，上海内外棉各厂数千名工人奋起罢工。5月30日，刘秉钧带领文治大学学生宣传队伍，前往租界各马路游行宣传，张贴标语，散发传单，高呼"打倒帝国主义！""收回租界！""为顾正红报仇！"等口号，并激昂慷慨地陈述日寇枪杀中国工人的经过及帝国主义的侵略阴谋。租界捕房出动大批巡捕，在南京路上殴打、驱散和逮捕讲演队员，穷凶极恶的巡捕悍然向手无寸铁的人群开枪射击，制造了震惊中外的五卅惨案。面对这血淋淋的罪行，刘秉钧万分悲愤，立即撰文指出："在上海公共租界南京路发生的残杀事实，绝不能看作外国警吏的偶然行为，而是帝国主义统治下加于中华民族全体的一大威胁和必然结果。"随后又撰写《五卅惨案究竟是怎么一回事》的长篇评论，精辟地阐述了五卅运动的深远意义和真相，强烈谴责帝国主义的侵略行径和屠杀罪行，使外界获知五卅惨案的真相。

北伐战争时期，为配合北伐军进军上海，推翻军阀统治，建立国民政府，党中央和中共上海区委先后发动上海工人举行了三次武装起义。刘秉钧积极参加三次武装起义，按照党的指示和安排，在迎接北伐军进军上海的战斗中发挥了重要作用。

四一二反革命政变后，白色恐怖笼罩上海，党中央决定撤销中共上海区委，分别成立中共江苏省委和中共浙江省委。1927年9月9日，由王若飞筹备召开了中共江苏省委会议改组了省委。刘秉钧在这次会议上被选为中共江苏省委候补委员。

之后，在极其艰苦的条件下，刘秉钧领导法南区委，坚持革命斗争。1927年10月25日，刘秉钧在萨坡赛路（现淡水路）一联络点召开区委和有关人员会议时，因叛徒告密，不幸被捕，被关押在法捕房西牢。法捕房和国民党反动当局联合对刘秉钧进行会审，妄图从他身上打开缺口。在狱中，刘秉钧化名张国珍，机智地与敌人做斗争。据理驳斥敌人的指控，使敌法官无言以对，由于敌人并未掌握刘秉钧的确凿证据，最后法庭不得不改变原拟死刑的判决，而笼统地宣布张国珍（刘秉钧）以共产党仇杀案判处有期徒刑五年。

刘秉钧在狱中受尽敌人精神和肉体的摧残折磨，但他以坚定的共产主义信念和视死如归的革命精神，继续与敌斗争。刘秉钧落入虎穴后，党组织曾多方营救，他原来所在的文治大学校长倪羲抱及其弟刘秉铖等人也四处奔走，均未奏效。刘秉钧在狱中度过三年多非人的生活，于1931年4月中旬牺牲。

"共产党人是杀不完的"

清涧起义领导者白明善

白明善（1896年—1932年），又名白乐亭，陕西清涧人。1923年初入绥德陕西省立第四师范学习，后入上海大学学习。1925年加入中国共产党。1926年奉调回陕，任国民军联军总政治部宣传科科长、印刷局局长，参与编辑《新国民军》报。1927年参与筹划领导清涧起义。曾任中共绥德县委书记，中共陕北特委宣传委员兼米脂县委书记。1931年，因叛徒告密被捕，经受敌人的刑讯逼供，仍坚强不屈。1932年1月21日，被敌人杀害，时年36岁。

1923年初，白明善以作文第一名的优异成绩考入绥德省立第四师范（绥师）。校长高竹轩因循守旧，又贪污办学经费，引起学生义愤。寒假前夕，绥师学生推举白明善与刘嘉善、杜嗣尧、高光祖、李民轩为代表开展"驱高运动"，并由白起草了致陕西省教育厅厅长的信函，要求撤换高竹轩，另派贤能任校长。结果，高于1924年5月被免职，榆林中学教师李子洲接任校长。这一年，绥师成立青年社，白明善成为其成员，又被李子洲推荐加入共进社，成为共进社绥德分社和陕北青年社的主要负责人，还创办了隔日油印刊物《陕北青年》和《塞声》半月刊。其间，白明善被陕北国民会议促成会推选为全国代表大会代表。

1924年冬，白明善赴京途中行至山西汾阳，得知段祺瑞

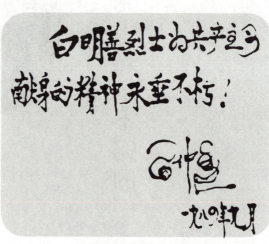

习仲勋给白明善的题词

为抵制国民会议召开而公布完全由临时执政府操纵的"善后会议"《条例》，遂返回陕北。不久，经李子洲、王懋廷介绍，加入中国社会主义青年团，1925年初转为中共党员。根据邓中夏来信提出的"有什么工人就组织什么工会"的指示，白明善投入工人运动，于同年3月被推选为绥德脚户自保会会长，因工作出色受到共青团中央的赞扬："脚户自保会很好。"1926年8月，白明善赴广州，在黄埔军校政治部宣传科负责会议记

录和讲稿整理，吴玉章的《中国革命与世界革命的关系》和罗绮园在第四期学员毕业时的特别演讲等，都是由他记录整理后发表的。同年冬，白

白明善同志的革命烈士证书

明善奉调回陕，被派往国民军联军总政治部任宣传科科长、印刷局局长，参与编辑《新国民军》报，成绩显著。

1927年7月，同在中共陕西省委负责军事工作的魏野畴和唐澍等去陕北巡视工作后，唐澍、白明善留在井岳秀部石谦旅，与李象九、谢子长等一起领导部队党的工作。根据中央八七会议精神和省委指示，10月12日晚，白明善等人发动石谦旅在清涧举行武装起义，史称清涧起义。清涧起义打响了西北革命武装反抗国民党新军阀的第一枪。起义受挫后，在韩城被地方武装改编，白明善与谢子长、唐澍等重组军委，再次领导发动起义，成立了西北工农革命军游击支队第一支队。

在1929年2月召开的中共陕北特委第一次扩大会议上，白明善当选为中共陕北特委执行委员和常务委员，兼米脂县委书记。他以教员身份为掩护，深入工人、农民和学生中，开展工作。鉴于陕北人民爱闹秧歌的习惯，白明善编写了很多革命的秧歌词，还发挥书法特长，大书革命意义的条幅、对联等，以多种形式宣传革命，发动民众，培养和引导大批青年投身革命。

在米脂，白明善的公开身份是米脂三民二中教员，同时还兼任中共二中支部书记。那年，陕北闹饥荒，他组织饥民进行反饥饿斗争，并征得进步校长杜立亭支持，召开师生大会进行声援。白明善在会上揭露官绅勾结压榨百姓的罪行，号召大家援助饥民斗争。米脂县政府派兵镇压，包围了三民二中。在中共米脂县委领导下，白明善一边选派学生去做围校士兵的工作，一边发动其他学校的学生和市民示威游行，迫使军队撤离了学校。

1929年春，白明善主持了中共陕北特委第二次扩大会议，会议对右倾投降主义进行了严肃的批评和斗争，撤销了持错误观点的代理特委书记杨国栋的职务，选举刘志丹为特委军委书记，确定了加强党对武装斗争和农民斗争的领导、积极开展土地革命斗争的路线。

1930年春，白明善调任绥德县委书记，仍担任中共陕北特委委员。

1931年元宵节后，白明善因叛徒告密在清涧县城被捕，并被押解至榆林关押。国民党陕西省党部特派员宋志先和榆林县党部书记长孙士英亲自审问，指望打开缺口，彻底破坏中共陕北特委和陕北各地的中共组织。他们在威胁利诱失败后，使用灌辣椒水、上老虎凳等酷刑逼供。白明善虽一次次昏死过去，鲜血喷溅墙头，但绝不屈服。敌人无计可施，将白明善判处七年徒刑，投入陕西省第三监狱。

白明善在清涧监狱写给惠仁闻（清涧县第一高等小学教师）的遗书：

仁闻：

　　心思散乱，神情慌（恍）忽，千头万绪，不知从何说起！只有忘怀一切，听其自然吧了！启者我此次遭难，劳你种种，每一念及，殊觉难安，不过你我自少至长，原属深知，兼之至戚情关，只好老厚其颜，安受盛情了。我的事现在还是和前一样的，不过只知道出名陷害我的是张鸿献，郭狗官又不知受什么人的指示，在呈报时说了许多坏话，所以不能早于结案，不过都一样的是凭空虚构，还无实据，将来如何？全属难料，但亦属无可如之何也已。兹此不尽，顺祝合家均安！

名不具
一·五

白明善在清涧监狱写给惠仁闻的遗书手稿

（根据信的内容，推算写信时间为1931年农历正月初五）

　　1932年1月21日，在敌人绞刑架下，白明善自豪地说："杀我白明善不算什么，共产党人是杀不完的。"遂英勇就义。

"瞑目庆祝红旗飞"
——百折不挠的起义领导者王泰吉

王泰吉(1906年—1934年),陕西临潼人。1924年5月考入广州黄埔陆军军官学校(即黄埔军校)第一期,不久即加入中国共产党。1928年参与领导渭华起义,任西北工农革命军参谋长。1930年任杨虎城部骑兵团团长。1933年7月率部在耀县起义,成立西北民众抗日义勇军,王泰吉任总司令。后任中国工农红军陕甘游击队临时总指挥部总指挥、红二十六军四十二师师长。1934年1月被捕,3月在西安就义,年仅28岁。

王泰吉不仅骁勇善战，而且学而不倦。尽管征战频繁，环境艰苦，但他仍利用战斗间隙阅读政治、军事书籍，倾情创作，鼓舞斗志。下面这首《红军进行曲》就是他当时的遗作之一。

红旗招展呼声欢，
愿我同志齐向前。
求自身之解放，
为群众而斗争，
精神抖擞兮推翻统治，
迈步前驰兮赶走列强。
有工人，有农民，
赤卫队，先锋队，
周围布满游击队。
枪声劈劈啪啪，
啪啪劈劈连声响；
喇叭唧唧嗒嗒，
嗒嗒唧唧不停吹，
冲锋前进如虎飞。
每日间出入枪林，
身冒弹雨，
雄矣哉！
人人争先，
个个恐后，
作阶级之前驱，
毁敌人之营垒，
世界革命快成功，
人类平等可待期，
同志须斗争，
政权必归工农兵！

可见，王泰吉出生入死，毫不畏惧，在艰苦的环境中，仍充满着革命乐观主义精神，充满着对革命必胜的坚定信心。

被捕后任凭敌人软硬兼施，威逼利诱，他傲然挺立，毫不屈服。拘留室的墙壁上留下了他的壮丽诗篇：

>　几经奋起几颠沛，
>　愧无良平智量深。
>　引颈辞世诚快事，
>　瞑目庆祝红旗飞。
>　二十八岁空蹉跎，
>　为谒故人入网罗。
>　狐鸦结交吾有愧，
>　悬睛待看事如何。

王泰吉在生命的最后时刻，在狱中又写了《绝命诗》《绝命词》各一首：

绝命诗：
>　崤函振鼓山河动，
>　萧关频翻宇宙红，
>　系念袍泽千里外，
>　梦魂应知寄愁容。

绝命词：
>　为圆寂，
>　将门几掩，
>　谁也不见，
>　学秃陀参禅，

> 象睡佛咒天；
> 将孔孟抛在一边。
> 劳什子吓破几许英雄胆！
> 咱从来不说奈何天，
> 这头颅任你割断，
> 这肉体任你踏践，
> 一切听自然。

1927年大革命失败后，王泰吉率领杨虎城部学兵营驻防于陕西省麟游县。1928年春，王泰吉坚决响应党的八七会议和省委九二六扩大会议关于武装起义的号召，在麟游县高举红旗率部起义。起义失败后，王泰吉毫不气馁，继续坚持革命立场，伺机再图起义，献身社会革命事业。他和战友们在中共陕东特委领导下，参加了声势浩大的渭华起义。渭华起义失败后，王泰吉与党组织失掉了联系。其后五年中王泰吉先后在杨虎城部队任参谋、副旅长兼参谋长、骑兵团团长等职，但他急切地盼望找到党的组织，得到党的领导，他还有一个想法要告诉党，这就是率领全团起义，投入全国抗日的洪流。

1933年，骑兵团移驻耀县以后，王泰吉托老同学何寓础（在三原中学任教）帮他找到了党的组织。7月21日，耀县起义成功，王泰吉随即恢复了党的关系。在党的领导下，骑兵团正式改编为"西北民众抗日义勇军"，王泰吉任总司令。不久，中共陕甘边特委为了统一指挥武装力量，决定成立游击队临时总指挥部，王泰吉为总指挥。同年10月4日，刘志丹由南山脱险返回照金后，王泰吉又被任命为总指挥部的参谋长。总指挥部所属部队虽然只有五六百人，但它是党领导下的一支真正的人民武装力量。之后，王泰吉等指挥所属红军各部队进攻旬邑县城，智取了旬邑县政府所在地张洪镇，接着长驱北进，夜袭了甘肃省的合水县，先后毙、伤、俘敌县长、县党部书记、民团团长及以下300余人，处决了一批作恶多端、民愤极大的顽劣豪绅和反动官吏，缴获了大量的武器弹药和军需装备。王泰吉和他指挥的红军威名大震。

时至深秋，部队由合水行进至庆阳县三十里铺时，甘肃敌军杨子恒旅的赵文治团和谭世麟率领的庆阳五属民团骑兵营跟踪追来，向红军宿营的庆阳县毛家沟门凶猛扑来，其主力猛攻方向直冲总指挥部驻扎的北山坡。在这千钧一发的危急时刻，王泰吉率警卫人员冲下山坡，涉过小河，利用断垣残壁坚决阻击，掩护总指挥部机关向北山上转移。待王泰吉完成阻击任务赶上总指挥部时，红四团、义勇军和各游击队的指战员都已聚集在了一个高山头上。这时候，敌军像一窝蜂似的向山上涌来。王泰吉坚定、沉着地命令红四团骑兵连全部下马，准备迎战。义勇军和各路游击队抽精锐兵力，把守山头周围，把全军所有手榴弹集中起来供第一线使用。各部队进入阵地后，王泰吉右手提着手枪，左臂挥动着大声喊道："同志们！敌人已经追击我们好多天了，今天这一仗是非打不可了！我决心和大家一起冲锋，坚决把这股敌人消灭掉！同志们有决心没有？""有！"指战员齐声怒吼，震得山摇地动。"好！"王泰吉接着喊："要革命就要有不怕死的精神！敌人不到跟前不许乱放枪，听到冲锋号响就勇敢地向前冲！"当敌军进至红军前沿阵地不远的地方，王泰吉一边高呼："冲呀，快冲呀！"一边身先士卒跃出掩体。指战员跟着他，奋勇向敌群冲去。一霎时，号声、喊声、枪声和手榴弹爆炸声,响成一片。敌军猝不及防,指挥失灵,短短几分钟内,就在山坡上倒下了一大片,残部四散落荒而逃。王泰吉又命令乘胜追击,最终将赵文治团击溃。

王泰吉对部下要求十分严格,但又非常关心和爱护他们。1933年11月,在陕北洛河川老刘庄战斗中,班长孔令甫左腿迎面骨被敌子弹打穿,流血很多,不能行动。战斗结束后,王泰吉和刘志丹不顾战士的阻拦,抬起孔令甫躺卧的担架就走,一口气抬了10多里路。战士们几次要求替换他们,但他们谁也不肯。当孔令甫从昏迷中醒来时,同伴告诉他是王师长和刘参谋长把他抬下来的时候,孔令甫感动得热泪满腮。王泰吉对每一个负伤的战士,都非常关心,常常利用战斗和工作的间隙去看望他们。寒冬的一天,王泰吉到平定川去看望刚刚转移到那里的一批伤病员。伤病员停宿在川道的炭窑中,缺医少药,条件很差。王泰吉非常关心他们,逐一向大家问寒问暖,并发给伤员每人一条毛巾和一两块银圆。临别时又再三嘱咐搞后勤的同志要千方百计给伤员搞点大米,组织人打点野味等,尽量改善伤员的伙食。他叮咛医生要常用淡盐水为伤员洗伤口,自己穿着单薄的衣衫在凛冽的寒风中返回驻地。在王泰吉的心目中,这些在战场上英勇作战、不怕牺牲的战士,这些为革命洒尽满腔热血的普通士兵,正是推翻旧世界、建设新社会的无名英雄。

1934年1月,为了争取抗日武装力量,扩大革命声势,红四十二师返回合水的康家硷。师党委同意了王泰吉去豫陕边做兵运工作,扩大革命武装的要求。王泰吉带着警卫员和枪支、现金等,化装进入白区,途经淳化县通润镇,投宿到他过去的

"老相识"、保安团团长马云从处。

王泰吉当时不知道他的这个"老相识"已经变得极其反动了。就在他投宿的当天,马云从就扣押了他和他的警卫员以及他携带的所有枪支和现款。这个反动家伙为了向上司邀功请赏,当即向陕西省主席邵力子报告说:"抓到了一个不小的共产党员。"此时,王泰吉对马云从出卖朋友的无耻勾当表示无比愤慨,也悔恨自己失掉阶级警惕性的过失。

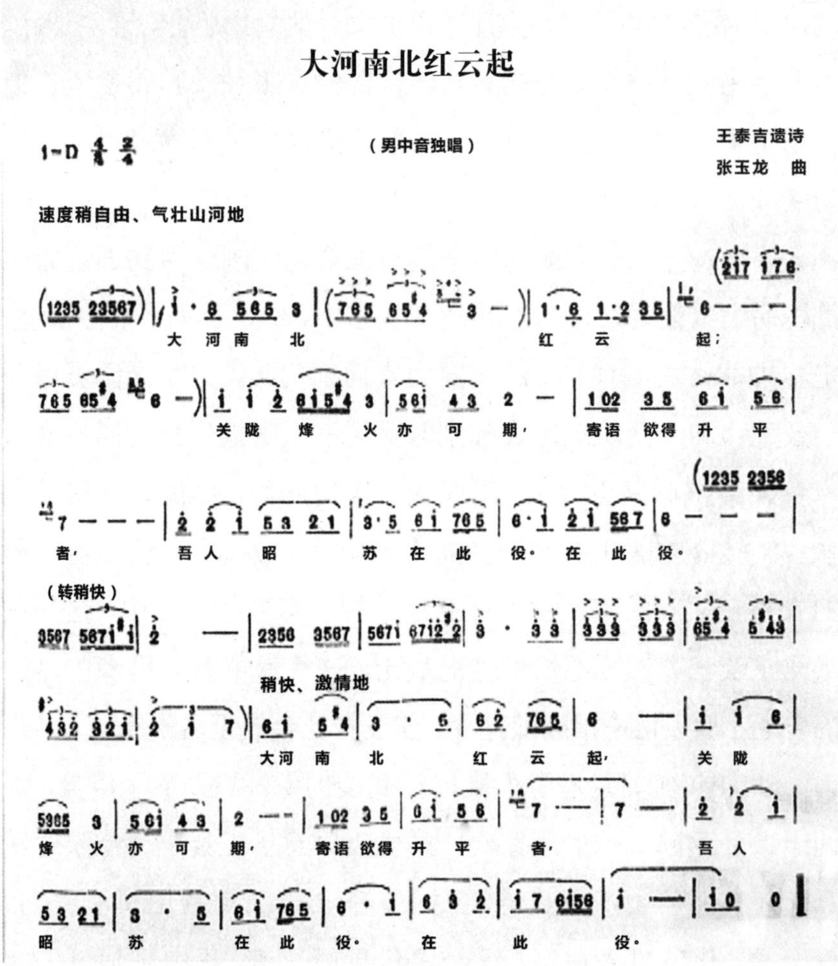

大河南北红云起

（男中音独唱）

王泰吉遗诗
张玉龙 曲

速度稍自由、气壮山河地

[曲谱]

王泰吉遗诗曲谱

1934年3月3日，王泰吉在西安军法处英勇就义。

为纪念烈士，1951年，党和人民政府在西安革命公园建立了王泰吉纪念亭、纪念碑。毛泽东签发的革命军人牺牲家属光荣纪念证上写着："王泰吉同志在革命斗争中光荣牺牲，丰功伟绩，永垂不朽！"

"抱最后牺牲的决心"
——战斗在宁夏民族地区的崔廷儒

崔廷儒（1911年—1941年），又名崔景岳，陕西旬邑人。1926年加入中国共产主义青年团，1927年转为中国共产党。1928年参加旬邑起义，后任中共旬邑县委负责人、中共陕西临时省委秘书长。1934年任中共西安中心市委军委书记，分管军事工作。西安事变爆发后，重任中共陕西省委秘书长。七七事变后，任中共兰西工委书记、中共宁夏工委书记。1940年4月被捕，在狱中宁死不屈。1941年4月被杀害于宁夏银川，年仅30岁。

崔廷儒在狱中给贾拓夫和高岗的遗书：

拓夫、高岗同志：

这次宁夏党遭受破坏，开始捕了抗大学生数人（可参看给子修同志的信），后来事情发展很复杂，被捕的抗大生表现很坏，以致使宁夏党的组织破坏无余，小怪物和王是3月8日被捕的，均系江生玉供出。王和我都在一块受了牵连，他俩已承认X关系。现在所捕的人不管其是否为真党员，都完全自首了，现在政治上站定足跟的有抗大生门光有、怪物、王和我共四人。现正处在生死关头和各种卑劣的威胁中，我当然抱最后牺牲的决心，请将此事告知党中央，能否设法营救我们一下。人家已确定了我是暂时代理李仰南同志的工作，视我为在宁的主要分子。拓夫，请你把我的情形告诉陈晶同志一声，并叫她安生学习，不要因为我心寒。我身体被严刑拷打几成残废人。我在此名叫崔景岳，请叫南同志千万不要来宁了。

　　此致
敬礼

于狱中
1940年5月14日

1939年冬，为了加强党在宁夏的工作，党组织决定崔廷儒任中共宁夏工作委员会书记，工委机关分别设在宁朔县（现青铜峡市）的宋澄堡小学和小坝小学。崔廷儒以商人身份住在宋澄堡小学，并兼任教员。在课堂上，他积极向同学们宣传抗日救国的革命思想。不久，抗日救亡的歌声充满校园，抗日爱国的革命活动在学校和附近农场如火如荼地开展了起来。崔廷儒经常告诫自己和周围的战友，要严格执行党的政策，注意克服大汉族主义，尊重少数民族的风俗习惯，警惕国民党挑拨民族关系的阴谋。经过一段时间的紧张工作，他在银南、银北十几个点建立和健全了党的组织。当时，国民党宁夏省主席马鸿逵借口反共防共，大力镇压各界进步人士的抗日救亡活动。4月13日，崔廷儒换上一身蓝粗布长衫，头戴一顶礼帽，打扮成商人模样，到银川和平里27号地下党员杜林家中商量要事，不料被国民党宪兵盯梢并包围了杜家，崔廷儒和杜林被捕，被关进宁夏省军警联合稽查处。

在稽查处，敌人动用了大刑，杜林叛变革命，并供出崔廷儒是共产党员。敌人连夜派人到中宁、中卫两县抓人。不久，崔廷儒派往延安送文件的交通员江生玉也被捕叛变，向特务头子供出了崔廷儒是共产党宁夏工委书记的真实身份，并将宁夏工委向中央汇报的地下党组织报告交给了敌人。

崔廷儒的身份暴露后，敌人对他用尽了酷刑，企图让他指认名单上的人。崔廷儒多次被打得体无完肤，昏迷数次却不说半个字。敌人对崔廷儒软硬兼施，说只要他自首，就让他当宁夏省政府的秘书长，还可以把他的家人接来与他团聚，共享富贵……崔廷儒丝毫不为所动，坚决不写自首书，不向敌人投降。敌人毫无办法，只得决定："崔廷儒忠实信仰共产主义，长期监押。"

1940年5月22日，敌人把崔廷儒转押到宁夏省第一模范监狱。这所监狱的牢房常年见不到阳光，室内阴暗潮湿，充满了霉味，空气只能从牢门上碗大的一个洞里进出。敌人给这些"政治犯"都戴上了手铐和铁镣，沉重的铁镣磨得难友们连步都迈不开。崔廷儒见同志们痛苦难忍，就鼓励他们说："看起来，这些畜生的本领，就只剩下这一招了。不要说一副手铐铁镣，就是再加上两副，我们共产党人也照样斗争！"

不多久，监狱里的同志得到消息：崔廷儒托人给中共中央西北局领导同志的信送到了，边区留守处司令员肖劲光来电给宁夏，勒令马鸿逵释放这些无辜的"政治犯"。崔廷儒和同志们深受鼓舞，在认真分析了形势后由崔廷儒提议，组建了监狱党支部，组织党员们一起分析敌情，研究如何同敌人开展长期的斗争。

塞外的寒风，使冬季的监狱冷得像冰窖一样，同志们身上的衣服都很单薄，冻得直打哆嗦。崔廷儒经常给大家讲毛泽东主席在延安的故事，也讲述自己在陕甘边一带进行革命斗争的趣闻，听得大家笑逐颜开，忘记了身上的寒冷和伤痛。崔廷儒拖着近乎残疾的身子，以大无畏的革命精神和对中国革命必胜的信念鼓舞着大家。在狱中，崔廷儒成为对敌斗争的一面旗帜，同志们信任他、爱戴他，连监狱的国民党士兵也佩服他。

1941年4月，马鸿逵为了向蒋介石请功邀赏，决定杀害两名共产党员："外地人杀一个，以示共产党不得来宁夏；本地人杀一个，以示不得跟共产党走。"

马鸿逵授意特务头子马效贤，找崔廷儒最后一次"谈话"。马效贤劝崔廷儒说："我们马主席给你最后一次机会，劝你不要那么死心塌地，在哪里不是做哩。你只要认个错，我们马主席让你当大官，做宁夏省的秘书长！"

崔廷儒坚定地回答："我要当人民的干部，你们国民党的官再大，我也不想当。死可以，我们共产党人不怕死！"

眼看没有什么能打动崔廷儒、改变他的共产主义信仰，马鸿逵签署了秘密处决令："将崔廷儒拉出去活埋！"

1941年4月17日深夜，黑幕沉沉，风沙漫天，白色恐怖笼罩着塞上古城银川，国民党军警从牢房里押出崔廷儒和孟长有。崔廷儒告诉战友们："要按我们过去说的，坚持下去。"他走出牢门，又回过身来，轻轻脱下身上的棉袍，送给狱中的战友。特务劝他："天气冷，穿上吧。"崔廷儒说："我只冷这么一回，他们更需要。"他转过身，踏着沉睡的大地，一步一步走向刑场。

刑场上，军法官问崔廷儒："你还有什么话要说？"崔廷儒斩钉截铁地说："人活百岁，总有一死。我今天的死，虽不得其时、其地，但也死得其值！我是一个共产党员，这一辈子感到无上的光荣……"不等他说完，宪兵们挥舞着大棒，将他打入坑中……

"中国共产党万岁！"最后一次的呼喊声久久回荡在天际……

"一个革命者寸心的表白"

西北战场上的勇士栗政通

栗政通（1923年—1949年），河北平山人。1923年出生，1937年入伍，被编入八路军一二〇师三五九旅七一八团，1938年入党。参加了百团大战、保卫延安、孟良崮战役、淮海战役，亲历了南泥湾大生产运动、南征北返。1949年6月，任中国人民解放军第一野战军第一兵团第二军第六师十八团独立营营长，在攻占眉县马家山的战斗中壮烈牺牲，年仅26岁。

1947年6月，栗政通给妹妹栗政华的信中比较完整地概述了被毛泽东称作"第二次长征"的南征北返的经历。

政华妹：

你的来信于6月1日顺利收到了。数年的分别，悠久的远念，能在今天的信上互相告诉着离别后的一切，使我异常的兴奋。

在灾难的战争年月里，你们锻炼的这样坚强有力，这的确是你们的进步和成绩，望你们努力吧，前途是无限的光明。离开家庭的我茫茫11个年头了。1944年的冬天，部队奉令南征，就在延安同你们远别了，战马似的我奔驰在祖国的战争烽火里。经过40天的战斗生活，胜利到达了湖南省，在长沙及湘江、洪湖一带展开了游击战争。从南征开始，我就转向军事工作了，特告。

到达江南以后，不久建立了湘鄂赣边区（湖南、湖北、江西），后来因敌伪合流扫荡，不能巩固，故此部队又奉令继续南进，经过了30天的行军作战，到达了广东的南雄县。日本宣布投降，国内情况之变化，马上奉令北返。这时的情况非常紧张，蒋介石调动了7个师，追剿、堵击，企图将我们消灭在湘鄂赣之八脉山间。由于战士们的坚决，冲出了重围。经过20天的战斗行军，胜利与江北新四军第五师在中原会合了，从此告别了江南。

江南的确不坏，长年春色宜人，到处是青山绿野，气候温和，长年吃大米，物产丰富。由于国民党黑暗的统治，人民亦是过着惨痛、凄凉、悲啼的日子。

到达中原后，不久宣布了停战令，我们就停止在中原，待令调遣。可是，无耻背信弃义的蒋介石，又调动了7个军的兵力，将我们重重包围以及经济封锁，企图将我们这支部队困饿而死。因为共产党同广大人民群众有密切的关系，困不死，饿不死。最后蒋介石发动了攻击，妄想把我军消灭在中原地带。在这样的情况下，我军被迫突围，由湖北醴山、黄陂等地向西北前进了。蒋介石仍在各地调兵追剿、堵击。由于敌人兵力之大，造成我军战斗的紧张艰苦，一天打几次仗，有时还吃不到饭。因为人口稀少，我还记得在陕南，连续走了3天看不到村庄，所谓"无人区"。因为敌人到处布置了军队，我军为了避免损失，尽量走小路。战斗的生活经过了一年零十个月，最后胜利的回到延安。南征北返共计两万二千里。

回到延安不到一个月，因为战争的需要，我们又奉命奔驰了，经过一个月的行军到达山东渤海军区工作了。我现在很好，请勿念，再见吧！

庆祝最后的胜利，望你们努力的前进吧！

愚兄政通

写于六月十五日

栗政通写给妹妹栗政华的信

在扶眉战役纪念馆里，陈列着栗政通曾经用过的一支制作粗糙、通体乌黑、金属部分全都生锈了的钢笔。这支钢笔伴随着栗政通走过了战火纷飞的抗日战争和解放战争。他就是用这支钢笔，不知写过多少份政工总结、战斗动员稿，并用这支笔给家人写信，抒发自己的感怀。

1949年4月27日，他把自己的照片寄给妹妹栗政华，在照片的背面又写道：

> 他是一个热心的战士，将自己最宝贵的生命负于（赋予）祖国。当我咽一下最后一口气时，就让这个寸身的灵魂愉快的漂泊吧！

栗政通的寸心表白

栗再温1927年加入中国共产党，先后在中共北平市委、太原特委工作。栗政通在父亲栗再温的熏陶下参加革命。14岁的栗政通看到哥哥栗政民穿上了八路军军装，扛起了"三八大盖儿",加之年仅20岁的哥哥栗政清牺牲于监狱,更加激发起栗政通革命的决心。栗政通怀着把日本鬼子赶出中国的美好愿望,满腔热血参加了八路军一二〇师三五九旅七一八团。从此,他走上了革命道路。

1938年秋,日寇分九路进攻晋察冀地区,栗政通和战友们一起奉命阻击三路日军,在山西灵丘以北地区血战七昼夜,击退日寇4000余人的疯狂进攻,保卫了边区。在那次战斗中,栗政通冲锋在前,英勇顽强,表现出不怕牺牲、敢冲敢打的大无畏精神。他在火线立功并加入了中国共产党。

1939年6月4日,日军以1.5万余人的兵力向边区河防发动大规模进攻。栗政通随三五九旅七一八团离开家乡一带,进驻陕北,驻扎在绥德黄河防区。1940年6月,日军出动一万余人,企图摧毁晋西北抗日根据地,进而威胁陕甘宁边区。栗政通随部队东渡黄河,向进犯之敌进行侧击,配合一二〇师主力切断了敌交通运输线,使日军后方不宁,自顾不暇,不得不缩小规模,以致最后放弃对陕甘宁边区河防的进犯。同年8月至12月,栗政通所在的七一八团再次渡河东进,参加了著名的百团大战。

1941年3月,栗政通随部队开进南泥湾,参加了大生产运动。在艰苦的环境中,三五九旅全体战士们掀起了开荒热潮,并获得了巨大的成果,真正做到了"一把镢头一支枪,生产自给保卫党"。屯垦期间,栗政通被评为劳动英雄。

1943年9月,毛泽东、任弼时、彭德怀等中央领导人到南泥湾视察,栗政通受到了中央领导的接见,年底又出席了陕甘宁边区劳模大会。

  1944年11月10日，栗政通随南下支队从延安出发，经过一个月的行军，到达山西，冲过同蒲铁路敌人封锁线后，又击溃了平遥的日军阻击，并在鲁山全歼增援之敌，取得了南征途中他与日本侵略者第一次战斗的重大胜利。1945年8月15日，日本政府宣布无条件投降，遵照中央指示，南下支队挥师北返，恢复三五九旅番号，改编后加入中原军区第二纵队序列。1947年8月，胡宗南调集重兵企图围歼三五九旅。栗政通随王震率领的左纵队，冲出敌兵重围，翻越几百里荒无人烟的崇山丛林，通过川陕公路，北渡渭河，越过陇海铁路，进抵甘肃赤沙镇，于9月8日与主力会师于庆阳。9月27日，南下支队指战员回到了延安。

  1949年3月，离家12年的栗政通回家完婚。与家人的团聚，新婚的甜蜜，使他真有点不想再回部队了。然而，政治责任感最终战胜了对家庭的眷恋，他毅然返回部队。

  1949年6月12日，在金渠镇战斗中，时任营长的栗政通带领全体战士勇猛杀敌，在金渠镇东南马家山及以北二郎沟塬与敌进行了反复激烈的争夺战斗，歼敌一部分，残敌往金渠镇方向溃逃，纷纷进入解放军的口袋阵。当晚时分，解放军包围了金渠镇守敌第一六五师。战士们经过一夜激战，于次日拂晓再歼敌一部分，俘虏了敌师长孙铁英以及部下2200余人。在战斗中，栗政通带领战士们冲锋在前，奋勇杀敌，不幸，腹部和头部等多处中弹。栗政通伤势严重，卫生员抢救时他对政治干事花玉春说："你告诉李教导员，我不行了，叫他好好领导，完成光荣任务,我牺牲了不要紧,中国还有四万万五千万同胞,革命一定会成功的!"

篇二　理想信念

"将来一定会有好光景过的"
——西安中山学院院长刘含初

刘含初（1895年—1927年），陕西黄陵人，1923年底加入中国共产党。1919年在北京大学上学期间投身五四运动，参加了火烧赵家楼、痛打章宗祥的斗争。后与陕西旅京学生共同创办了《共进》杂志及共进社。1923年后，先后在西安、广州、上海等地任教，曾任上海大学教务长。1925年回陕，任国民党陕西省党员俱乐部主任。1927年春，任国民党陕西省党部常务委员、西安中山学院院长等职。1927年8月15日，在家乡宜君县被陕北军阀井岳秀派人杀害，时年32岁。

《共进》（半月刊）杂志

1920年10月，刘含初和在北京的陕西同乡杨钟健、刘天章、李子洲、魏野畴等人一起整顿陕西旅京学生联合会，创办了《秦钟》（月刊）杂志。1921年10月，又创办了《共进》（半月刊）杂志。1922年10月，他们以《共进》半月刊社为基础，创办了共进社，并以此作为团结进步青年的阵地，同黑暗的社会展开斗争。其时，共进社的活动经费来源比较困难，刘含初经常捐出自己的工资，作为共进社活动的费用。有的同志生活有困难，他亦解囊相助。刘含初在共进社里担负着繁忙的社务工作，还为《共进》杂志撰写了《我主张一部分的排外运动》《旧国会恢复后的罪恶》等文章，揭露中国封建军阀与帝国主义相勾结，奴役中国人民的罪恶，鼓舞人民同帝国主义和封建军阀斗争。当时，盘踞陕西的直系军阀刘镇华在议会选举中实行包办选举，擅减选民，激起了陕西人民的反对。刘含初遂与屈武、杨晓初等130多名陕西旅京学生联合在一起，在北京宣外大街关中会馆集会，声讨刘镇华。刘含初在大会上即席发言，慷慨陈词："在刘镇华未被赶出之前，我们想在陕西做合法的事业，那简直是梦想。解决陕局的根本办法，只有驱刘，并驱客军出境，此外，别无他途。"他在介绍了关中五县人民抗议刘镇华、坚决罢选的斗争情况后说，"要驱逐刘镇华，我们必须有坚固的团体",提出要和陕西人民相配合,"作大规模的有计划的驱刘运动"。他还代表大会发出六道开展驱刘斗争的通电,决定派出代表向当时的北京政府请愿,要求查办刘镇华。

1923年,刘含初加入中国共产党。1925年夏季,在上海人民五卅运动斗争浪潮推动下,陕西人民反帝反封建的斗争形势也发展很快。为了适应形势发展的需要和加强党对日益高涨的群众运动的领导,开展统一战线工作,陕西党组织决定协助国民党成立陕西省党部。8月10日,刘含初和杨明轩等根据党中央关于改组国民党、和国民党建立统一战线的指示,首先发起成立了陕西省国民党党员俱乐部。刘含初以共产党员的身份被公推为俱乐部主席,杨明轩为书记。9月,在中共北京区委派来的安存真的指导下,又成立了国民党陕西省临时党部,刘含初担任宣传委员。他和杨明轩具体领导,进行党员登记,并划分西安城区为6个宣传区,派人向党员进行宣传教育工作,讲解孙中山遗嘱和三民主义。同时,他们还先后派出张仲实和王超北等去三原、渭南、华县、肤施(今延安市)帮助建立国民党的基层组织,使这些地区国民党的力量得到进一步发展。1927年春,国民党陕西省党部正式成立,刘含初被选为常务委员,与赵葆华、魏野畴等主持党务工作。

1926年4月,被陕西人民驱赶出境的军阀刘镇华,又率镇嵩军直逼西安城下,围城达8个月之久,给西安人民带来了深重的灾难。在围城的艰苦日子里,刘含初和黄平万、魏野畴、吴化之、赵葆华、张含辉、王授金、雷晋笙等出生入死,坚定地领导城内人民进行反围城、反军阀斗争。其时,西安各学校正放暑假，匪军围城，学生不能回家。刘含初和吴化之、王授金等组织城内学生，举办暑期学校，向学生进行反帝反封建的宣传教育；帮助守军解决物资上的困难，配合守军抗击刘镇华。当时城内居民粮源匮乏，饿死者甚多。刘含初目睹惨状，拿出自己家中仅有的大米和两包衣服发给缺吃少穿的居民，并同城内当局交涉，采取积极措施救济饥民，使许多挣扎在死亡线上的市民得以幸存。刘镇华得悉后，对刘含初怀恨在心，以死来威胁他，声称打进西安城后，要先杀掉刘含初。刘含初却毫不放在心上，依然奔波在反围城斗争的第一线。西安军民忍饥挨饿，整整坚持了8个月的反围城斗争，终于在冯玉祥、于右任率领的国民军联军的支援下取得了胜利。

1927年4月25日，刘含初和李子洲、魏野畴、赵葆华、杨明轩等以国民党陕西省党部的名义，向全国发出讨蒋通电，揭露蒋介石自中山舰事件以来，"植党树私""投靠英美""摧残党部，杀戮党员""破坏民众团体，把持政府财政"的罪恶事实，号召陕西人民与"全国各界共同声讨"。

6月，冯玉祥追随蒋介石公开"清党"，下令封闭西安中山学院，撤销刘含初的院长职务。国民军联军驻陕总部负责人致信刘含初，劝他"认清时务"，同去南京国民政府，并许以高官厚禄。这些，都被刘含初断然拒绝了。后来，国民党反动政府缉捕他的消息不断传出。党组织考虑到刘含初的处境非常危险，不宜留在西安，决定派他去苏联学习。

刘含初从西安避离回到家乡。短暂的几天里，他热情地向乡亲们做革命宣传。他白天随农民一起干活，了解农村情况，晚上和他们一起乘凉，促膝长谈，用浅显易懂的话向农民宣传革命道理。他还启发家乡的青年学生要读新学、念新书、长见识，在家乡播下了革命的种子。不料，陕北军阀井岳秀得知了刘含初的行踪后，便派其驻黄陵的部下杨衮前去追杀。8月15日，刘含初在岳父母家为乡亲们书写对联时，七八个身着便衣、腰挎短枪的陌生人，已经在附近挨家挨户搜查。就在杨衮等搜寻之时，刘含初的岳父匆匆回家问他："你是不是从后院出去，躲一躲？"

此时，杨衮几人冲进家门，与刘含初刚一打照面，不容分说，就立即开枪射击，刘含初当即中弹身亡。

"勿做时代的落伍者"
——陕西早期马克思主义传播者魏野畴

魏野畴（1898年—1928年），陕西兴平人。1917年进入北京高等师范学校学习，1920年加入中国社会主义青年团，1923年加入中国共产党。1924年夏在西安建立社会主义青年团支部。1925年领导西安学生开展驱逐军阀吴新田的斗争。大革命时期曾任国民党陕西省党部常委兼宣传部部长、国民军联军驻陕总司令部政治部副部长，以及中共西安特支、西安地委、陕甘区委委员。1927年7月后任中共陕西省委军委书记、中共皖北临时特委书记。1928年4月领导阜阳起义时被捕，4月9日被杀害，时年30岁。

1921年夏，魏野畴在北京高等师范学校毕业回到陕西，先后应邀到华县咸林中学、榆林中学等学校任职。他致力于传播新文化、马克思主义，为学生讲授《共产党宣言》《资本论》等著作，介绍《向导》《新青年》《共进》等革命刊物上的重要文章。他在讲授历史课时使用自己编写的《中国近世史》，讲得有声有色、通俗易懂，深受学生的欢迎。他在讲授社会进化史中，运用唯物辩证法的观点分析了人类社会发展的趋向，教育学生要跟上时代的步伐，勿做时代的落伍者。他对学生们说："人家拿刀架在咱们的脖子上，不起来救国，国亡了我们还有书读吗？"魏野畴善于团结群众，富有组织才能，作风朴实，平易近人，经常利用课余饭后点滴时间，到学生宿舍谈心，或与学生们一起散步聊天，讲述革命道理。学生们视他亲如兄长。在他的指导下，学校整顿了学生自治会，成立了社会科学研究会、话剧研究会。学生们走出校门，开展反对帝国主义利用宗教欺骗人民的斗争，开展破除迷信、反对苛捐杂税和拉夫拉差的斗争，还组织开办贫民学校，利用假期到农村宣传，激发人们投入火热的革命洪流。魏野畴在繁忙的教学和革命活动中，还抽出时间从事著译工作，短短几个月的时间，就翻译了《政治经济学原理》和《美国史》两部著作。

　　魏野畴在华县和榆林任教不到两年，两次被迫离职，但却影响和培养了许多进步青年，指引他们走上了革命道路。刘志丹、吉国桢、潘自力、高克林、阎揆要、王子宜、曹力如等都是他的学生。这些人先后加入了中国共产党，成为陕西地区党团组织和革命军队的骨干。

经过对马克思主义的学习和革命斗争实践的锻炼，魏野畴由一个追求自由民主的革命青年，逐渐转变为一个无产阶级的先进战士。1923年初，经李大钊、刘天章介绍，魏野畴加入中国共产党。

1927年8月，魏野畴来到河南省归德（今商丘市）附近的马牧集杨虎城领导的国民军第二集团军第十军。魏野畴是杨虎城一生中结识的第一个共产党员，两人赤诚相见，肝胆相照。魏野畴早在榆林中学教书时，就认识杨虎城。此前，杨部正在陇海东段与直鲁联军张宗昌、褚玉璞作战，屡遭失利，处在腹背受敌的危险境地。魏野畴和杨虎城共同研究了挽救危局的对策，帮助杨虎城整训部队，终于使杨部转危为安，脱离险境，退驻皖北太和县。魏野畴到达太和县后，杨虎城任命他为第十军的政治部主任。魏野畴也利用这个机会整顿了杨部的中共党组织，并在杨部中建立了党的军事委员会，他担任军委书记。

1927年冬，中共河南省委又派南汉宸、高望东来到杨部。征得杨虎城的同意，魏野畴和南汉宸从部队基层挑选了一些进步军官，在太和县开办了一所革命军事政治干部学校。魏野畴任政治指导员，南汉宸任校长兼总支书记。他们还在杨部成立了士兵委员会、宣传队、民运工作队等，并派人分赴太和、阜阳开展兵运工作。

革命力量在杨部的发展，引起了南京反动政府的注意。1928年1月，蒋介石派出特务打入杨部活动，并网罗杨部的右派势力，准备"清党"。他们威逼杨虎城逮捕魏野畴、南汉宸等共产党员，但遭到杨的拒绝。2月，杨虎城被迫离开太和去南京面见蒋介石，由孙蔚如代理第十军军务。孙受杨临行前的嘱托，先将南汉宸送出太和，接着又通知魏野畴等离开部队。

杨虎城离开太和以后，皖北局势急转直下。2月9日，魏野畴根据党的八七会议确定的土地革命和武装反抗国民党反动派的总方针，连夜召开了有70多名党员干部参加的特委扩大会议，研究新的对策。会议通过了在皖北平原举行武装起义、建立豫皖平原根据地的决议，还决定成立中共皖北临时特委，由魏野畴（化名韦金）担任书记。会后即着手筹备有关起义的各项事宜。

一切安排就绪，魏野畴立即带领特委机关人员离开太和，转移到阜阳，组建了皖北特委常委会，整顿了党控制的据点——阜阳县的王官集小学党组织，建立了10多个党支部，成立了行流集区委。4月初，根据中央指示精神，特委审慎地做了新的部署，做好参加起义的敌军工作，组织赤卫队和农民协会的成员进行训练，成立了起义的指挥机构——皖北革命军事委员会，魏野畴任总指挥。

正当起义的各项准备工作加紧进行的时候，特委获悉第十军代理军委书记宋樹勋和阜阳党内有人叛变，并已将阜阳起义计划和党员名单告知了敌人。党组织面临被一网打尽的危险。因此，特委决定提前行动。

4月8日晚12时，阜阳起义提前行动了。当天，大雨滂沱彻夜不停，给起义带来许多困难。由于敌我力量过于悬殊，刚刚组织起来的群众缺乏斗争经验，新建的工农政权还不巩固，各起义部队又失去联系，使起义一开始就不顺利。魏野畴和胡景陶只得率领百余人突出重围,前往阜阳以西的老集。但立足未稳,又被国民党第十二军收编的土匪部队发现,被匪团长谈万国团和当地地主武装包围,部队遭受重大损失。

魏野畴见情况紧急,一面做好迎战准备,一面向敌人宣传党的政策,动员其参加起义,弃暗投明。狡猾的敌人伪装谈判,将魏野畴、蔡澄波、胡怀西等先抓起来,随后解除了起义部队的武装,将被捕同志分散关押。魏野畴和胡怀西被关在老集东头"陕西会馆"的一间屋子里。魏野畴被捕后,匪首谈万国多次封官许愿,进行劝诱,均遭到严厉拒绝。敌人便对他严刑拷打。魏野畴正气凛然,厉声骂道:"你们这些土匪,把老子枪毙了,老子也不会归顺你们!"当天深夜,魏野畴和胡怀西趁看守懈怠之机,咬断了身上的绳索。魏野畴考虑到二人同时逃走目标太大,就让胡怀西单独逃走,寻找组织,汇报情况,自己留下坚持斗争。敌人发现有人逃走,恼羞成怒,遂于次日凌晨,将魏野畴杀害于老集东边的洼地里。

「一定要实现共产主义」

西北工农革命军总指挥 唐澍

唐澍 (1903 年—1928 年)，河北易县人。1924 年考入黄埔军校第一期步兵科学习，同年加入中国共产党。1925 年任广州农民运动讲习所军事教官、省港罢工委员会工人纠察队总教练兼模范大队大队长，参加了两次东征。1927 年 8 月，任国民革命军第二集团军第六旅参谋长，为秘密的中共党团书记，从事兵运工作。10 月，参与领导清涧起义。1928 年 5 月，与刘志丹等领导渭华起义，任西北工农革命军前敌总指挥。7 月，在商洛洛南县保安镇战斗中牺牲，年仅 25 岁。

1924年初夏，唐澍考入黄埔军校，为该校第一期步兵科学员。1926年秋，唐澍奉命到国民军联军工作，任冯玉祥部军官学校队长。1927年7月，冯玉祥追随蒋介石"清党"，唐澍被"礼送"出境，几经周折，由开封来到西安，参加了中共陕西省委军委的领导工作。1927年10月，唐澍和李象九、谢子长按照省委指示，在清涧举行起义。清涧起义失败后，省委派他到洛南县三要司许权中旅工作。

1928年2月，唐澍在前往许旅途经华县高塘时，与共产党员、原在黄埔军校政治部工作过的陈述善促膝交谈至深夜。唐澍十分愤慨地说："蒋介石在黄埔军校时，说得倒好，要革命到底，后来却背叛了孙中山先生的三大政策。我们虽屡受挫折，但是一定要革命到底，一定要实现共产主义！"他还用生动的事例阐明了革命要取得胜利，必须武装工农，建立自己的武装力量。唐澍、周益三翻山越岭，顺利到达三要司后立即投入紧张的工作中。唐澍与刘志丹、谢子长、廉益民、吴浩然加入旅党委，唐澍任旅参谋长，刘志丹任参谋主任。

唐澍同刘志丹等积极协助许权中整顿部队，肃清部队内部的不良分子，撤换不称职的基层指导员，提拔优秀的共产党员、共青团员担任基层领导。他亲自教授军训科目，并言传身教，从实践出发，组织训练。为了扩大革命影响，他们还从部队抽调部分官兵化装成手艺人，走村串户，发动群众斗争恶霸。唐澍还经常强调要搞好军民关系，严格执行军队纪律。有一次，唐澍深入群众与老农谈心，征求他们对部队的意见。一位农民反映：麦子已经返青了，请给战士们讲一下不要再从地里走了。这句话引起了唐澍的高度重视。第二天，唐澍命令几个战士把麦田小路上的石子、瓦片都拣出来，把小路两端用枣刺堵住。从此，战士们再也不走麦田的小路了。部队这一爱民行动，被当地群众传为佳话。

1928年5月初，渭华农民在中国共产党领导下，高举起义火炬，向军阀、贪官、恶绅发动猛烈进攻。省委指示许权中旅开赴渭华地区配合农民起义。

5月中旬，许权中、杨晓初带着10多名警卫人员去阵地前沿观察地形，唐澍和刘志丹当机立断，立即与旅党委书记高克林研究决定，坚决执行省委指示，通知部队中的党员干部，分头将部队撤离营地，开赴渭华地区参加起义。当部队陆续到达华县瓜坡镇时，唐澍和刘志丹、高克林、吴浩然、廉益民、谢子长等召开旅党委紧急扩大会议，成立了共产党领导的西北工农革命军，由刘志丹任军委主席，唐澍任军委常委兼总司令，吴浩然任军党委书记，廉益民任军政治部主任，王泰吉任军参谋长，高克林任军参谋主任，许权中任军事总顾问，并立即召开军人大会，宣布起义。近千名官兵欢声雷动，纷纷撕碎国民党的旗子，摘下帽徽，愤愤地踩在脚下，高呼："打倒国民党！""支援农民武装起义！""打倒土豪劣绅！"

起义群众欢欣鼓舞，从四面八方赶来，许多穷苦百姓望着这支训练有素，背着长枪短枪，胸前飘着红领巾的队伍，情不自禁地喊着："咱们的队伍回来了……"当部队来到华县高塘镇时，当地党委组织群众在高堂会馆举办了欢迎大会。唐澍代表工农革命军接受了中共陕东特委赠予的绣有镰刀、斧头和"工农革命军"字样的红旗，慷慨激昂地说："镰刀、斧头是我们的武器，干革命靠它，用它。穷苦的人民只有团结起来，同心协力干革命，打倒帝国主义，打倒军阀，打到土豪劣绅，建立苏维埃政权，革命才会成功，才会过上好日子！"唐澍的讲演，进一步激励了人们坚决向国民党黑暗势力进攻的决心和信心。农民赤卫队将三名血债累累的恶绅拉进会场，群情激奋，齐声高呼："杀死恶绅，报仇雪恨！"大会当场处决了三恶绅。为了保卫起义农民的斗争果实，唐澍和刘志丹多次派部队到华县瓜坡、赤水以及渭南至华县的西潼公路上，收缴赤水民团枪支，截击冯军，夺取辎重，杀死恶绅敌探，破坏公路及通信设施，狠狠打击了潜伏在起义地区的地主武装及反动分子。

1928年6月上旬，敌宋哲元率重兵向起义地区进行首次"围剿"，围攻塔山陕东赤卫队。唐澍令骑兵分队与第四大队配合陕东赤卫队阻击敌人，将敌人赶到龙尾坡下。6月19日，宋哲元亲率两个师的兵力向起义军发动新的"围剿"。唐澍亲临魏家塬前沿阵地指挥赤卫队奋力抵抗。

6月20日拂晓，敌人分兵三路大举进攻起义地区。唐澍和刘志丹指挥部队迎战敌人，打退了敌人一次又一次进攻。但是，凶恶的敌人在大炮的掩护下，蜂拥而上。起义军因寡不敌众，部队撤进秦岭牛峪口。唐澍对第六中队长周益三说："地方上送来情报说，魏家塬一带没有敌军了，准备今晚夜袭驻高塘小学的敌司令部,还有农民群众帮助我们造势。"他命令第六中队担负夜袭高塘镇敌军司令部的任务。但是六中队刚接近高塘,便与敌人接火,战况不利,且战且退至牛峪口。

6月20日中午,敌军跟踪追到牛峪口,以密集的炮火攻击工农革命军。唐澍指挥部队与敌激战,部队伤亡很大,廉益民、吴浩然相继壮烈牺牲。唐澍命令周益三率部占领龙山制高点阻击敌人,掩护总部及其他部队撤退。部队迅速翻越到东坡涧峪,摆脱了敌人。此时,部队大部已经失散,仅剩300余人。唐澍和刘志丹在涧峪内的两岔口召开紧急军事会议,研究部队作战及去向问题。唐澍认为:"革命没有失败,虽然我们撤离了渭华地区,但是我们还有300多人,还可以战斗,即使剩下一兵一卒也要和敌人拼到底,绝不半途而废!"会议决定将部队拉到商洛山中,继续开展斗争。

6月25日,部队开往洛南县两岔河镇,在鸡鸣关突遭当地恶绅高老五民团截击,唐澍率部将敌击溃,开进洛南镇两岔河街。唐澍非常忙碌,一面慰问伤病员,安排伤病员食宿,一面筹备给养,思考部队的出路。

7月1日,驻守在保安镇的第一大队突然被李虎臣部队包围,情况紧急,大队长赵雅生派人向司令部告急。晚上,唐澍带领百余人急驰增援,黎明赶到保安镇。这时,四面枪声大作,敌人成散兵形满山遍野进攻而来。唐澍立即派人到两岔河告急,指挥部队散开与敌展开激战,一直战斗到第二天中午,因众寡悬殊,部队被敌军冲散,少数人突破重围,大部分人牺牲。唐澍仅带6名警卫员夺路冲到附近碾子沟，不料又被当地武装陈彦策的民团挡住去路，后面又有敌军追击，情况万分危急。唐澍临危不惧，与敌展开英勇战斗，在激战中腹部多次中弹，最后在一个小池旁壮烈牺牲，为革命流尽了最后一滴血。

"那堪澎湃英雄血,杀向天涯染杜鹃"

建立狱中秘密党支部的雷晋笙

雷晋笙(1898年—1931年),陕西西安人。1919年入上海震旦大学读书,参加了五四爱国运动。1920年加入社会主义青年团,1921年加入中国共产党,曾创办《新时代》周刊。1924年回西安筹建党团组织,1925年任陕西省工会筹委会书记、中共西安特支委员。1926年创办陕西《国民日报》,任社长。大革命失败后,任中共河南省委秘书长。1929年12月任中共山东省委书记,负责重建省委工作。1931年1月因叛徒出卖被逮捕,4月被杀害于济南,时年33岁。

1924年8月，雷晋笙从上海震旦大学毕业，受党组织派遣回到西安，担任陕西省教育厅《教育月刊》编辑，并在敬业中学和省立第一、第三中学任教。他在进步师生中组织读书会，举办暑期讲习会，宣传俄国十月革命，讲解《共产主义ABC》。其间，他吸收金鸿图、米暂沉等10人加入社会主义青年团。秋后，他和吕佑乾、崔孟博等组建了社会主义青年团的外围组织西北青年社、西北晨钟社等，出版《西北青年周刊》《西北晨钟》旬刊，宣传移风易俗，主张推翻腐败政治、打倒封建军阀的思想。

1925年，雷晋笙根据党的指示，积极响应孙中山《北上宣言》的号召，联络西安各界群众成立了陕西省国民会议促成会。孙中山在北京逝世后，雷晋笙和吕佑乾、刘含初等共产党人以国民促成会的名义，于4月15日在莲湖公园举行了有五六万人参加的追悼大会，号召民众继承孙中山的遗志，将国民革命进行到底。5月，雷晋笙参与领导反对军阀吴新田的"驱吴运动"，发起组建陕西省工会筹备会，6月又参与领导了西安工人、学生声援和支持上海五卅工人运动等重大活动。10月，雷晋笙协助吴化之整顿团组织，参与了中共西安特支、共青团西安特支和党、团西安地委的组建工作，并任党、团地委委员。

1926年4月后，雷晋笙参加了支持杨虎城、李虎臣部坚守西安的反"围城"斗争，并在生活最为困难的时候，把家里的粮食拿出来分给一些党员和群众，自己却经常饿得发昏。西安解围后，雷晋笙以国民党陕西省党部和驻陕总部的名义创办《陕西国民日报》并出任报社社长，努力宣传孙中山的新三民主义和马克思主义,是中国共产党在西安地区的得力喉舌。同时,雷晋笙根据党组织的指示,兼任陕西省立第一中学校长,开展革命教育,培养革命人才。他还担任了由国民联军驻陕总政治部、教育厅成立的编纂委员会委员,参加了《共产主义与共产党》《马克思主义浅说》《社会进化史》《帝国主义与中国》等教科书的编写工作。他经常深入工人、农民群众做宣传,在各种盛大的群众集会上发表极富革命思想的演说,为推动西安地区革命形势的发展作出了重要贡献。

1927年7月初,冯玉祥追随蒋介石反共,在西安地区实行"清党",大革命转入低潮。7月24日晚,雷晋笙在得知当局要逮捕他的消息后,与夫人李馥清潜出西安,化装为行商赴武汉寻找中共中央。1927年10月,雷晋笙被中央派往河南,任中共河南省委秘书长,协助省委书记贯彻中共中央八七会议精神,组织群众进行暴动。在白色恐怖下,他始终充满革命信心,积极开展革命斗争,把生死置之度外,曾以诗言志:"头颅赌博贯年年,结慧凌霄交大千;那堪澎湃英雄血,杀向天涯染杜鹃。"1928年2月,河南省确山暴动后,雷晋笙在开封火车站被捕,被关入开封第一监狱。不久,他的夫人李馥清也被捕入狱。在狱中,雷晋笙和被关押的共产党员建立了秘密的党支部并任书记,领导狱中斗争。同年年底,经党组织和南汉宸等人营救,他和夫人李馥清同时出狱。出狱后,他回到省委,负责"济难会"工作,努力营救被关押在监狱中的同志。

1929年12月初,雷晋笙被中央任命为中共山东省委书记,奉调到山东工作。他和李馥清夫妇二人到达山东。由于省委遭破坏，他们未能接通组织关系，只得返回上海。不久，中央负责交通的吴德峰接通了济南党组织的关系，于是雷晋笙化名李克平，与李馥清于1930年1月29日到达济南。他在一个崭新而充满险恶的环境里，小心翼翼地开始了忙碌的工作，为了躲避特务的盯梢，甚至一日数次转移住处。不久，由于省委交通员王某叛变告密，山东省委又一次被破坏，雷晋笙、李馥清等人被捕。

在严刑拷打、叛徒对质之后，国民党特务从雷晋笙身上没有得任何线索，遂将其判处无期徒刑，关入山东省第一监狱。在狱中，雷晋笙被折磨得肺病复发，整夜咳嗽不能入睡。李馥清被捕后，由于特务们找不到罪证，不久获释。她为雷晋笙买来药物，使其病情好转。雷晋笙亦嘱咐她好好为党工作。1931年4月5日，雷晋笙与邓恩铭、刘谦初等22位共产党员在济南英勇就义。

"不屈不挠的共产主义战士"
优秀省委书记吉国桢

吉国桢（1899年—1932年），陕西华县人。1924年考入上海大学，同年加入中国社会主义青年团。1926年赴苏联中山大学学习，同年加入中国共产党。1929年回陕，后任中共陕西省委委员、陕北特委书记、陕西省委常委兼西安市委书记、陕西临时省委书记（主持省委工作）。1931年调任中共河南省委书记。1932年7月在郑州被国民党反动派逮捕，同年8月在开封就义，时年33岁。

1930年初,陕北特委迁到绥德。吉国桢、苏士杰(特委常委兼军委书记)到绥师(绥德第四师范学校),以教员身份为掩护,领导特委工作。吉国桢利用上公民课的机会,讲授社会发展史、世界历史、中国近代史和马克思主义常识。他对巴黎公社、二月革命、广州起义、毛泽东与朱德领导工农红军在井冈山闹革命的生动讲述,引起了学生的很大兴趣,使学生们深受启发和教育。

在吉国桢的具体指导下,绥师特别支部的工作开展顺利,绥师逐渐成为陕北的红色基地。当时,绥师的党团组织发展很快,全校300多名师生中就有七八十名党团员。绥师党团组织利用革命节日在校内举行小型纪念活动,如报告会、座谈会等,还在绥德县城创办了一所平民学校,吸收贫苦的中青年参加学习。由党团员轮流去讲课,宣传革命思想。假期组织党团员和进步学生回到各自家乡做调查,发动农民,在陕北播下了革命的种子。与此同时,吉国桢指导绥德县委发动了一家工厂工人向厂方要求增加工资的斗争。厂主被迫答应增加工资。

在陕北特委和吉国桢的领导下,至1930年夏,陕北党团组织遍及10余县,党团员共达2000人。在陕、甘、宁边界驻军苏雨生、王子元部,榆林井岳秀部、高志清旅,都建立了党的秘密军委或支部,党团员发展到百余名。这些党团员按照特委的指示,有效开展了争取士兵群众和训练军事干部的工作。

1930年6月,吉国桢奉省委电召回西安。7月上旬,中共陕西省委在蓝田县巩村小学召开扩大会议,吉国桢当选省委常委兼西安市委书记,并参与省委组织委员会、军事委员会和职工运动委员会的领导工作。

10月上旬，省委机关被国民党的特务侦破。吉国桢和20多名省、市委领导同志、基层党团干部被敌人逮捕。吉国桢在狱中受尽酷刑，始终坚贞不屈，严守党的机密。11月底，蒋介石、阎锡山、冯玉祥等军阀混战结束，冯部失败，驻守西安等地的冯军出走，杨虎城率部入陕，陕军甄寿珊、姚振乾部进入西安。吉国桢和狱中30多名党团干部利用敌军之间的矛盾和混乱，互相砸断手铐脚镣，机智勇敢地越狱而出。

出狱后，省委决定由吉国桢负责组织临时省委，并任书记，主持省委工作。吉国桢主持举办了党员训练班，并亲自讲授当时的形势和任务以及工作方法等课，经过短期培训，将他们派往关中各地工作。吉国桢和省委还先后派了10多名有经验的党员干部打入杨虎城部，同在该部的中共地下组织（军支）接通关系，分别在杨的警卫团、宪兵营、炮兵营及西路地方武装中从事兵运工作，争取了一部分爱国官兵站到了革命队伍中，扩大了党所掌握的武装力量。

1931年5月初，吉国桢被党中央派赴河南任省委书记。为了培养干部和加强兵运工作，吉国桢亲自主持开办了两期党员活动训练班和兵运训练班，向学员讲解马克思主义基本理论、斗争策略和国内外形势。学员们经过短期训练后被派往各地整顿党团组织或开展兵运工作。吉国桢还指导中共河南省委先后出版了《中州时事》《中州新闻》《群众周刊》《党的建设》《我们的生活》等刊物，揭露军阀混战给人民带来的痛苦，宣传红军作战的胜利及各地群众斗争的情况。

1931年冬，吉国桢终因多年的劳累而病倒，一度半身瘫痪，卧床不起。经过治疗，病情稍愈后，他又投入紧张的斗争中。

1932年春，国民党蒋介石对鄂豫皖革命根据地发动了新的进攻。为了支援革命根据地的反"围剿"斗争，以吉国桢为首的河南省委发出紧急通知，号召河南各级党组织反对帝国主义和国民党反动派向革命根据地进攻，组织民众建立革命政权，扩大革命战争。在此前后，河南省委根据党中央的指示，将所领导的信阳特委和豫西南特委划归鄂豫皖中央分局领导，在信阳设立了交通站，动员数千名农民参加红军，发动各界群众募捐支援红军，不断向苏区运送医药、被服等急需物资，并组织农民到革命根据地参观访问。省委还在群众基础较好的豫南、豫中建立了红军游击队，开展游击活动；同时还派出不少党员干部，到国民党驻豫西的刘镇华部和驻淮阳、开封等地的军官教导团发动士兵哗变。这些工作，都牵制了敌人，援助了鄂豫皖革命根据地的斗争。

经过吉国桢和他的战友们一年多的辛勤工作，被敌人破坏而削弱了的河南党组织迅速得到恢复和发展，党员由几百人发展到2300多人，遍布全省90多个市、县，成立了开封、郑州两个市委，豫南和豫北两个特委，许昌、洛阳、南阳等五个中心县委，临颍、舞阳、西平三个县委，孝义、淮阳、鹿邑和军事学校等二十多个特别支部。

吉国桢在河南省委工作期间，坚持调查研究，坚持从实际出发。但受王明"左"倾冒险主义统治的党中央及其巡视员却多次指责以吉国桢为首的河南省委"对全省工作的领导,严重地落在机会主义泥坑,对于国际和中央路线的执行完全采取右倾机会主义的消极!"吉国桢在受到错误的批评后,仍然努力为党工作,坚持向中央写报告,反映真实情况,陈述自己的意见和建议,对于自己认为确实错了的地方,也能勇于自我批评。

1932年6月中旬,吉国桢和团河南省委书记王伯阳作为省委的代表到上海参加党中央主持召开的北方各省委代表联席会议。6月下旬,会议通过了《革命危机的增长与北方党的任务》及《开展游击运动与创造北方新苏区的决议》。会议一结束,吉国桢等立即返回郑州,先后主持召开了河南省委常委和省委扩大会议,并指导郑州市委召开会议,讨论如何创建河南的新苏区和开展游击战争的问题并初步制定了计划。与此同时,吉国桢还领导出版了《火力》刊物、《拥红创苏》特刊,发表了《反对敌人的第四次"围剿",创造河南新红军新苏区告工农书》。

1932年7月下旬,由于叛徒张俊等人的告密,吉国桢和省委秘书长杨斯萍、团省委书记王伯阳等20多名党团干部在郑州被捕。国民党河南省政府主席兼国民政府军事委员会驻豫特派绥靖主任刘峙急令押送开封审问。敌人满以为可以从吉国桢等人口中得到共产党的重要机密,对他们威胁利诱,严刑拷打。但是,吉国桢(化名周国荣)宁死不屈,使敌人未能得到任何口供。刘峙恼羞成怒,遂下令将吉国桢、杨斯萍、王伯阳等14名党团干部在8月20日晨,秘密杀害于开封郊区。

"打富济贫、支援红军"
天汉播火者陈锦章

陈锦章（1899年—1935年），陕西宁强人。1924年考入上海美专学习，同年加入中国共产党。1926年8月离开上海返回家乡，成立中共宁强县支部，秘密组织农民武装。1928年春被捕，越狱后避难四川。1929年返回汉中后与党组织取得联系，任中共陕南特委委员、中共汉中职员支部书记，1931年春任冯玉祥部政治处宣传部主任。1932年回到汉中后，继续参与领导陕南特委的工作。1935年随中国工农红军第四方面军南下，长征途中不幸牺牲，时年36岁。

1924年秋，陈锦章赴上海美术专科学校念书，就读于西洋画科。上海美术专科学校为乌始光、刘海粟等人创办，校址位于当时的上海法租界菜市街。蔡元培、黄炎培等人任校董。陈锦章在这里接受了中国现代新式教育的培养。

当时，在沪学习的陕南进步青年成立"汉中旅沪学生会""新汉社"等组织，创办《汉钟》《南针》等刊物，"刊物所载文章多为汉中旅外学生撰写，内容主要是研究新思想、新文化，宣传马克思主义的革命道理，揭露反动当局的种种罪行，教育激励广大人民和青年学生觉醒。"许多在沪的汉中进步青年纷纷受进步思想的影响，加入了中国共产党、共青团。积极追求革命事业的陈锦章很快就被中共上海市西区艺大小组接收为中国共产党党员，负责党的宣传工作。他不仅在艺大培养和发展党员，还积极帮助附近的大同、持志两所大学开展党的工作。1926年，在五卅惨案一周年纪念活动前夕，陈锦章奉中共组织指派，在上海杨树浦等地张贴标语、散发传单，参加了各界民众举行的纪念大会及在租界的游行活动。活动中陈锦章不顾个人安危，充分发挥自己的智勇和才气，出色完成了党组织交给他的任务。1926年8月，陈锦章毕业回到宁强后，经他的叔父陈大章（时任宁强高等小学校长）的推荐，任宁强高等小学教务处主任。陈锦章以此身份在宁强县城及大安镇附近农村开展革命活动，传播马克思主义思想。为了便于秘密开展党的工作，陈锦章转到大安高等小学任教。他组织学校师生利用游行、演剧、张贴标语等多种形式，宣传革命形势和反帝反封建的革命思想。他还组织创建了天足会、放足会，倡导"妇女要放脚""男子不留辫子"。在青年学生中宣传学习《新青年》等进步刊物，积极组织师生推销新文化书籍，编印和发行进步刊物，宣传革命主张和进步思想。在白色恐怖下，陈锦章不忘肩负的使命，充分利用职业和身份便利开展党的地下工作。他上美术课时，教学生画镰刀、斧头，讲劳动人民联合求解放的道理；上音乐课时，教唱《义勇军进行曲》《放足歌》及自己编写的《春景歌》，鼓舞广大青年关心祖国和人民的命运。在陈锦章的辛勤耕耘下，汉中一大批学生、进步青年都接受了马克思主义思想和党的主张，纷纷要求加入共产党、加入革命队伍。

1927年春，在大安高等小学所在地秀峰寺，陈锦章组建了宁强第一个中共党组织——中共大安小组。陈锦章提出"打倒卖国军阀，铲除恶绅地痞，改良农工待遇"的口号，在当时引起强烈反响，封建思想受到巨大冲击，为陕南人民进行革命斗争点燃了星星之火，为中共地下党的活动撑起了一个家。第二年，他又将进步青年张得章发展为党员，组织队伍不断扩大，党在群众中的政治影响也不断扩大。这让人民群众看到了革命的希望，也为革命斗争提供了坚强的组织保证。

1928年春，陈锦章在汉中被捕，经党组织营救，出狱后避难四川。1929年，由四川辗转至汉中，与党组织恢复联系。陈锦章是一个目光长远、志向远大的人，随时随地都在为武装斗争做准备。除了发动群众与封建势力做斗争外，他还经常在暗中为革命搜集情报、筹措粮款，同时还在县城附近利用"孝义会"的名义，动员农民自制刀矛等革命武器，为红军的到来做物资准备，发动党员与川陕苏区红四方面军取得联系，不断获取新的情报。

1930年春,陈锦章被组织派到冯玉祥所属的张传玺师工作,任政治部宣传处主任,向广大官兵宣传革命道理。1930年10月,陈锦章离开该师回到汉中,继续参与领导中共陕南特委的工作。11月,中共陕南特委召开第一次代表大会,陈锦章被选为特委委员,负责汉中左翼教职员联盟的组建工作,并任汉中支部书记。随后,中共陕南特委机关经常在他家中开会和办公,党的一些秘密文件和宣传品也大都在这儿编印。他的亲属经常给特委的同志站岗放哨、送信送报,为党做事。因他活动较为频繁,引起了敌特的注意。

1933年秋的一天,陈锦章正在家中处理文件,军警突然包围他家。他迅速将文件藏于地板下,然后凝神作画。闯进来的军警一无所获,但仍然将他带走。后因查无实据,不得不将他释放,但仍被当局以"有共党嫌疑"为借口,下令各学校不得再聘其任教。陈锦章虽失去教职,但革命初衷不改。他一边作画卖画,一边在艰难困苦中坚持革命斗争。

1935年,红军到达大安镇后,陈锦章主动组织党员团员宣传红军政策,为红军后续运动打牢了群众基础。他四处宣传要团结起来"打富济贫、支援红军"。在他的感召下,全县进步人士自觉配合红四方面军清剿反动民团和土匪,镇压了20余名反动民团头目和土豪劣绅,缴获了一批枪支弹药、大刀、长矛等武器以及粮食、油、肉等物资,鼓舞了群众,震慑了敌人,巩固了红色政权。

陈锦章四处宣传红军政策,动员有志青年参加红军。在他的动员和实际行动引领下，宁强县有1300多名进步青年积极参加了红军。陈锦章不仅积极动员有志青年参加红军，还成功动员全家三代11口人参加了红军，其中10人为革命献出了生命。1935年红四方面军离开川陕苏区长征时，陈锦章牺牲于长征途中。陈文华是陈锦章的大弟，1931年担任中共陕南特委书记，后任红二十九军的游击大队政委，长征途中牺牲。二弟陈文芳，从事地下党组织工作，亦于长征途中牺牲。陈锦章的长女亚民、次女汉兰在长征途中失散，两个弟媳、侄女相继牺牲，只有妹妹陈真仁到达陕北，新中国成立后在解放军总后卫生部工作。

陈锦章故居

"我们的一切活动都要为着人民群众的这一根本利益"

民族英雄谢子长

谢子长（1897年—1935年），陕西子长人。1924年加入中国共产党。1927年10月参与领导清涧起义，1928年5月参与领导渭华起义，任西北工农革命军军事委员会委员兼革命军第三大队大队长。1929年任中共陕北特委军委委员，从事兵运工作。1931年冬任西北反帝同盟军总指挥。1933年夏奉命到张家口察哈尔抗日同盟军第十八师做党的工作。同年11月任中共中央北方代表派驻西北军事特派员。1934年任陕北红军游击队总指挥兼红二十六军第四十二师政委。1935年2月初被选为中共西北革命军事委员会主要负责人，2月21日病逝，时年38岁。谢子长是陕甘革命根据地的创建者和领导者，2009年9月被中宣部、中组部等11部门评为"100位为新中国成立作出突出贡献的英雄模范人物"。

清涧起义和渭华起义相继失败后，面对严重的困难，谢子长反复告诫部队官兵："我们共产党领导的部队，时刻不能忘了老百姓，不论走到哪里，都要爱护他们，给他们办好事，这就是我们革命的目的。""我们是老百姓的儿子，如果打骂老百姓，就是败家子，丧家犬，我们就要失败。"他还说："人民的利益，最根本的一条就是推翻地主恶霸的黑暗统治，争得政治上当家作主的权力，建设自己富裕的生活。我们的一切活动都要为着人民群众的这一根本利益。"在他的影响和感召下，西北工农革命军游击队尽管面临重重困难，但部队纪律严明，对百姓秋毫无犯。时值寒冬腊月，部队缺吃少穿，但宁肯露宿野外，也不打扰老百姓；宁肯吃野菜野果，也不拿群众一针一线。这使长期遭受兵匪残害和封建地主豪绅压迫的陇东人民对红军产生了良好的印象，大家奔走相告，赞扬西北工农革命军游击队是穷苦人的队伍。

当红军陕甘游击队遭受严重挫折退居南梁时，当地老百姓仍认得红军总指挥就是五年前打红旗的"老谢"，主动保护和支援红军。行军途中，谢子长经常把马让给伤病员骑，把仅有的口粮让给伤病员吃；部队宿营后，常和战士们拉家常；每到一地，总是利用各种机会深入群众，访贫问苦，做群众工作，群众有什么困难，他都尽力解决。他不仅在生活上爱护战士，而且在思想上关心他们的成长，耐心帮助他们学政治，学军事，学文化。根据地的广大群众和红军战士打心眼里爱戴"谢青天"。

1934年夏，正当蒋介石调动几十万大军，对中央革命根据地进行第五次"围剿"之时，国民党西北军阀也向陕北革命根据地发动了大规模进攻。谢子长在当地人民群众的支持下，指挥主力红军、游击队和赤卫军在战斗中连获胜利。随后，清涧地下党组织向谢子长汇报，要求拔掉敌河口镇据点。8月26日深夜战斗打响，由于敌人凭借有利地形死守，红军连攻数次未克，直至天明，仍未攻下。谢子长亲自到前线指挥作战，重新组织力量，配备了火力强攻，予敌以重大杀伤，迫使敌人逃往清涧县城，保卫了清涧以东的革命根据地。就在这次战斗中，谢子长不幸胸部中弹，鲜血渗透了他穿着的紫褐色夹袄，他用衣襟掩住伤口，继续指挥战斗，直到胜利。为了稳定部队和群众的战斗情绪，谢子长传出命令，对他负伤的事要保密，不许声张。

战后，谢子长又带伤率领红军北上，攻打安定县董家寺，击溃敌人一个营的进攻。至此，红军四战四捷，军威大振，彻底粉碎了敌人对陕北革命根据地的第一次"围剿"。此后，由于陕北特委和谢子长的正确领导及红二十六军四十二师的大力支援，陕北革命根据地迅速扩大，红色政权相继建立。

此后，陕西党组织决定让谢子长离队养伤。谢子长虽远离部队养伤，但却处于经常转移的状态中。半年时间里，他就转移过十多个村庄。越是走动，伤情越是严重。农历十一月的一天，谢子长在转移途中歇息在一户老乡家，这位姓薛的人家热情地给谢子长一行人烧水喝。谢子长环视老乡家炕上什么也没有，走时，把自己的被子留下，让他们过冬用。老乡动情地说："你伤这么重，这床被子我们怎么能要？"谢子长的警卫员也说：

"你就这么一床被子给了老乡,你盖什么?"谢子长说:"我还有一件皮袄可以御寒。老乡那么多孩子,什么也没有。"

谢子长转移到的地方,有时连饭也无法做,但附近的乡亲们总是访问打听,带着白面、羊肉、荞面、挂面、瓜果等东西来探望。红四团团长谢绍安的婆姨白盛英负责照料谢子长的生活,总是把老乡送来的东西变着法地烹饪,调剂伙食。谢子长却难以下咽,他询问白盛英:"这些好吃的是哪里弄来的?"当他知道实情后不安地说:"穷人的东西来之不易,咱给他们没办多少事情,咋能白吃人家的东西?咱不能收啊!"

白盛英只好如实禀告:这段时间远离组织,带的本来就很少的钱早用光了。谢子长满面胡须的脸上流下一串滚烫的热泪,但他用袄袖子把眼角一抹,仍铿锵地说道:"万一不行,鸡蛋留一颗,面粉留下一两,肉割下一点点,剩余的退还人家,亲朋的心意我领了!"

子长革命烈士纪念馆

伤病中的谢子长，总是思考着如何才能不断壮大红军的武装力量。每次有同志来看他，他首先想到的总是工作。一次，他躺在炕上给前来探望的贺晋年交代任务，要贺晋年到安塞吊儿沟找民团团总薛应昌（那时薛还是共产党员，后来背叛了革命），要他把民团带出来参加革命。临别，谢子长语重心长地说："看来搞革命武装，依靠在旧军队里的合法地位招兵买马是不行的，这个教训已经很多了。还是要走井冈山的道路，发动群众，搞土地革命，建立工农政权，用从敌人手中夺来的武器武装工农，建设一支共产党领导的工农红军。只有和人民群众血肉相连的部队才是人民自己的队伍，永远不会被敌人打垮。"

1935年1月中旬，刘志丹多次到灯盏湾、水晶沟等地探望养伤的老战友谢子长，就当时的形势、党的政治策略、军事战略战术、陕甘边与陕北革命根据地的统一领导等问题进行交流，两人意见相合。

刘志丹见到谢子长有说不完的话，他摸着炕上薄薄的被褥，再三叮咛："被褥太单薄了，这咋行哩，叫盛英给你换一下。你总是替别人着想，一点也不管自己。"

谢子长已有气无力，翕动着干涩的嘴唇动情地讲："只要我身子能好，能为革命继续工作，被褥不好没啥。"

快过春节时，谢子长病情突然恶化，高烧不止。但他仍关心红军游击队的活动和各种消息，仍念念不忘红军的建设和革命根据地的发展。1935年2月21日晚9时，谢子长因伤情恶化病逝。谢子长心里只有人民，只有革命。临终前他痛苦地流着泪说,"就这样死了,我对不起老百姓!""我给他们做的事太少了!"

谢子长是我党的优秀党员,是陕甘红军、陕北革命根据地的创始人之一。他不仅自己献身于革命,还教育全家成为一个革命的家庭。在1932年至1936年短短的三年多时间里,就有9人为革命英勇献身。

为了纪念谢子长,1935年中共西北工作委员会决定将他的家乡安定县改为子长县。

1939年,中共陕甘宁边区委员会和陕甘宁边区政府决定将谢子长的遗骨移葬于他的家乡枣树坪,并修建了谢子长烈士墓。毛泽东前后两次为子长墓题词:"民族英雄""虽死犹生",并亲笔为子长墓撰写了碑文:

> 谢子长,名德元,安定人,1925年在北平加入共产党。自此即以共产主义为解放中国人民之道路,创农民运动讲习班,组织农协,领导人民参加反帝反军阀运动,人民因有谢

谢子长将军雕像

青天之称。1927年大革命失败后，谢子长起义于清涧，继参加渭南暴动，败不丧志，奔走西北、华北各地。九一八事变后，于陕甘之间组织反帝同盟军改为中国工农红军陕甘游击队，即是第二十六军之前身。1933年赴察哈尔参加抗日同盟军，失败后回陕北组织第二十七军，协同刘志丹诸同志创造了陕甘宁边区。1934年于河口之役负伤，1935年春因伤逝世。党政军民各界感子长之功德，改安定县为子长县以志纪念。于政府及人民为子长立墓之时，书以叙之。

2月28日，毛泽东再次题词："谢子长同志千古。前仆后继，打倒人民公敌蒋介石。"朱德题词："子长同志，陕北人民领袖，前仆后继。"中共中央西北局送的挽联上写着："一生为人民创造红地，百姓到如今叫你青天。"

群众领袖刘志丹
「革命利益高于一切」

刘志丹（1903年—1936年），字景桂，陕西志丹人。1924年加入中国社会主义青年团，1925年初转入中国共产党，1926年秋受党组织选派进入黄埔军校第四期炮兵科学习。1928年5月，与唐澍、谢子长等人一起组织领导了渭华起义，任西北工农革命军军事委员会主席。九一八事变后，历任红军陕甘游击队总指挥、红二十六军二团参谋长以及红二十八军军长、红军北路军总指挥等职。1936年3月，率领红二十八军东征，4月14日在山西省中阳县三交镇（现属柳林县）战斗中英勇牺牲，时年33岁。2009年9月被中宣部、中组部等11个部门评为"100位为新中国成立作出突出贡献的英雄模范人物"。

1931年九一八事变发生。中共中央号召组织群众性的反帝运动，反抗日本帝国主义的侵略。全国出现了新的革命形势。10月下旬，刘志丹领导的革命队伍在甘肃合水县同杨重远、阎红彦等率领的部队胜利会合。部队改称西北反帝同盟军，谢子长任总指挥，刘志丹任副总指挥兼第二支队队长。

1932年2月，根据中共陕西省委指示，西北反帝同盟军在甘肃正宁县三嘉塬改编为中国工农红军陕甘游击队，谢子长任总指挥，5月10日，改任刘志丹为总指挥。在刘志丹的领导下，游击队依靠地方党组织的配合和人民群众的支持，运用游击战术，经过5个月，大小9战，8次获胜，歼敌1400余人，缴枪1200余支，粉碎了敌人的"围剿"。

8月底，省委又派谢子长为陕甘游击队总指挥，刘志丹为副总指挥，率部南下耀县地区。12月上旬，根据中央北方会议的决定，省委指示游击队开往宜君转角镇整编，准备改编为中国工农红军第二十六军。24日，杜衡在宜君转角镇召开军人大会，宣布中国工农红军陕甘游击队正式改编为红二十六军第二团，王世泰任团长，杜衡兼军、团两级政委。面对这种无情打击，刘志丹表现出良好的党性修养。他心地坦荡，顾全大局，毫不计较个人得失，仍积极协助王世泰做好工作，帮助起草了《政治工作训令》和纪律条例，并尽一切可能来维护部队的团结，遇到战斗，则精心协助拟定作战计划，争取打胜仗。由于他工作出色，干部战士都亲切地称他为"我们的参谋长"。

1933年5月，在杜衡的错误决定下，红二十六军主力二团被迫南下，但杜衡被强大的敌人所吓倒，中途动摇，私自离开部队跑回西安。杜衡离队后，汪锋接任政委，刘志丹任参谋长，与追击的敌人边走边战，在终南山一带苦战两月，终因孤军作战，弹尽粮绝，全团覆没。刘志丹带领10余人冲出重围，又被围困在深山老峪里，靠采集野果充饥。时值盛夏多雨，加之敌人重赏通缉刘志丹，经常派兵搜山，处境十分困难。革命的巨大挫折，没有动摇刘志丹坚定的意志，他亲切地和战士们谈心，鼓舞士气说："月亮都有时圆，有时缺呀！革命在一时一地的失败，算得了什么？失败了再干呀！咱们道理正，穷苦人都站在咱们这边！""天不能老是阴雨，总有个放晴的时候！"后来他动员大家突围，在通过封锁线时又遭到敌人的袭击，大部分同志牺牲了。刘志丹经过激烈的战斗，死里逃生，一个人冲了出来，但从险峻的山崖上滑下，摔成了重伤，后来遇见红二十六军先锋队一个战士，才被扶着下山，和失散的王世泰、曹士荣等会合。

1935年10月，正当反"围剿"斗争进行到紧要关头，王明"左"倾错误却在陕北恶性发展。他们不公正地将刘志丹排斥在新的省委和军委领导之外。10月初劳山战役之后，将刘志丹骗离前线。刘志丹在途经安塞县真武洞时，恰好碰见从瓦窑堡来的通讯员，通讯员认识刘志丹，说有一封给十五军团的急件，顺手交给了他。刘志丹一看，原来是密令逮捕自己和其他人员的名单。他对这种不顾大局、搞阴谋诡计陷害同志的卑劣行径十分愤慨。但他为了不使党分裂，不使红军自相残杀，不给敌人以可乘之机，丝毫不顾个人安危，镇定地把信交还通讯员，说："你快把信送到军团部，说我自己去瓦窑堡了。"随即策马扬鞭，毅然直赴瓦窑堡，打算向中央驻西北代表团申诉，宁愿自己被捕,也不要逮捕前线其他指挥员。但他一到即被投入监狱,他的妻子同桂荣和5岁的幼女也被同时禁闭起来。

刘志丹蒙受不白之冤,在监狱受尽折磨。但他面对随时可能被处死的残酷现实,始终泰然处之。

正当陕甘革命根据地和红军陷于严重危机的关键时刻,1935年10月19日,中央红军突破敌人的"围剿"到达陕北吴起镇(今吴起县)。毛泽东等到达陕北后,了解到根据地正在进行错误肃反,刘志丹等已被关押,立即下令:"刀下留人""停止捕人",并派王首道、刘向三、贾拓夫等代表党中央,奔赴瓦窑堡接管"左"倾错误领导控制的保卫局。经过审查,于11月初将刘志丹等受诬被捕人员全部释放。刘志丹出狱后,毛泽东和周恩来亲切地接见了他。他们安慰和鼓励刘志丹:"你和陕北的同志受委屈了。"刘志丹毫无怨言,代表全体获释干部感谢党中央的英明处理,激动地说:"中央来了,今后事情都好办了。"在党中央召开的受害同志座谈会上,刘志丹一再谦虚地表示,工作中都会有缺点错误,并强调要"团结起来,在党中央领导下努力工作,为完成我们的伟大事业而奋斗"。

在此之后,有些受迫害的同志出于对王明及其"左"倾错误执行者的义愤,多次要求刘志丹向党中央、毛泽东反映,处理犯错误的人。刘志丹胸怀坦荡,一再进行解释说服工作,要大家以大局为重,团结一致,共同对敌。他常说,党内历史问题不必性急,要相信党中央、毛主席会分清是非,做出正确结论。1936年初,他要习仲勋转告受过迫害的同志:"过去了的事都不要放在心上,这不是哪一个人的问题。要相信党中央、毛主席会解决好，要听从中央分配，到各自岗位上去积极工作。"他向部队讲话时，每次都要强调：革命利益高于一切，要顾全大局识大体，绝对服从中央的领导，听从中央的调遣，要向中央红军学习，加强团结。在他的影响下，许多受害同志不计个人恩怨，继续勤恳为党工作，陕北红军和中央红军团结得亲密无间。周恩来多次赞扬说：刘志丹同志对党忠贞不贰，很谦虚，最守纪律，他是一个真正具有共产主义品质的共产党员。

1936年2月上旬，中共中央决定，为适应全国人民抗日救亡的迫切要求，组织中国人民红军抗日先锋军渡河东征。蒋介石对毛泽东亲自率红军渡河东征非常恐慌，慌忙下令从洛阳、徐州等地，调遣10个师以上大军配合晋绥军拦截红军去路；同时，又令东北军和十七路军进攻陕甘红军后方。为了粉碎蒋介石的阴谋，党中央命令刘志丹和宋任穷率领红二十八军担任侧翼，从佳县以北渡过黄河，插入晋西北地区，配合中央红军迅速打通走向抗日前线的道路。

3月底，部队在刘志丹指挥下，胜利渡过了黄河。渡河后立即摧毁了罗峪口敌军指挥部，随即向兴县黑峪口、康宁镇横扫过去，沿途连获胜利。当部队行至山西临县白文镇时，接中央军委急电："为了配合红军进逼汾阳，威胁太原，并打通前方与陕北之联系，保证红军背靠老苏区，着令二十八军即向离石以南黄河沿岸地区进击，并相机攻占中阳三交镇，牵制和调动敌人。"刘志丹率领部队立即由白文镇出发，经过激烈战斗，按时到达三交镇附近。

4月13日,彭德怀、毛泽东下达了消灭三交镇敌军的命令。为打好这一仗,刘志丹一直在军部指挥所里紧张地指挥战斗。由于过度疲劳,他眼里充满了血丝,同志们劝他休息一会儿,他怎么也不肯,笑着说:"不知怎么一回事,枪一响,一点儿也不困了。"当他得知一团攻击不太顺利时,立即来到一团指挥所,和指战员一起研究突破敌军碉堡的方案。直到天亮,进攻不很顺利,刘志丹皱着眉头,带着参谋和警卫员,向最前沿阵地走去。到了阵地,刘志丹伏在一个塄坎后面用望远镜观察。这个小山头,距敌人的工事已不到300米。他叫过参谋,指点着对面:"你去告诉黄团长,组织突击队消灭敌人机枪火力点。另外再组织几个战斗组,分几路向敌人的碉堡攻击。"就在刘志丹指挥红军战士准备重新发起进攻的时候,对面工事里敌人的机枪突然对着他开火了。一排子弹射过来,击中了刘志丹的左胸。他当即昏迷过去,清醒过来后,仍以顽强毅力,断断续续地告诉身边同志:"让宋政委……指挥部队……赶快……消灭……敌人。"说完就停止了呼吸。

刘志丹的遗体被运回陕北瓦窑堡时,周恩来怀着沉痛的心情,亲视入殓,并安慰刘志丹的亲属说:"志丹同志为革命光荣牺牲了。他是我党优秀的党员,卓越的好同志,我们要化悲

刘志丹将军塑像

痛为力量，继承他的遗志，更好地为人民服务。"

为了永远纪念刘志丹，1936年6月，中共中央应广大人民群众的要求，将保安县改名为志丹县。1941年，志丹县兴建了刘志丹陵园。1943年4月，举行移灵、公葬时，毛泽东、周恩来等领导分别题词，对刘志丹革命的一生给予了高度评价。

毛泽东题词："群众领袖、民族英雄"。

周恩来题词："上下五千年，英雄万万千，人民的英雄，要数刘志丹"。

朱德题词："红军模范"。

毛泽东给刘志丹的题词

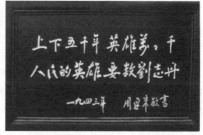
周恩来给刘志丹的题词

"健如奔马拙如牛"
献身统战工作的宣侠父

宣侠父（1899年—1938年），浙江诸暨人。1916年考入浙江省立甲种水产学校，1920年夏毕业后获公费赴日本留学，在北海道帝国大学读水产专业。因参加爱国运动被停止公费待遇回国，在杭州同宣中华、俞秀松等一起参加革命活动。1923年加入中国社会主义青年团，不久转为中共党员。1924年夏，受中共浙江组织委派，赴广州考入黄埔军校第一期，因反对蒋介石揽权独裁，被军校开除。1938年7月31日在西安被国民党特务绑架并杀害，时年39岁。

1924年5月,浙江党组织委派宣侠父去黄埔军校学习。在杭州,宣侠父邂逅了胡宗南。听了宣侠父一席关于强国必须强军的鼓动,去意彷徨的胡宗南也决心报考军校。宣侠父带领樊嵩华、胡宗南等10多名青年考入黄埔军校,成为军校的第一期学员。

1925年冬,中国共产党在甘肃的第一个组织——中共甘肃特别支部成立,宣侠父任特支委员。1927年5月1日,国民联军誓师东征,策应北伐,同时改称国民革命军第二集团军。宣侠父被任命为前敌指挥部政治处处长兼第三军政治处长、第二集团军司令部政治部宣传委员兼战地工作团团长。1934年3月,宣侠父带着吉鸿昌专程来到上海,介绍吉鸿昌加入了中国共产党。1937年2月初,宣侠父奉周恩来、叶剑英"速来西安"的电示,风尘仆仆,来到西安。周恩来风趣地说:"黄埔军校一别,很快就是10年,我们是殊途同归,革命的洪流又把我们涌到一起来了。"接着,他们向宣侠父介绍了西安的情况。

1937年7月,七七事变爆发,促成了国共合作谈判,红军改编成国民革命军第八路军,宣侠父被任命为八路军少将高级参议,代表八路军总部出面交涉、协调各项事宜,常驻西安。

在抗日战争中,陕西地方名流是重要的统战力量。宣侠父特别注意和他们搞好关系,发挥他们的作用。宣侠父和杜斌丞、杨明轩、张之道、苏资琛、罗明等文人交往,商议抗日救亡运动公务,切磋习文治学之道,吟诗题词,彼此关系更深了一层。在宣侠父努力下,各阶层民众的抗日救亡热情异常高涨,救亡团体遍及各行各业及各族各界,救亡工作一呼百应,募捐活动成绩显著。广大民众的救亡热情又促进了上层人士的响应,他们纷纷为抗战出钱出力。大批有志青年为了救国抗日,积极要求到延安去。许多人找宣侠父当介绍人,陈慕华等人就是在他的帮助下顺利前往延安的。

作为一名八路军高级参议,宣侠父具有超群的交际能力,当时许多事情,因西安八路军办事处(简称"八办")工作人员没有经验,无法解决,宣侠父接手后总能设法疏通渠道,顺利解决。

蒋鼎文任西安行营主任以后,以黄埔军校教官的老资格自居,深居简出,面冷如霜。"八办"一般工作人员前往办事,几句话就被打发了回去。宣侠父不理他那一套,仗着是诸暨老乡和黄埔相识,常去"蘑菇"(指以温和的态度和耐心,让对方自感无理,并消耗时间使对手烦躁的谈话方式),而且总有降伏蒋鼎文的高招。他不达目的,绝不罢休,常让蒋鼎文挠首抓耳,一筹莫展。

蒋介石对于宣侠父这样一个在历次反蒋激流中都站在风口浪尖上的老共产党员,早已仇恨在心,手谕"将宣侠父秘密制裁"。接到蒋介石的手谕,军统特务立即秘密安排暗杀行动。首先由军统西北区直属组(即特务队)派遣三名精干特务埋伏监视,认识"目标"。特务们还以户警查户口为名,闯入宣侠父的住宅,近距离熟悉"目标"。由于宣侠父行踪无常,特务们屡屡不能得手。特务头子戴笠催得火急,遂又派了军委会西安别动队的两名刺客,加强暗杀力量。

1938年7月31日,八路军办事处与铁路局在革命公园运动场进行篮球比赛,宣侠父担任裁判。6时许,比赛结束,宣侠父骑着自行车离开革命公园返回途中,被特务暴徒拦住去路,夺走自行车。宣侠父厉声呵斥:"你们要干什么?我是十八集团军的……"不等他说完,几个特务已经将他推拉到停在路旁的汽车边,其中一个特务狡诈地说:"知道,蒋主任请你!"说着,便强行将宣侠父架上汽车。汽车开动后,特务们一齐下手,用绳索将宣侠父勒杀。随后,将遗体投入下马陵特务队驻地附近的一口枯井里。由于我党追查得很紧,敌人怕露出马脚,又于某夜移埋于城郊野外。

在国共合作共同抗日的形势下,一位为民族统一战线而奔走呼号的忠诚战士,竟然惨遭国民党反动派的杀害。宣侠父遇难的最初几天,

1938年宣侠父在办事处观看西北战地服务团演出

西安八路军办事处处长伍云甫和办事处的其他同志四处寻找,还在报纸上发表了寻人启事,但始终杳无音信。

纸终究包不住火。八路军办事处根据种种迹象,很快得知宣侠父是被国民党反动派绑架暗杀的。周恩来三次要求蒋介石追查宣侠父的下落,逼得蒋介石无法,只好招认:"宣侠父是我的学生,他背叛了我,我有权处置他。"

健如奔马拙如牛，奋斗廿年未得休，
顾影不禁心忐忑，居然老气迟横秋。

这是宣侠父在牺牲前的一首自题诗，诚如这首诗所写的那样，宣侠父一生像拙牛，忠心耿耿，脚踏实地；更像奔马，驰骋南北，匆匆未休。其足迹遍及江南塞北，将火种引至粤沪秦陇。每到一处，必有建树，尤在陕西，业绩卓著。

1938年宣侠父（右一）、林伯渠、丁玲、徐文斌、王玉清、谢华在西安

"为了人类未来的光荣"

商山英杰王柏栋

王柏栋(1910年—1938年),陕西丹凤人。1927年初,随冯玉祥率领的国民革命军孙连仲部出师河南攻打军阀吴佩孚,后加入杨虎城部教导队,并于1930年在该部加入中国共产党。1932年后,先后任中国工农红军陕甘游击队警卫队政委,渭北游击队第一大队分队长,红二十六军第四团连政治指导员、连长,中共商洛工委书记。1937年,在商洛山区开展抗日救亡运动,先后建立起中华民族解放先锋队、抗敌促进会、国难研究会和妇女救国会等抗日群众组织。1938年7月25日黎明,被匪徒暗杀于家中,年仅28岁。

1910年8月3日，王柏栋生于丹凤县商镇显神庙村一个农民家庭，取名王荣娃。由于家庭的培养和学校教育，年少的王柏栋养成了刚正不阿、憎恶邪恶、敬老怜贫的性格。桃园村后渠砖瓦窑中住有两位可怜的孤老，年迈体弱，生活无依无靠，经常少吃缺喝。他便背着父亲把地里的北瓜、红薯、苞谷拿去送给他们。有时放学后，他就去给这两位老人挑水劈柴。

一天放学回家，父亲发现儿子书皮上的名字不叫王荣娃，而是另外三个字，勃然大怒，便把儿子叫来。

"你为什么不给书皮上写上自己的名字？"

"这就是我的名字。"

"谁起的？"

"我起的。"

"为什么不叫我起的名字？"

"你起的名字不好。荣，什么荣华富贵，全是要富贵，我起的这个名字，偏不要富贵。"

"你把自己起的这名字改了！"

"不！"

"不了我要打你。"

"我不怕。"

父亲扭不过儿子，默许了儿子自己给自己起的名字"王柏栋"。正是这个名字，日后响彻整个商洛山。

1927年，国民军联军孙连仲部配合北伐，出师河南，途径龙驹寨，王柏栋投笔从戎。随部队打败吴佩孚之后，因该部与蒋介石、汪精卫勾结，血腥镇压工农运动，王柏栋愤然离开，暂到湖北老河口随其岳父经商，后又到紫荆关学习经商。1929年夏，王柏栋闻悉杨虎城在南阳办教导队的消息，就偷偷地打点行装，向一位亲属借了些钱，连夜离开商行，徒步到南阳参加了教导队。这一年，陕西遭受了百年不遇的大旱，王柏栋父亲到南阳要求他回家种田。王柏栋耐心地对父亲说："国家兴亡，我辈有责，民不聊生，虽系天灾之故，更系国府腐败之所致，国家战乱不止，我堂堂血性男儿，焉能安心种田。"1930年初，王柏栋光荣地加入了中国共产党。

1932年2月，中国工农红军陕甘游击队成立，谢子长任总指挥，王柏栋任警卫队政委。王柏栋作战勇敢，机智多谋，多次受到谢子长的表扬。1933年，王柏栋调任渭北游击队总指挥部第一大队第二分队分队长。他以卓越的军事才能智取三原鲁桥镇，被称为"智多星"。1933年7月，渭北游击队一大队改编为红二十六军第四团，王柏栋先为一连指导员、连长，后任团参谋长、团政委。因敌四面"围剿"，他和团长黄子祥率红四团主动撤离三原，转移到照金苏区，与习仲勋等领导的陕甘游击队、王泰吉等领导的西北民众抗日义勇军、张邦英等领导的耀县游击队会合。1933年8月，中共陕甘边特委在照金苏区陈家坡召开扩大会议，决定成立陕甘边区红军临时总指挥部，王柏栋参加了这次重要会议。会后，他又参加了智取旬邑县府驻地张洪镇、奇袭甘肃合水等战斗，表现英勇。不久，他奉命到陕北苏区工作。

1934年秋，王柏栋受命回陕南汉中、商洛一带了解地方情况。

10月29日，王柏栋以白东的化名，用墨笔在其家西厦房墙上写下了他崇高的革命理想："不堪回首的颠沛，何时才获得未来""为了人类未来的光荣，终要渡此血的惨幸生涯"。

同年底，红二十五军长征转战进入丹凤县庚家河一带，大部队西进后，留下程启文队长领导的一支30多人的小分队，在丹凤县孙家山

王柏栋手迹

一带开展革命斗争。"追剿"红二十五军的国民党部队对这支小分队展开三路"围剿"。王柏栋闻讯后，一方面说服商洛镇民团团总张虎森帮助游击队，另一方面，冒雪奔上孙家山，和程启文联系，促成双方达成统战协议。张虎森送给程启文部队100双偏耳子鞋，以及《中央日报》《大公报》等。在王柏栋的帮助支持下，程启文领导的小分队创建了以孙家山为中心的小块红色割据区域。

卢沟桥事变后，全国抗战爆发，中共陕西省委任命王柏栋为中共商洛工委书记。11月，王柏栋再返商洛。因红军撤离后，国民党反动派疯狂屠杀根据地人民，革命陷入了低潮。

王柏栋根据中共中央洛川会议精神和省委指示，先后在两岭小学、商镇、龙驹寨、商县县城等地，发展了200多名民先

锋队员；成立了国难研究会、妇女救国会等抗日群众组织；相继建立了商洛镇、龙驹寨和商中等地的党组织；发展了王连成、刘丹东、彭一民、巩德芳、薛兴军等30余名党员，并有计划地派员赴中央党校、抗大、安吴堡青训班及省委党训班学习，为商洛培养了大批革命骨干。王柏栋坚决执行党的统战政策，广泛结识进步人士，组织群众在龙驹寨示威、请愿，夺回了被顽固分子冯麟生劫取的商洛镇联的100余支枪。王柏栋还积极在商南、商县西南乡、杨斜等地建立抗日武装，组织剿灭了在商洛山区活动的汉奸特务组织"黑煞道"。

在王柏栋的领导下，商洛山区的抗日救亡运动轰轰烈烈地开展了起来。在王柏栋即将奉命返回省委之际，坚持反共立场、破坏抗日的陕西省四区行政督察专员温良儒指示龙驹寨保安中队长冯麟生、茶房常备队长谢孝廉买通土匪曹老五，伺机暗杀王柏栋。1938年7月25日黎明，就在王柏栋通夜工作刚刚入睡时，曹老五率众至显神庙村，向他连击数枪。王柏栋就这样"为了人类未来的光荣"牺牲了。

"闹革命就不能怕"
陕西第一个团组织创建者王尚德

王尚德(1891年—1946年),陕西渭南人。1918年考入武昌中华大学。1919年在武汉参加五四运动。1920年春参加由恽代英、林育南创办的以传播新思想、新文化为宗旨的利群书社。1922年7月加入中国社会主义青年团。同年8月受董必武派遣,返陕创建党团组织。1924年6月,在渭南赤水职业学校创建了陕西地区第一个社会主义青年团组织。1925年加入中国共产党,任中共赤水特支书记。1928年5月参加领导渭华起义。同年7月任中共豫西南特委委员,后长期以从事教育和文化工作的公开身份进行革命工作。1946年8月13日,在渭南赤水镇被国民党特务暗杀,时年55岁。

抗日战争时期，王尚德以赤水农业中学（简称"赤农"）校长的公开身份，在渭华一带领导人民驱逐贪官污吏，创建抗日武装，开展轰轰烈烈的抗日救亡运动。这些活动，引起了国民党顽固派的仇视。

1941年春，国民党顽固派发动第二次反共高潮。由于赤农学生党员牛含珍叛变，5月29日，胡宗南部第一师以"奸党要犯"罪名逮捕了王尚德，同时被捕的还有赤农教导主任赵葆华、学生党员刘德兴、费增东及华县进步青年高醒夫、杨兆荣等人。国民党特务妄图从他们身上打开缺口，将渭华一带的中共组织一网打尽。

王尚德等被关押在华县东城外胡部第一师特务营驻地西寨堡。当夜，第一师政治部秘书主任王涤欧、科长李培升就提审王尚德，要他供出渭华一带共产党的组织。

王尚德睥睨而视，以守为攻："我过去是共产党员，陕西共产党的起根发苗，就是我从武汉搬来的。这是人所共知的事，何必再问！"

王涤欧叫道："少耍花招！我问的是你现在的组织在哪儿？"

王尚德微微一笑，不屑一顾地说："现在没有组织。共产党的事，我啥也不知道。"他又转而斥问对手："这些年我在赤水办学校，动员民众抗日，难道这也是犯罪？犯的哪条罪？"

王涤欧被问得哑口无言，气急败坏地挥着手枪嚎叫起来："不招我毙了你！"

王尚德轻蔑地说："枪在你手里，要杀就杀，何必猖狂！"

王涤欧气得暴跳如雷，却又无可奈何——他们的主子胡宗南要的是口供啊。不久，王尚德等人便被转押于西安太阳庙门街的"西安办公厅调查科特种拘留所"。

这个"特拘所"，实际上是国民党陕西省特务机关专门拘禁、残害共产党人和爱国进步人士的秘密监狱，直接受胡宗南指挥。王尚德一被投进这座魔窟，就被戴上了沉重的镣铐。审讯也立刻开始。

"今春，你跟高醒夫、杨兆荣在高塘开的啥会？"

王尚德冷冷一笑："嘿嘿，罗织罪名，枉费心机。没那事！"

审讯官点出叛徒出卖的几个党员姓名要他招认，他断然否认道："几个书生，他知道共产党是干啥的！"

"你那赤水农校红成那个样子，能没有共产党？"

"'红'咋讲？是指抗日宣传，还是指组织抗日游击队？莫非抗日有罪，卖国残杀同胞有功！岂有此理！"王尚德毫不退让。

审讯官又问："你既不是共产党，为啥把儿女全都送到延安去了？"

王尚德抓住对方话中的破绽，反戈一击道："这有啥奇怪的？人常说，子大不由父么。蒋介石的儿子蒋经国不也到苏俄学习过吗？请问，这该做何解释？"

审讯官被问得张口结舌，脸红一阵白一阵。他恼羞成怒地命令打手给王尚德用刑。可是皮鞭、老虎凳等酷刑在铮铮铁骨的共产党员面前也丧失了它的淫威。每次提审，他都满腔义愤，揭露蒋介石反动派发动反共高潮、破坏抗日的罪恶阴谋。审讯室成了他斥责国民党反动派的讲坛。

眼看酷刑没有作用，胡宗南只好亲自出马"劝降"。因王尚德早在第一次国共合作时期就担任过国民党陕西省党部候补执委兼农民部长，所以胡宗南这次出面，就以陕政后继者的身份，装出一副谦卑的面孔。王尚德一进门，他就满面堆笑地迎了上去，客客气气地让座、敬烟。王尚德显得格外豁达，让坐就坐，敬烟就抽。胡宗南假意寒暄了几句，就滔滔不绝地大谈起大革命时期的经历，以示亲近。

王尚德冷冷一笑，呵斥道："哼，大革命时期么，胡宗南，你小子算个啥？！"

胡宗南并不气恼，假惺惺地一边倒茶，一边恭维："当然了，在陕西，你老先生的威望之高，大大超过我们了。"

王尚德只用一声冷笑回敬他。

胡宗南仍不知趣地说："我知道，你老先生是中共老党员嘛。"

"对，陕西的共产党就是我从武汉搬来的。"王尚德回答道。

"那就领教了。共产党的组织老先生自然是知道的喽？"

王尚德却话锋一转："可惜我现在已不是共产党员了。"

"何以至此？"

王尚德哑然一笑，说："人家共产党的标准高，我现在是可望而不可及啊。"

胡宗南眨巴了几下眼睛，仍不死心："中国不是有句古语叫'识时务者为俊杰'嘛。我看老先生还是自首的好。年岁高了，给你个应得的荣誉地位，颐养天年嘛。"王尚德淡然一笑，不再理睬胡宗南,专心致志地品起烟来。

胡宗南碰了钉子,就企图通过长期囚禁来削弱王尚德的斗志。于是,他派人经常送报纸和古书给王尚德读,还要他写日记。可是日记送上去,"特拘所"的所长看了后不由得紧锁眉头,恶狠狠地批注道:"坚不吐实,自掘坟墓!"王尚德看了这些批语,却付之一笑。

在这所与世隔绝的秘密监狱里,王尚德被关押了4年多。虽身陷囹圄,却始终心系赤农。他在狱中常自叹息:"遨游路远兮,何日还乡?"在这期间,赤农不少学生党员、教师被捕,学校险被查封。王尚德得知赤农危境,焦急万分。他写信鼓励赤农师生要忍辱负重、坚持到底。他写信给学校:

  我的身体还好,勿念。请代问全校师生都好。我自己并没有罪过,不久就会回校。要求大家一定不要辞职离校,要克服一切困难,把农校维持下去……

1945年,抗日战争胜利前夕,通过西北文化日报社具保,王尚德才获得释放。出狱后,他匆匆返回赤水,又投身于革命的激流之中。

1946年7月,国民党特务决定暗杀王尚德。党中央获悉王尚德的处境十分危险,即电示关中地委设法从速营救他脱险。当营救工作即将进行时,阴险狡猾的敌人抢在了前头。8月13日清晨,特务段振武、董文宏、尹克贵闯入赤农,其中一人走进王尚德的住室,谎称:"王先生,校外有人要见你。"王尚德随之走出校门,另外两特务一齐尾随他,要他向学校西侧走去。王尚德警觉到了敌人的阴谋,满腔怒火,厉声痛骂国民党反动派的卑劣行径。行至水渠边时，他拒绝前行，敌特胁迫他，他奋力抽打敌特耳光，喝令他们"要杀就杀！"敌特段振武怕在此地久拖引起变故，便仓皇举起了手枪，罪恶的子弹射入了王尚德的头部。王尚德壮烈地倒在他亲自带领学生修筑的水渠之中。

篇三 永不叛党

"共产党人是杀不完的"

燃起渭北革命火焰的许才升

许才升（1903年—1928年），陕西旬邑人。1925年底加入中国共产主义青年团，不久转入中国共产党。大革命失败后，与吕佑乾、吕凤岐等领导发动了旬邑起义，并成立了旬邑县临时苏维埃工农政府和县农民协会，任苏维埃政府主席兼农民协会主席。1928年5月30日，因内奸出卖被捕，次日遇难，年仅25岁。

1926年秋，许才升奉上级命令，随身携带中共西安地委负责人魏野畴写给旬邑驻军头目黄彦英的亲笔信，回到家乡旬邑。当时，关中地区连年兵乱，匪满乡村兵满城，民无宁日，积怨沸腾。1927年至1928年间，旬邑地区久旱不雨，但贪官污吏，土豪劣绅对乡村的压榨丝毫没有减轻，老百姓对反动统治者恨之入骨。许才升同共产党员宁克齐、王廷壁利用地方上的一切旧关系，疏通渠道，在县上组织了旬邑县国民党部，自任党务委员，宁克齐、王廷壁担任执行委员。国民党旬邑县党部建立后，许才升便以这个组织为据点，联系了一批思想进步的青年，并委派他们当中的一些人到全县各乡、镇，宣传打倒列强、打倒军阀的革命思想，组织农民协会，反对苛捐杂税。1927年冬至1928年初，中共陕西省委先后派吕佑乾、吕凤岐、王浪波等到旬邑加强工作，成立了党的区委。吕佑乾任区委书记、吕凤岐、蒲玉阶任委员。到1928年3月至4月间，旬邑县的革命气氛十分活跃，党的组织在农村发展很快。在清水塬的郝村，北区的底庙和县城附近的蒲家堡等村庄先后建立了几个农村党支部，全县的党团员已有近百人，农民的革命情绪十分高涨。根据省委在农村组织武装暴动的指示精神，区委决定在旬邑县举行武装起义。

1928年5月6日（农历三月十七日），国民党陕西省政府派来了一个催粮委员，带了几个打手到郝村，对群众鞭打、绳捆，逼迫群众交粮交草，并且威胁说："我一手拿的生死簿（指催粮花名册），一手拿的勾魂簿，我叫谁死谁就死，叫谁活谁就活！"此时，许才升正好来到清水塬布置起义的准备工作，就住在郝村。他听到这个坏蛋的无耻狂言，怒火燃上心头，气愤地斥责说："狗日的太没天良，你能不能活到明日，还要看群众哩！"他组织人当晚向清水塬18个村送出鸡毛传帖，许才升亲手执槌击鼓为号，在郝村药王庙急速地召开了郝村、庄合、班村、碗间等村庄数百名贫苦农民大会，号召群众抗粮交农（农具），提出"打倒贪官污吏！""打倒土豪劣绅！""打倒恶霸地主！"的口号，并于当晚杀了在地方上作恶多端的郝村大地主程茂育和省政府派来的那个催粮委员。

起义农民队伍扛着锄头、铁锨、梭镖和步枪，形成了一股锐不可当的洪流，在吕佑乾、许才升等人的率领下，从郝村出发，直向旬邑县城进军。往日寂静的清水塬，这时革命群众的怒吼声响彻天空，起义农民个个斗志旺盛，人数越来越多，队伍越来越壮大。由郝村出发的队伍迅速扩大到近400人。队伍行至赵村时，吕佑乾、许才升又召开了骨干分子会议，研究和部署了攻城计划。当队伍到达清水塬畔接近县城时，按事先的计划，起义军燃起篝火为信号，潜伏城内的侯天佑等立即砸开了东门铁锁。5月7日拂晓，起义大军攻入城内。起义军入城之后，官衙的老爷阔少，如丧家之犬，闻风逃窜。起义军在吕佑乾、许才升等率领下冲进县衙，杀死看守长，打开监狱，释放了"政治犯"并开仓放粮，救济贫苦农民。

起义军占领县城后，除了张贴标语，宣传革命道理，安定群众情绪外，又把队伍分成两部分，一部分由吕佑乾、吕凤岐、王浪波率领，负责维持城内社会秩序；另一部分由许才升率领去清水塬、郝村一带。他们一面整顿队伍，扩大力量，一面将铁匠等手艺人召集至郝村和赵村,修铸刀、矛等武器,以备再战。

由许才升率领的起义军,在清水塬经过整顿,再次入城进行统一改编。5月25日,吕佑乾主持召开了区委会议,决定成立旬邑县临时苏维埃工农政府和县农民协会,由许才升担任苏维埃政府主席兼农民协会主席,并决定将起义军统一改编为苏维埃红军渭北支队,程永盛任支队总指挥兼军事委员会委员长,下编三个连队。苏维埃政府各委员分别由吕凤岐、王浪波、程百印等担任。

在苏维埃政府成立大会上,许才升讲了话,他说:"苏维埃政府应该废除旧的法律,废除旧的债务,要把土地归农民耕种。"他的讲话铿锵有力,是刺向旧世界的一把尖刀。那日,旬邑街头喜气盈盈,在一片欢呼声中,一个新生的苏维埃政权在渭北黄土高原上诞生了。

盘踞在农村的土豪劣绅,有的闻风离开县境,逃之夭夭;有的暗中串通,企图联络地方上横行霸道的红枪会对抗新政权。苏维埃政府当即决定,红军在城内留守两个连,由吕佑乾、吕凤岐指挥。另一个连由许才升率领,奔赴北区,进驻张家村一带。许才升发动群众,先后没收了底庙前村地主周富长和那坡村地主王天贵的粮食、财物,分给群众,建立乡农会,发展革命力量。

旬邑县苏维埃政府的诞生使国民党彬乾公署的官吏们惊惶不安。公署长官刘必达立即派李焕章为旬邑县代理县长,同旬邑县五区总绅王兆贤、恶霸地主吕善堂相互勾结,带领部分军警配合地方民团,"围剿"起义军。他们一面以武力攻打起义军,一面以卑鄙的伎俩收买混进革命队伍中的坏分子。5月30日拂晓,混进起义军中的国民党巡警刘兴汉和叛徒郭金科、程振西暗中通敌,在起义军中煽动一些落后群众,闯进苏维埃政府所在地,乘起义军不备,将吕佑乾、吕凤岐、王廷壁、王浪波、程永盛等刺伤逮捕,第二天早上又逮捕了程国柱。留在城内两个连的红军武装大部分被控制在坏分子和叛变分子手中。刘兴汉又带人急奔张家村,编造请许才升回城开会的谎话,将许才升骗入城内加以逮捕。无耻的叛徒急于向上司报功领赏,5月31日又将许才升、吕佑乾等7人押往彬县。途经张洪镇,代理县长李焕章与王兆贤率领一部分民团武装及恶绅率领一伙武装暴徒先后赶来。这些刽子手决定将许才升、吕佑乾、吕凤岐、王廷壁、程永盛、王浪波、程自柱就地杀害。许才升怒目横对刽子手,厉声怒斥:"共产党人是杀不完的,我们的仇是要报的!"在高呼"打倒军阀!""打倒国民党!""中国共产党万岁!"的口号声中,他们为革命献出了宝贵的生命。

"执行革命纪律"

陕东赤卫队队长张汉俊

张汉俊（1906年—1928年），化名李大德，陕西咸阳人。1924年在西安第一农业职业学校读书时，被选派到广州黄埔军校第四期学习。1927年1月，被中共陕西党组织派到国民军联军驻陕总司令部工作，2月加入中国共产党。3月，协助史可轩、李林、邓小平、许权中等筹备西安中山军事学校，任第二大队队长兼党支部书记，教导营副营长，党委委员。1928年5月，在渭华起义中任陕东赤卫队队长。6月，在洛南保安镇战斗中因弹尽被俘，遭敌杀害，年仅22岁。

1928年2月18日，中共陕西省委根据党的八七会议精神及中央对陕工作的指示，召开了陕西省委第二次扩大会议，布置全省暴动问题，并决定调许权中旅配合渭华起义。根据党的指示，许权中对部队进行了组织整顿、加强了军政训练。3月底，为了适应起义的需要，渭华地区党组织选派共产党员和农民积极分子到许权中旅受训。张汉俊等几位同志负责军事训练，随后以这些人为骨干，成立了陕东赤卫队，开展反恶霸斗争。张汉俊任大队长，薛自爽任副大队长。

4月底，许权中旅党委指示张汉俊率领这支队伍开往渭华地区。张汉俊到达渭华地区后，化名李大德，不顾疲劳，立即与当地党组织取得联系，主动要求立即投身渭华农民武装起义的行列。5月2日晚，张汉俊宣布了革命纪律和行动时应注意的事项，随后率部配合起义，赶到数里以外捕捉国民党区长李玉林、牛星照。李、牛望风逃遁，队员们抄了牛的商号，把东西分给了群众。5月4日，张汉俊又率领赤卫队参加了三张镇群众暴动大会。他们配合群众，闯进伪警察所，收缴伪警枪支，后又冲进厘金分局，抓获罪恶累累的分局长，押赴大会批斗后当众处死。接着，张汉俊率队攻击大王庄地主民团，捣毁民团老巢，收缴长枪数支，敌四散而逃。他们又连续作战，攻击地主武装，摧毁敌基层政权，捣毁粮款征收机关，四处捕捉恶差，抄杀恶霸、豪绅，使反动派惶惶不安，纷纷躲逃。张汉俊部队在捣毁土豪巢穴后，打开粮仓，把存放了多年的粮食挖出来，分给了广大群众。群众深受鼓舞，纷纷拿起武器，加入这个武装队伍。张汉俊率领的农民武装一有行动，立即有大批群众主动配合，斗争声势极为浩大。

5月7日，党组织在沈河川白庙召开群众大会，遭到敌人冯子明部袭击。张汉俊率赤卫队奋力阻击，掩护群众撤退。随后，张汉俊率陕东赤卫队上了塔山，人数增至100多人。

陕东赤卫队逐步发展壮大，但这支队伍经过训练的仅有二三十人，大部分人不懂军事常识，缺乏战斗经验，而且还有一股刚刚收编过来的土匪，这些人纪律松弛，不能应付新情况。针对这种情况，张汉俊与其他同志交换意见，制定了思想教育和军事训练计划。白天，赤卫队在半截山上设立练兵场，张汉俊言传身教，讲授军事常识，和赤卫队员一起练习射击、刺杀、投弹、警戒、进攻和撤退等技能，培养赤卫队的战斗作风。晚上，张汉俊还兼任一部分政治辅导课，向队员们不断传播革命思想，讲解赤卫队的性质、任务及作用，反复强调革命纪律以及赤卫队与民众的关系，要求全体队员不宿民房，不践踏庄稼，不乱拿群众东西。

陕东赤卫队集训场面（版画）

一天，赤卫队在沈河川活动时，一个队员趁夜深人静闯进一家民房，奸污了一个青年妇女。张汉俊闻讯，勃然大怒，立即集合全体队员进行追查，可是无人吱声。张汉俊叫受害者亲属指认时，突然发现一个姓申的队员面如死灰，耷拉着脑袋，偷偷向后缩着。他心里明白了八九分，立即大声问："是谁干下这缺德事，快站出来！"

姓申的队员看到受害人的亲属，浑身抖如筛糠，最后终于站立不稳，"扑通"跪倒在地，泪如泉涌。

张汉俊神色严峻，厉声问道："现在，你还有什么话说？"申某无可奈何地低下了头。

他知道申某出身贫寒，作战勇敢。但是他更清楚，在申某的后面还有上百名队员正在注视着他。张汉俊扫了一眼愤怒的众人，痛心地说："我们拉起这支革命武装，是为了革命，为了群众，为了消灭军阀、贪官和恶绅。可是，今天有人竟违反纪律，干出伤天害理的事，败坏我们赤卫队的声誉，大家能容忍吗？成千上万起义的群众肯答应吗？大家说该怎么办？"

"坚决执行革命纪律！"众人一齐回答。

他扫了申某一眼："你还有什么可说的？"

"大队长，我……"

"执行革命纪律！"他果断地说，拔出手枪，处决了这个队员。

渭华起义中，张汉俊和他的陕东赤卫队与工农革命军一起，奋不顾身，英勇杀敌，但终因寡不敌众，起义失败。起义失败后，赤卫队被敌冲散，他们辗转到秦岭南麓两岔河地区，与唐澍、刘志丹率领的工农革命军会合。6月30日，驻洛南县保安镇的工农革命军第一大队被敌包围,派人赶来送信,唐澍立即带领张汉俊和 100 余名战士驰往救援,刚刚赶到保安镇便被敌人包围。唐澍、张汉俊分别指挥战士们浴血奋战,与敌展开生死搏斗。唐澍与大部分战士相继壮烈牺牲,张汉俊孤军作战,拼命搏斗,最后弹尽被俘,当天遭敌杀害。

"我已身经六险而未死,现在一死复何惜"

——以圣贤豪杰为榜样的张蔚森

张蔚森(1906年—1930年),陕西西安人。16岁时以优异成绩考入西安省立第三中学,在魏野畴、吕佑乾等人的教导下,受到革命的熏陶。1925年5月初加入中国共产主义青年团,1926年加入中国共产党。曾任中共渭南县委委员、中共陕西临时省委委员、中共渭南县委书记、中共陕西省临时省委常委、中共西安市委书记等职。1930年6月被军阀刘郁芬诱捕入狱,后英勇就义,年仅24岁。

张蔚森在西安省立第三中学学习时，不仅文史学得好，文章出众，还能书善画，喜爱雕刻艺术，又是绿茵场上的一员骁将。早期中共党员雷晋笙、魏野畴、吕佑乾等先后在三中执教，在这些教师的启迪下，他经常阅读一些介绍共产主义理论的书籍刊物，深受革命思想的熏陶，知识视野随之拓宽，思想境界随之而升华，满怀爱国热情投入时代的激流。

1926年春，直系军阀刘镇华率镇嵩军进犯陕西，围困西安城达8个月之久。8月，张蔚森参加了党组织在省立一中举办的暑期学生学习班，并加入中国共产党。11月，国民军联军进驻陕西，西安解围，西北出现了空前大好的国共合作形势。陕西党组织为了给国共合作培养干部，在西安主办了政治学习队，张蔚森被选送学习军事政治。

学习将要结束时，张蔚森把同在政治队农运班学习的好友、共产党员丁世丰带到自己的家乡三桥车张村，开展农运工作。1927年春，车张村农民协会成立，同时建立了中共车张村党支部，这是长安县第一个农村党支部（当时三桥属长安县管辖）。

随着革命形势的发展，各方面都急需干部，张蔚森被派往甄寿珊部第三师做政治工作。21岁的张蔚森思想比较成熟，文采口才也都较好，且平易近人，善于与人共事，深受甄寿珊的器重，被委任为该师政治处长。

1928年5月，甄寿珊也在其部搞"清党"，张蔚森遂离开甄部由麟游返家，没住多久，即奉党组织指示在西安、渭南一带开展革命秘密活动。这一年半他与家中音讯隔绝。

渭华起义失败后，各种反动势力向革命人民举起了屠刀，渭华地区笼罩着一片白色恐怖，党组织遭到严重破坏。1928年9月，中共陕西省委决定成立渭南县委，领导渭南、华县、五一（今属临渭区）三县人民继续坚持斗争。10月，张蔚森被省委派往渭南负责党的军事工作。初到渭南时，张蔚森化名王生才，以打短工为掩护，住在信义刘家村徐振化家。后来，中共渭南县委在辛市、瓜坡等地开了几个杂货铺作为联络点，张蔚森又改名陈生才，化装成行商，来往于渭河南北、东西两塬及秦岭一带。

在整顿恢复党组织活动中，张蔚森念念不忘重建武装力量。他经常到秦岭一带去打听起义失败后逃散的赤卫队员的下落，对同志们说："敌人的残酷屠杀使有的人害怕了，不干了，但也能激起人们的愤恨，更能激发人们掌握革命武装的情绪，我们要重新组织革命的武装力量。"

1929年2月初，陕西党团组织被敌破坏。3月1日，王苇南（王林）等以省委名义，召集渭南、富平、长安等县的党团负责人在渭南固市开紧急联席会议。鉴于党的省委主要负责人被捕，这次会议首先决定成立由7人组成的中共陕西临时省委。之后，张蔚森被选为省委候补常委、常委，负责组织兼军事工作。4月，他又兼任中共渭南县委书记。

1930年4月，蒋、冯、阎大战在中原爆发，陕西的军事形势出现了新的变化，甄寿珊组织西北军民，竖旗讨伐主持陕政的军阀刘郁芬。此时，兼管省委军事工作的张蔚森，获悉南京方面已派某些黄埔军人密来陕西进行反冯活动，遂在省委会议上提出，借蒋、冯、阎大战之际，开展革命的军事工作，建立我党自己的武装力量。省委同意了他的意见。

6月，张蔚森与原在甄寿珊部任过营长的郑鹏飞（中共党员）会晤商议，以给甄寿珊购买枪支为名，先在西路组织一支灾民游击队，并设法在刘郁芬下属中打开一个突破口。为此，张蔚森决定找吴新吾试探一下。吴系西安北郊吴家高墙人，中学时期曾与张蔚森同学，关系甚好，半年多以前还在甄寿珊部当参谋，甄被宋哲元撤职后，吴又投入刘郁芬的怀抱。

6月中旬的一天，张蔚森与吴新吾相遇，约吴来莲湖街10号其姑母家闲聊。吴新吾热情得很，当晚即赴约前往，两人谈得比较投机。吴新吾伪装出强烈的反冯情绪，并答应介绍某人与张蔚森、郑鹏飞会晤。他们约定，6月23日早晨在桥梓口天锡楼吃饭时，借机与某人面议。吴新吾是刘郁芬司令部上尉参谋，专门负责侦缉西路甄寿珊的情报工作。吴新吾将此事密告了他的上司刘郁芬。

6月23日早，吴新吾带着王新畬、潘朝彦等几个特务，在桥梓口附近布置埋伏以后，迫不及待地到莲湖街10号去叫张蔚森同往天锡楼，当步行至桥梓口时，郑鹏飞也同时赶到。三人进入天锡楼落座后不久，几个特务持枪闯入，为首的潘朝彦喝道："你们谈什么国家大事？你们都是甄寿珊派来的侦探！"吴新吾假惺惺地说："人家都是好人。"潘说："走，到军法处去说！"于是，三个人同被带到西华门军事裁判处，并以"军人犯法有军人的处理"为由把吴新吾带走了。张蔚森与前期被捕的省委秘书闵继骞、交通员王立人关押在同一监狱。

当晚，敌人迫不及待地提审了张蔚森，说他是"勾结甄寿珊图谋进犯西安的共党分子"，要他交代同谋。张蔚森镇定地说："我们是久别重逢的老同学，在一起欢聚叙旧，何罪之有？难道几个人一起吃饭也要备案申请吗？"问得敌人哑口无言。敌人给他带上了沉重的脚镣，天天晚上提审他，每次都使用压杠子、抽鞭子、背火香等酷刑，张蔚森的腿上、背上一道道的血口子，一块块的烧灼伤。然而，这一切并没有征服张蔚森。敌人又让吴新吾以"老同学、好朋友"的姿态，诱劝张蔚森。张蔚森正气凛然，怒目视之，反问道："你怎知我是共产党？你想倒卖枪支，图谋发财，反而嫁祸于人！你这个不仁不义、狗盗鼠窃之辈，有何面目在人面前吐此奸言……"骂得吴新吾面红耳赤。敌人无计可施，再对张蔚森上了重刑。

至此，张蔚森完全明白了。他悔恨自己中了敌人的奸计，对难友闵继骞等人说："我认错人了，被吴新吾出卖了，看来敌人是不会放过我的，他们只能摧残我的躯体，别的什么也得不到，请大家放心，我已经做好了一切准备。""今后，大家要以我为鉴，提高警觉。"敌人的审讯持续了七八天，张蔚森以坚强的意志忍受着肉体的折磨，始终只是一句话："我不是共产党，什么也不知道！"他一直没有暴露自己的真实身份。敌人从他身上捞不到什么，遂起杀机，定张蔚森为"由沪潜入省府的共产党西北交通负责人，甄寿珊的匪探"。审讯停止了，张蔚森强忍着伤痛，恢复了平时的乐观开朗，高高兴兴地与同志们、难友们说说笑笑。看到他没事的样子，有人问："你的案子结了？"他回答："由它去吧！"有时他和大家谈论历史上的英雄豪杰,有时独自写遗书,并托王立人设法送往莲湖街10号。

张蔚森在写给其妻的信中叮咛道:"好好保养身子,盼望将来生个好孩子……十月生了孩子以后,不分男女起名继志,抚养一年你火速改嫁……"并特别嘱咐平时对她说的话"不要向任何人胡谈,这是我要向你提出的最后重要的请求,你无论如何要听我的这句话"。在另一遗言中,他回顾了岳飞、文天祥、史可法、宋教仁等民族英雄之死以后,慷慨激昂地写道:"伟人尚如此,况我乎!请看战争连年杀人,杀人盈野,灾荒遍省死伤无算!死于盗匪者有之,死于瘟疫者有之,自杀者有之,我已身经六险而未死,现在一死复何惜!"并表示"决计要学古来的圣贤豪杰之从容慷慨""战死在沙场,病死在床上。人生终有死,何必空悲伤。"

7月6日,张蔚森和战友郑鹏飞被敌人枪杀于西安北关。

"生为革命而生,死为革命而死"

陕西最早共产党员刘天章

刘天章(1893年—1931年),陕西高陵人。1918年考入北京大学。1919年参加了五四运动,并担任北大学生会负责人。1920年加入中国社会主义青年团,1921年加入中国共产党。1922年发起成立陕西旅京学生进步团体——共进社。1925年任中共陕甘区委委员兼军委委员。1927年任中共陕甘区委候补委员兼陕西国民日报社社长。大革命失败后,曾三次被捕入狱。1930年后任中共山西省委书记、中共山西特委组织部长,领导发动了平定起义,创建了红二十四军和晋西游击队。1931年10月因叛徒出卖被捕,11月在太原就义,时年38岁。

五四运动爆发时,刘天章是北京大学学生会的负责人之一。在5月4日的游行中,刘天章和其他同学冲入赵家楼,痛殴国贼,火焚曹(汝霖)宅。在运动中,刘天章领导进步学生同罗家伦等人对军阀政府的妥协行为进行了坚决的斗争。为此,他曾遭警察逮捕,但不久获释。

1920年1月,刘天章和杨钟健、李子洲、魏野畴等人,将陕西旅京学生团改名为旅京陕西学生联合会,创办《秦钟》(月刊)杂志,向陕西人民传播新文化、新思想。《秦钟》提倡民主、自由、科学和妇女解放;反对封建迷信、尊孔读经和早婚、缠足等旧习俗;向人民揭露反动军阀的祸陕罪恶。《秦钟》杂志出刊到第6期时,因反动军阀的压迫和旅京陕西学生联合会内部分化而停刊。

1921年10月,刘天章和杨钟健、李子洲商议,决定创办《共进》(半月刊)杂志,继续同邪恶势力斗争,并深入探讨在陕西进行革命的问题。刘天章和杨钟健负责《共进》的编辑工作。他们在《共进》上刊出了许多宣传十月革命、介绍各国革命经验和马克思主义学说的文章。这些文章分析了中国社会,特别是陕西的政治、经济状况,提出了改造社会、革新陕西政治和教育的主张,向旧世界宣战。

在《共进》杂志创刊一周年时,它的影响也日益扩大。为了把更多的进步青年学生团结在《共进》的行列中来,刘天章和杨钟健、李子洲等在《共进》半月刊社的基础上,发起成立了陕西旅京学生的进步团体——共进社。共进社的宗旨由原来的"提倡桑梓文化,改造陕西社会"改为"提倡文化,改造社会"。

在《共进》杂志周年特刊上，刘天章以《培养时代的共进生活》为题，赞扬共进社"是我们自己的娇子""为人类争自由而出世""为助人类达到完满的幸福而出世"。

1924年4月，共进社在北京召开代表大会，通过了新的纲领和章程，改选了领导机构，使共进社和《共进》杂志更富有战斗力，成为我党得力的外围组织。之后，共进社又设立了党支部，刘天章先后介绍李子洲、魏野畴等人加入了党、团组织，并引导了一大批青年学生走上革命道路。刘天章敢于坚持原则，善于团结同志，能不断提出新的主张和解决问题的办法，因而被大家誉为共进社的"元勋"。

1927年2月，中共陕甘区委在西安成立，耿炳光任书记，刘天章任区委候补委员，与魏野畴共同负责区委的宣传工作。不久，刘天章又兼任陕西国民日报社社长，该报是共产党人以国民党陕西省党部的名义创办的。

刘天章等人创办的进步刊物

刘天章主办的《国民日报》，以无产阶级的立场和观点，对蓬勃兴起的工人运动、农民运动、妇女运动、学生运动以及各界人民联合进行的反帝反封建的革命活动，做了热情的宣传报道。在革命高涨时期成为陕西人民的喉舌，团结、教育了民众，为人民指明了斗争的方向，深受各界人士的欢迎，每日销售达2000余份，成为当时陕西地区销售量最大的报纸。正因为如此，《国民日报》也遭到新旧军阀和反动分子的恶毒攻击和诽谤，诬蔑它犯了"不会走就想跑"的过激"错误"，攻击刘天章、白超然等是"投机跨党分子"，处处限制和刁难报社的正常工作。对这些，刘天章都嗤之以鼻，全然不顾。他为了办好《国民日报》，呕心沥血，日夜操劳，由于过度劳累，胃病复发，但仍然坚持工作，直到6月初，身体实在难以支持，经组织和同志们再三劝说，才回到原籍高陵休养。

四一二反革命政变后，白色恐怖笼罩全国各地。6月，国民革命军第二集团军总司令冯玉祥亦追随蒋介石叛变革命，在豫陕地区进行"清党"反共，同时强令《国民日报》改变宣传方针，不准宣传共产主义和反蒋言论，报社工作处境困难。为了指导社务，同敌人进行斗争，刘天章不畏艰险，抱病从高陵返回报社。当晚，即得悉国民革命军第二集团军总部图谋逮捕在西安的一批共产党员和进步人士的消息。报社又接到第二集团军总部要报社全体人员于7月8日早晨去西安留守司令部接受"训话"的通知。刘天章觉察到政局恶化，立即请示陕甘区委，研究对策。区委指示报社继续坚持拥共反蒋的宣传方针，并决定由刘天章和白超然、童志道去西安留守司令部交涉。刘天章明知此去凶多吉少，但他抱定不怕流血牺牲的决心，坚决服从党的决定，挺身前去，果然被拘禁起来。刘天章据理痛斥敌人的法西斯行径，严厉地说："我是报社社长，我负报社一切责任，可叫他们回去！"迫使留守司令部释放了童志道。刘天章和白超然被捕后，即被解赴河南洛阳。在洛阳狱中，他和战友们一起与敌人继续进行斗争，把囚室当作锤炼革命意志、陶冶革命思想的场所。在敌人监视十分严密的情况下，他们仍设法秘密联系，研究对敌斗争的策略和方针，总结分析西安半年工作的经验教训，巧妙地同国民党反动派进行斗争。刘天章的身体不好，加之天气炎热，监牢中空气污浊，又有沉重镣铐的折磨摧残，身体越发变坏，但他革命意志却越来越坚定，每次出庭审讯时，总是坚定沉着地应付，敌人对他毫无办法。他经常以亲身体会和在法庭上斗争的经验教训，对同狱的难友进行革命气节教育："在反动社会里，坐监牢是革命党人的平常事。"教育大家不要讲不利于党的话，不要供出党的组织和同志，不要做可耻叛徒，"绝不为敌人威武所屈服，也绝不被他们的利禄所诱"。鼓励大家"生为革命而生，死为革命而死"，同反动派坚决斗争到底。同年11月，刘天章又被押解到郑州内防处。

郑州内防处是敌人关押共产党"大政治犯"的监狱。在这里，敌人的看守更加严密，刑罚更加残酷，这就给刘天章他们在狱中斗争带来更大的困难。尽管如此，刘天章仍设法与狱中的30多名共产党员秘密联系，组织起监狱党支部，由刘天章任支部书记，侯宗骏、贾大庸分任组织委员和宣传委员。为了提高狱中党员和非党难友的思想觉悟和理论水平，他们组织狱中同志学习马列主义理论，坚定革命胜利的信心。刘天章与外边党组织秘密联系，在1927年年底向中共河南省委报送了《在狱同志调查表》，将狱中33名党员的编号、年龄、籍贯、被捕的时间、原因以及在狱中的现状等做了详细汇报，还准备组织越狱。

一天，一件意外的事情发生了。一位同志传阅总结文件时，由于麻痹大意，将文件丢失在地上，被守卫士兵拣去。敌人在文件上发现刘天章是狱中党组织的负责人，便大施淫威，给他在手铐之外又加上两副七斤重的铁镣，不许放风，严加防范。敌人施用酷刑没有达到目的，便派伪军法官进行劝降却遭到刘天章的严厉斥责。狱中党支部决定利用这一机会，进行绝食斗争，反抗敌人压迫，要求给刘天章和狱中难友一律下镣，改善伙食和延长放风时间。

当时，刘天章的身体虚弱。大家恐怕他参加绝食斗争会更加损害健康，劝他不要参加。但他的态度十分坚决，横下一条心，要和敌人斗争下去。敌人一次次送来的食物，他全都断然拒食。就这样，他以惊人的毅力，强忍着饥饿和病痛同敌人进行斗争。绝食斗争到了第三天，敌人慌了手脚，被迫答应解除手铐，改善狱中伙食待遇。但是，刘天章身上的铐镣依然没有解除，仍受到严密看守。不久，郑州监狱的所有"政治犯"又被押解到开封第一监狱。敌人的阴谋屡遭失败，认为刘天章不易对付，到开封后，便把他单独关押在一间小屋里，隔绝他和外边的联系。在敌人每周一次向"政治犯"进行诱降宣传时，他总是乘机向难友远望点头，以示要坚持革命到底。1929年夏季，冯玉祥与蒋介石决裂，开封监狱的"政治犯"先后获释，刘天章才恢复了自由。

1930年10月，刘天章受中共北方局派遣前往山西，恢复和重建山西党组织，开展工农运动和兵运工作，组织工农武装。1931年3月，在山西离石县创立了中国工农红军晋西游击队，7月，在山西平定县创立了中国工农红军第二十四军，并协助地方党组织建立了河北阜平县苏维埃政权。10月，刘天章等人在太原召开特委会议时，因叛徒出卖被捕。在狱中，他受尽酷刑，始终坚贞不屈，表现出了共产党人的崇高气节。11月13日，在太原小东门外，刘天章英勇就义。

刘天章牺牲后，他的战友赵鹏九赋诗歌颂他：

太原闹革命，潜足亦潜行。义起平定县，血染阜平城。
赫光死奋勇，天章受酷刑。火链盘腰烧，凛然贯长虹。
洒遍烈士血，山河换光明。光华开昌运，是慰在天灵。

"要我叛党是痴心妄想"

两当起义领导者之一 刘林圃

刘林圃（1909年—1932年），陕西耀县人。1928年在黄埔军校湖南分校学习时加入中国共产主义青年团。后转为中共党员。曾任中共天津市委委员。1930年在平津地区组织城市群众斗争时被捕入狱。1931年出狱后，与中共组织失去联系。后返回耀县，与当地中共组织接上关系，任中共耀县特支委员，分管军事工作。1932年2月，调往中共陕西省委工作，任中共陕西省委军委常委。同年，与习仲勋等人共同组织领导两当起义，失败后回到西安，因叛徒出卖被捕入狱，9月26日在西安英勇就义，年仅23岁。

1925年秋，渭北各校学潮烽起，耀县县立高小受到影响，刘林圃因不满学校落后封闭的封建教育，参与闹学潮而被开除。这年冬，在一位回乡探亲的军人带领下，刘林圃到了河南开封国民军第二军当兵。因他聪明能干，又写得一手好字，不久被提升为团部书记官，部队转战到直隶省时任营部军需官。1927年初，刘林圃考入黄埔军校湖南长沙分校，系统学习了《社会进化简史》《共产党宣言》《资本论入门》等马列著作，钻研军事知识，严格进行军事操练，业余时间向苏联教官求教俄语，学习期间加入中国共产主义青年团，后转为中共党员。

1928年，刘林圃被党组织派往河北滦县、唐山一带从事革命活动，秘密开展兵运工作，不久调任中共天津市委军委书记。1930年夏，刘林圃因参与领导平津地区工人和学生举行反帝反对国民党反动派的游行示威被捕入狱。在狱中，敌人多次刑讯逼供，用尽各种酷刑折磨刘林圃，妄图一网打尽天津地区党组织，但他始终严守党的秘密。同年秋，刘林圃经友人营救获释，因找不到党组织，生活无着落，在友人的帮助下回到家乡耀县。在耀县，刘林圃向耀县党组织负责人张仲良汇报了自己在外革命活动的情况，经张仲良、杨再泉介绍并经上级批准重新加入中国共产党，在家乡秘密开展农民运动。

九一八事变后，面对民族危亡，刘林圃奋笔疾书，撰写《满洲问题与中国》一文，深刻分析国内外形势，阐明了发生侵略战争的根源，提出解救满洲、解救中国的途径。文中一些精辟的论点，今天读来，仍然给人以鼓舞和力量。

1932年1月，刘林圃到西北反帝同盟军驻地甘肃省正宁县三嘉塬看望谢子长和刘志丹等人。他发现这支新成立的革命军队里存在着一些值得重视和必须解决的问题,回耀县后即向中共陕西省委写了一份《意见书》,提出了自己的看法和意见。刘林圃认为西北反帝同盟军的名称有些"灰色",旗帜不够鲜明,不能很好地吸收民众参加革命队伍。他建议将西北反帝同盟军的名称改为中国工农红军陕甘游击队,并提出要加强部队的政治思想工作和开展群众工作。《意见书》通过耀县党组织经渭北特委转呈陕西省委,受到省委重视。省委负责人杜衡亲自赴耀县找刘林圃面谈,赞扬《意见书》写得很好,同意《意见书》中的建议,决定将西北反帝同盟军改编为中国工农红军陕甘游击队,采取措施加强部队的政治思想工作和群众工作。随后,刘林圃被调到省委负责军委工作。其间,刘林圃十分关心陕甘游击队建设,积极协助省委选派党员干部去充实陕甘游击队,多次派人为游击队送文件、情报和物资,积极帮助解决游击队伤病员的医疗困难,为陕甘游击队的创建和发展做出了贡献。

3月,中共陕西省委决定在杨虎城部驻凤县部队中发动起义,将部队带到旬邑一带与陕甘游击队会合,壮大红军力量。刘林圃以省委特派员身份领导和指挥了这次起义。3月下旬,刘林圃在交通员张克勤的带领下到达部队驻地凤县双石铺。当晚在凤县召开营党委会议,传达省委指示,研究起义问题。会议决定由刘林圃具体指导营党委领导起义,制定了部队行动的时间、地点以及与陕甘游击队会合的路线等,并决定趁部队换防之际举行起义。

4月1日拂晓,一营一连、二连和机枪连随营部从双石铺出发，向甘肃两当移防。刘林圃在营党委的安排下，随军前行。是日黄昏，部队行至甘肃两当县城宿营。晚上八九点钟，刘林圃和营党委在两当县北门外一个骡马店内召开了营党委扩大会议，对当晚的起义行动进行周密安排和部署。全营所有党员参加了会议。午夜 12 时，一声清脆的枪响划破了两当的夜空，两当起义打响。各连起义战士按计划纷纷行动起来。机枪连代理连长被击毙后，一连战士和机枪连对峙起来，战斗进行得非常激烈。由于机枪连顽固抵抗，始终未能解除武装。与此同时，左文辉、张子敬等人带领各排坚守东、西城门。战至拂晓，起义的一营 200 余人迅速撤出两当县城，来到北门外姚沟渠集合。在这里，刘林圃简要地向起义战士讲了话，他说："我们起义哗变是为了回陕北找刘志丹当红军去，大家愿不愿意？"战士们一致高呼"愿意！"。随后，部队连夜北上，沿广厢河向太阳寺方向前进。

次日拂晓，起义部队到达两当县境最北端的太阳寺休息。营党委召开扩大会议，研究部队整编事宜，起义部队改编为中国工农红军陕甘游击队第五支队，刘林圃任政委，许天洁任指挥，习仲勋任队委书记。许天浩、吕剑人、高详生，分别担任一、二、三连连长（又称大队长）。会后，刘林圃给全体官兵讲了话，宣布了部队的任务和纪律。他指出，部队已改编为红军游击队，是革命的队伍，要遵守革命纪律，不拿老百姓的东西，不打骂群众，不侮辱妇女。同时，宣布了部队番号和人员名单。

部队于当日下午继续北进，沿途遭敌围追堵截。刘林圃指挥部队先后进行了香泉、赤沙、通洞、高崖、花花庙和页岭等地的六七次大小战斗。部队在通过香泉时，民团占据着山头，控制了通道。经过半天激战，仍未打垮敌人。刘林圃认真地观察了地形，决定派一支小部队迂回到敌人背后，抢占山头，敌人腹背受攻，很快逃之夭夭。起义部队顺利通过香泉。部队经过千阳县高崖镇时，侦察到镇上驻有民团武装。为顺利通过高崖，刘林圃提出采取奔袭的办法。夜晚，队伍袭击了高崖民团，虽未全歼敌人，但却占领了镇子，缴获不少物资。后行至甘肃省灵台县时，与国民党杨子恒部遭遇，被其卡住山道，截住去路。为了保存实力，部队进入麟游以北的崔木，不料，又遭当地匪军包围，双方激战数小时，由于敌强我弱，起义部队在敌人节节合围中兵败麟游。

两当起义失败后，刘林圃辗转回到西安，向中共陕西省委详细汇报了起义经过和失败教训，并做了自我批评。随后，刘林圃在省委军委负责组织工作，协助省委筹划创建陕甘边新苏区和红二十六军，并选派一批党员到驻防陕甘的杨虎城部和民团中开展兵运工作。

1932年9月下旬的一天，刘林圃在西安民众教育馆前的阅报栏前看报，被叛徒马腾云（两当起义中的逃兵，在该团当班长）发现并告密，随后被捕，被关押在西安西华门军法处看守所。在狱中，刘林圃沉着应对，化名张庆云，自称从山东到陕西经商，用山东话向军法处诉说，敌人无法知道刘林圃的真实身份便施以酷刑和高官厚禄引诱，但他仍坚不吐实。由于叛徒的出卖和敌人的侦察，刘林圃的真实身份暴露。刘林圃铁骨铮铮，虽经酷刑折磨，仍义正词严地向敌人表示："就是油煎火熬也没有什么了不起，要打要杀随你们的便，要我叛党是痴心妄想！"对敌人所提出的问题拒绝回答。他积极向狱友宣传中国共产党和工农红军的主张，揭露国民党反动派对共产党的诬蔑，勉励狱中战友坚持斗争。

1932年9月26日，刘林圃被国民党反动派冠以"山东匪首张庆云"的罪名，押赴西安习武园杀害。刑车经过西安北大街、西大街途中，刘林圃向大街两旁群众高呼声明："我不是山东土匪，也不叫张庆云，我是中国共产党党员，陕西耀县人，名叫刘林圃。"同时愤怒地痛斥国民党蒋介石卖国投降和压迫人民的罪行。号召工农劳苦大众和一切爱国志士，团结一致，在中国共产党的领导下，推翻国民党反动派的统治，建立人民当家作主的革命政权。还不断高呼"打倒国民党蒋介石！""共产党是杀不绝的！""西北青年联合起来！""工农红军万岁！""中国共产党万岁"等口号。并向沿路群众讲道："凡是共产党员，凡是革命者，都应预备流血，预备牺牲！……今天这么多人为我送行，我觉得很高兴、很痛快！"大街两旁数千围观群众，很多人低头落泪，不胜悲痛。

1933年，刘林圃牺牲一周年时，刘志丹亲题挽联："英雄志向实伟大，勇气流血最光荣。"

"国仇未报壮士老,匣中宝剑夜有声"

共产党的县委书记张鼎安

张鼎安(1903年—1936年),又名张新法,陕西澄城人。1926年初,加入中国共产党,受陕西党组织的派遣,以教书为掩护,赴长安开展农运工作。曾任中共长安中心县委书记、澄城县立第二模范高级小学校长、中共澄城县县委书记等职务。1936年12月30日,在与敌搏战中因寡不敌众壮烈牺牲,时年仅33岁。

1928年初，中共陕西省委对长安地区党的组织进行了全面改组，并任命张鼎安（时称张新法）为中共长安中心（含原咸阳县、户县）县委书记。在此期间，张鼎安工作更加繁忙，生活更加清苦，不仅机关经费困难，就连每天的两碗稀饭也难以保证，无奈经常用苦力换取经费，挖野菜充饥。尽管如此，他却毫不动摇，仍然带领县委一班人坚持开展对敌斗争。为了严厉打击反革命势力的猖狂反扑，张鼎安和李艮、杜松寿等人积极发展壮大党组织，发动和领导党团员及革命群众对土豪恶霸的反攻倒算和反动当局的敲诈勒索及迫害，进行了坚决而持久的斗争。

1928年11月27日，中共长安中心县委在太阳庙门45号秘密机关开会时被叛徒告密，县委负责人张鼎安、李艮、王汝昭等被捕。翌日，前去参加会议的县团委负责人杜松寿和中共陕西省委书记潘自力亦被捕。在监牢里，张鼎安惨遭毒打，受尽折磨，日夜身负重镣，手脚流血不止，但他却宁死不屈。审讯中，除了"我就是共产党的县委书记"一句话外，敌人再无法从他口中得到任何东西。后来狱吏无计可施，便搬来代理省政府主席的宋哲元前来"探望"，尽管伎俩耍遍，张鼎安仍坚持斗争到底。

1930年下半年，宋哲元在中原大战中失败，被赶出陕西，杨虎城入关时，西安一片混乱。张鼎安等乘机脱险，返回澄城继续进行革命活动。这年冬，他在本县给党内同志宣传湖南农民运动的盛况，号召大家开展反对土豪劣绅的斗争，并指示朝邑县平罗党村党文伯发动群众，处决了当地欺压农民、恶贯满盈的恶霸土豪党宰朝，极大地鼓舞了朝、澄交界处地下党员和革命群众的斗志。

1931年春，张鼎安在进步人士姬辅诚的协助下，于王庄筹办起澄城县立第二模范高级小学，并担任校长。其间，他一面向学生灌输革命思想，引导青年学生走革命之路，一面深入附近农户与当地群众促膝谈心，宣传马列主义，积极发展党团组织，开展革命斗争。11月，张鼎安又以共产党员、进步学生和农村积极分子为骨干，创办了王庄农民夜校，发动群众，没收奸商粮食，组织贫苦农民，进行革命斗争。

1932年春，张鼎安以王庄小学和农民夜校为核心，向全体学生进行反对苛捐杂税的教育，发动群众踊跃开展抗税斗争。1933年春，澄城地区党的领导机关中共澄城县委正式成立，张鼎安为第一任县委书记。从此，他便肩负起领导全县党和人民进行革命斗争的重担。1933年8月底，张鼎安与刘映胜、李仲霄、樊德音、雷振东等人开会研究恢复省委等工作问题，决定先组成临时省委，刘映胜任书记，张鼎安任宣传委员，李仲霄任组织委员，樊德音任秘书，雷振东负责团的工作。9月19日，临时省委在大差市十道巷再次召开联席会议时，由于坐探王治国的告密，张鼎安等9人于开会之前先后被捕。

入狱后，张鼎安宁死不屈，坚持与敌斗争。有一次审讯中，敌人问："你被捕前住什么地方？"他回答说："这我怎么能告诉你呢？你们还是处死我，我有肺结核病，是不能忍受你们长期折磨的。"敌人又问："你只要交代了和你有关的人，我们就释放你。"张鼎安斩钉截铁地回答道："我们党的纪律不允许我那样做，你们可以枪毙我！但想从我口里得到你们所需要的东西是妄想。"敌人无可奈何，只得动刑收场。在阴湿灰暗的牢房里，张鼎安虽身染疾病，又遭残酷毒打，但却刚毅不阿，谈笑风生。他和难友相处彼此视如弟兄，又由于他知识面广，且说话很风趣，受到难友们的敬佩和拥护。有一天他对难友郭鸿珊说："小郭，你还年轻，我若是死了，你将来一定要向党组织汇报，就说张新法（当时的名字）没有叛党，如果咱俩都被判了徒刑，我在死于肺结核之前，还可以教你学习英语和数学。"他这种忠于党和高度的革命乐观主义精神，无时无刻不打动着难友们的心。正如郭鸿珊所说："他真是我的良师益友，我很尊敬他，我当时很高兴，庆幸我到了监狱，可以向他学到我所缺少的许多知识。"

1933年11月，张鼎安二次出狱后，仍坚持继续革命。回到家乡时，党文伯问他："这次受惊不小，你现在还敢再干？"他坚定而又诙谐地说："人家没杀你，就是叫你革命呀，不干怕啥！" 1934年春，张鼎安和共产党员刘仲棣利用在本村教书的机会，积极创造条件，准备开展新的斗争。1935年春，张鼎安在其兄张绍安的支持下，创办了刘家洼小学。同年夏天，在全县南北各地均先后以农民夜校和农民识字班为中心，相继成立了四五十个抗日救国组织。秋季，张学良的东北军一〇五师路过刘家洼时，张鼎安与张绍安组织当地学校师生和农民群众数百人召开了一次欢迎座谈会，趁机以多种形式向官兵们宣传抗日。

1936年12月12日，张学良、杨虎城发动了震惊中外的西安事变。当晚，张鼎安就住在杨虎城的秘书蒲克敏家里。他听到事变的枪声后,彻夜未眠,不断询问情况。在蒲克敏的暗示下,他决意返回澄城组织声援活动。第二天,他即到西安五味什字王育真所开设的"儿童用品社"里找丁本淳通报情况,与之一起回澄城开展活动。回县后,他四处奔波,首先在农村成立抗日救国会,接着又以革命师生为骨干组建抗日牺牲团。

在张鼎安等人筹划下,经过短暂的准备,牺牲团和各地抗日组织在县城北庙召开了有5000人参加的群众大会,会议号召澄城人民坚决拥护张、杨八大救国主张,反对内战,一致抗日,收复东北失地,把日本帝国主义赶出中国。大会还宣布成立了澄城县各界抗日救国联合会。会后,举行了声势浩大的示威游行。接着,在张鼎安的动员下,其兄张绍安当晚即率领澄城县保安大队进行了起义,张鼎安和张绍安带领武装队伍300多人当夜撤离县城,北上社公山下的崖畔寨,准备兴师东渡抗日。

然而,正当张鼎安派贾武祥、孙苟娃、张卓之、吴仲六等人分别赴陕北中央和西安杨虎城处进行联系时,盘踞在赵庄刘家洼一带的地主土豪王保坤、杨荣轩、王尚文等反动武装集团,勾结敌冯钦哉所属柳子俊匪部,再与内部奸细串通一气,疯狂地围攻寨内驻守待命的革命队伍。张鼎安兄弟虽然带领部队顽强战斗,但终因寡不敌众而惨遭失败。张鼎安与其两位胞兄张绍安、张德安在浴血奋战中一同壮烈牺牲。

"国仇未报壮士老,匣中宝剑夜有声。"这是张鼎安烈士生前写过的一副对联。不仅是他忧国忧民情怀的真实写照,更反映了他不屈不挠的革命斗争精神。

"为了寻求真理,哪怕活剥皮"

狱中建立"贞操同盟"者孙宪武

孙宪武(1914年—1949年),陕西扶风人。1932年加入中国共产党。曾先后担任中共扶风工委、扶风县委委员、书记,县人民解放委员会主任,中共西府地区工委委员等。1948年5月,在指挥游击队反击敌人"清剿"中不幸被俘,1949年2月15日在西安玉祥门外英勇就义,时年35岁。

1932年秋，孙宪武从扶风县第一高小毕业。同年冬，加入中国共产党。1933年，因中共陕西省委机关遭到破坏，扶风共产党员被迫转到外地工作，孙宪武仍留本县坚持活动。西安事变后，孙宪武同上级党组织派到扶风的李特生、窦仲龙取得联系，一同建立了西北抗日救国联合会扶风分会。后又在救国会建立了中共扶风县支部，孙宪武任组织委员。1938年7月，孙宪武任扶风县委组织委员。10月，任县委统战兼军事委员。次年，打入国民党军长冯华堂部任警备队长，并兼任冯华堂创办的教会学校体育教员。他经常对学生进行抗日救国教育，组织学生表演抗战节目。1940年，孙宪武参与组织了扶风县各界反对大劣绅、县教育科长姜九成的斗争，揭发了县兵役科长温玉珊贩卖壮丁、敲诈勒索民财的罪行。年底，扶风县委被破坏，在与上级党组织失掉联系的情况下，孙宪武和王立仁在扶风县城内合资开办了纱布生产运销合作社，作为地下党的秘密联络点。1945年5月，孙宪武奉党组织指示，赴关中分区汇报工作，返回扶风后恢复了中共扶风工委并任书记。1946年春，孙宪武同刘章天等将岐山县岐阳乡第九保警备班班长冯兴汉和扶风县魏文德自发武装争取了过来，建立了由共产党掌握的游击武装。1947年7月，孙宪武带领游击队到关中分区整训，途中，在爷台山区与敌遭遇负伤。

1948年4月，西府战役后，孙宪武指示史俊儒重新组建了扶风县游击队。5月，西北野战军主力撤离后，孙宪武坚持留在了扶风北山的扶风游击队中。游击队遭到胡宗南一个团和扶风保警队100余人的"清剿"。孙宪武决定留一个大队在山区牵制敌人，另外两个大队向山外分散转移。5月20日，游击队在扶风信邑沟遭敌包围，在分散突围时孙宪武不幸被捕，被关押于长安县韦曲镇西樊村国民党监狱。

敌人起初想"感化"孙宪武，要他在事先炮制好的"自首书"上签字，孙宪武看也不看，反而利用这个机会揭露敌人的罪行。敌人使用各种酷刑，逼迫孙宪武供出地下党和游击队干部名单，孙宪武始终以"不知道"作回答，并与其他难友组成了"贞操同盟"，约定无论在任何情况下，都要保持坚贞的革命情操，决不出卖组织和同志。孙宪武把人民解放战争节节胜利的消息，传给其他在押同志。敌人知道后，将他单独关押。孙宪武抱定宁死不屈的信念，用指甲在牢房墙壁上刻下了钢铁般的誓言："为了寻求真理，哪怕活剥皮！" 1949年2月15日，孙宪武被秘密杀害。

篇四 赤胆忠心

礼泉游击支队司令员秋步月
"宁为正义献身,断不愿寄人篱下"

秋步月(1902年—1930年),陕西礼泉人。1925年加入中国社会主义青年团,1926年1月转入中国共产党。1926年4月以后,参加了西安反围城斗争。1927年6月,中共礼泉特别支部成立,任书记。1928年5月,组织领导了礼泉起义。1929年12月,组建了礼泉游击支队,任支队长兼政委,同时负责中共礼泉县委的工作。1930年5月被敌人杀害,年仅28岁。

1926年11月，西安解围后，党组织派秋步月回到久别的家乡礼泉，发展礼泉党、团组织。1927年夏，经秋步月多方奔走，筹集资金购买枪支，一支活动在礼泉、兴平、乾县交界地区的，由十五六人组成的农民武装发展了起来。1927年11月，中共礼泉县委成立，秋步月任书记。

　　1930年1月，中共西府工委军事工作会议在礼泉史德镇召开。中共西府工委书记陈云樵主持会议，秋步月、吴焕然、张辉、张百忍、朱佐周等人参加。会议总结了周至暴动失败的教训，安排了党在礼泉、兴平等六县的工作，决定继续恢复和发展党的组织，建立礼泉游击支队和张百忍大队，并决定恢复中共礼泉县委，任命秋步月为县委书记兼礼泉游击支队司令员。

　　游击支队建立后，开展游击活动，打击地主劣绅，反对县府私摊滥派，第一次在礼泉举起了武装斗争的旗帜。当时，礼泉县政府一次给南一区纪村晁廷辰家摊派了10块大洋的"提捐"。晁廷辰将这件事告诉了秋步月，秋步月愤怒地对晁廷辰说："宁救饿兔，不养肥狗，这是苛捐杂税，有大洋也不交！"县政府派7名恶差住在晁家，坐地逼捐。秋步月给同窗学友、南一区区长来佩瑀写信，要求取消晁家的"提捐"。来佩瑀照批，并通知了差役。差役只好耷拉着脑袋溜走了。

　　礼泉县长郑秉彝知道此事后，非常恼火，指使一帮匪徒将来佩瑀拉到纪村四门外关帝庙前的一棵大柏树上吊打。秋步月闻讯，带领刘现虎等人前往营救。秋步月对这伙凶相毕露的差役喝道："你们受县府欺骗，助纣为虐，竟敢吊打区长！"差役们见势不妙，乖乖地释放了来佩瑀。

之后，秋步月、张百忍和朱佐周的农民武装相互配合，活跃在礼泉、兴平、乾县一带，闹得地方反动当局日夜不宁。当时的《新秦日报》报道：秋步月"匪胆包天，醉心赤化……曾经县府悬赏缉拿有案，后又盘踞县南，宣传共党，杀人放火，无所不为，历任县长，多无办法。"

招抚是一切反动势力的惯用伎俩。时任千陇游击司令的十七路军第三师师长甄寿珊，派赵特伯来礼泉收编秋步月的游击队。

赵特伯是秋步月在西安三中上学时结识的朋友，他先后两次求见秋步月，都被秋步月严词拒绝。秋步月带话给赵特伯："你我相处不止一日，定知道我这个人的性情和为人。我是宁为正义献身，断不愿寄人篱下的。"赵特伯自知无趣，只好怏然而归。

反动当局一计不成，再施一计。礼泉新任县长谢鸿章一到任，就收买了土匪头子王振邦并委以清乡队长，派驻礼泉县南乡帝尧村，专门对付礼泉游击支队。秋步月和王振邦是同村人，曾经是孩提之交。孰料王振邦投靠敌人，对他暗下毒手。

此时，游击队正在礼泉县东乡沿村一带活动，游击队指挥中心张冉村只留下秋步月、强光耀及张开选等少数几个游击队员。

1930年5月9日上午，王振邦秘密武装包围了张冉村，派心腹翟升子带领30余名匪徒，手握长短枪支，向秋步月他们猛扑过来。

"由帝尧村方向，上来一批人马，要包围张冉村。"在房上瞭哨的张开选,急忙跑下来告诉秋步月。秋步月立即决定向纪村方向撤退。

当撤退到纪村附近时,游击队被翟升子带领的匪徒包围。匪徒们逼着要秋步月缴出枪支。秋步月镇定自若,他想先将敌人诱进纪村,再伺机脱身,于是对匪徒们说:"枪放在纪村我舅家和岳父家,你们跟我走。"

匪徒们信以为真,紧盯着秋步月进了纪村。他们在两家搜了数遍,一支枪也没有搜出来,匪徒们暴跳如雷,要将秋步月押进县城邀功请赏。纪村的男女老少,站满了街道,人们惊叹着,议论着:"这样好的小伙子能叫土匪抓走?"

"他为农民办了多少好事,谁伤害他,绝没有好下场。"

"撵上走,不能让土匪暗算他。"

一群民众,紧紧跟在了秋步月的后边。

大烟吸得面色蜡黄的翟升子,声嘶力竭地吼着:"回去,快回去!不走我要开枪!"然而,村民依然紧紧地跟着。

匪徒们一步步逼着秋步月,当行至距纪村半里路的高庙附近的一个麦场时,秋步月已经感觉到了自己的危险处境,忽然蹲在场边的碌碡上,指着翟升子厉声痛斥道:"你和王振邦都是土匪,残害民众,抢劫财物,贪官劣绅给你们封官许愿,

秋步月手迹

你们就为他们卖命，真是无耻！"

翟升子暴跳如雷，枪口对准秋步月的脑门说："不交枪，就枪毙你！"秋步月临危不惧，斩钉截铁地说："你今天枪毙了我，明天就有人毙你。我们的枪支岂能交给你们这伙土匪！"他直瞪着翟升子，逼得匪徒连连后退。翟升子急令匪徒乱枪射向秋步月，并将他的头割下来，于当天下午送进县城"示众"，将秋步月的遗体暴尸三天。

"铁牢可坐穿,壮志不能变"

"铁嘴犯人"焦维炽

焦维炽(1906年—1932年),陕西子长人。1925年春加入中国共产主义青年团,1926年转入中国共产党。先后任共青团延安地委书记,中共陕北特委委员,共青团陕北特委书记,共青团陕西省委常委、秘书长、组织部长,中共陕西省委委员、省秘书长等职。1932年8月,被国民党杀害于蒲城县,年仅26岁。

1927年夏天,白色恐怖笼罩陕北,焦维炽赴西安向省委和团省委汇报工作,9月底参加了共青团陕西省委扩大会议,当选为团省委委员。10月,焦维炽以团省委特派员的身份到陕北巡视工作。他首先恢复了绥德和榆林两个团县委,开展了对团员的革命思想教育。11月,共青团陕北特委在榆林县建立,焦维炽任书记。他与中共陕西省委特派员杜衡(后叛变)一起,相继恢复和筹建了延安、延长、清涧、绥德、米脂、榆林、神木、府谷八个县委,安定和镇川两个区委,保安和三边两个支部,在安塞建立了党的通信联络站。

1928年2月,焦维炽参加了在子洲县苗家坪南丰寨召开的中共陕北特委第一次代表会议,当选为特委委员,负责青年工作。为贯彻会议制定的"领导党、团,发动群众,逐步掀起革命高潮"的任务和"把党的工作重心由城市转移到农村"的方针,焦维炽不辞劳苦,到陕北各地检查指导,帮助开展工作。

9月,焦维炽参加了在米脂县召开的陕北特委第二次代表会议。当各地代表陆续到达米脂,一个小县城陌生人突然增加,引起了地主豪绅们的警觉和恐慌。他们传说共产党要在米脂搞暴动,要求县政府采取措施。米脂县县长柴正清慌了手脚,立即派出警察四处侦探。焦维炽发觉了敌人的行动,建议杜衡立即转移驻地,改变开会的时间和地点。但杜衡麻痹轻敌,固执己见,迟迟不动。9月28日早晨,焦维炽和杜衡、团特委委员贾拓夫、榆林县委书记李文芳等人遭到敌人逮捕。焦维炽在狱中时刻惦记着党的工作,秘密传出指示,将陕北特委和团特委机关分别转移到清涧县折家坪和子洲县老君殿，任命先期出狱的贾拓夫代理团特委书记，让狱外的同志积极筹备，召开了第二次党、团代表会议。

陕北军阀井岳秀把焦维炽当成重要的"政治犯"，妄图从他身上下手，一网打尽陕北党、团组织。敌人把焦维炽从米脂押解到榆林审讯。从陕北镇守使公署法庭到监狱有很长的一段路，每次提审，道路两旁都站满荷枪实弹的警察。面对狰狞的敌人，身带铁镣的焦维炽挺胸昂首，旁若无人。法庭内摆满了勾板子、拜花轿、压杠夹杠、竹钉子等刑具。面对刑具和法官，焦维炽镇定自若，对答如流，虽经多次审讯，敌人一无所获。焦维炽从法庭回到狱中后，发现囚室内多了一个人，一看原来是刘善忠。刘善忠告诉焦维炽，自己是叛徒出卖被捕的。他们两个是延安四中的老同学，老战友，狱中相逢，感慨万端。身陷囹圄的他们，互相关照，患难与共，共同勉励："铁牢可坐穿，壮志不能变。革命胜利后，共话狱中难。"两人共同研究对付敌人的策略和办法，一个装成审判官，一个装成犯人，研究出各种答辩审判官的言辞。井岳秀的审判官哀叹："铁嘴犯人，真不好审呀！"敌人只得以"查无属共实据，释放出狱"。

临出狱时，焦维炽写了一首《吟别》：

　　人走囚室留，知斗不知愁。
　　黑夜冷星光，迢迢路迹长。

1929年春，焦维炽赴西安向省委汇报工作后，被留在团省委工作，先后任团省委常委、组织部长、秘书长等职。1930年7月，焦维炽在中共陕西省第五次扩大会议上当选为省委委员，先后任省委秘书长、秘书科主任，兼管西安市的工作。在此期间，焦维炽先后到陕西关中、甘肃、宁夏等地从事兵运活动，为建立革命武装做了大量工作。

1932年春，焦维炽和谢子长到甘肃驻军警备第三旅王子元部从事兵运工作。到达王子元部后，他们经过精心策划和组织，先后两次领导靖远起义，成立了陕甘工农红军游击队第四支队和中国工农红军陕甘游击队。谢子长任总指挥，焦维炽任政委。由于经验不足，加之有的同志轻敌，遭敌突然袭击，起义部队被打散，领导人张东皎牺牲，杜鸿范负伤，起义失败。7月，焦维炽被省委派往渭北巡视工作，在去澄城途经蒲城县永丰镇时，正值该地党组织筹划发动民团暴动。焦维炽积极参加了这次暴动的组织领导工作。由于敌情变化，民团内部出了叛徒，暴动失败，焦维炽不幸遭敌逮捕。国民党得知焦维炽是共产党陕西省委的重要领导人后，妄图从他口里得到情报。敌人对他用尽金钱收买、封官许愿等各种诡计，但他都丝毫没动摇。焦维炽向敌人怒吼道："你们怎么也动摇不了我，我早将自己的生命献给了我们的人民。你们在我身上得到的只能是对你们反动本质的暴露！"

在狱中，焦维炽向监狱看护宣传革命道理，领导难友进行斗争，把监狱、法庭作为战场，同反动派进行不屈不挠的斗争。敌人害怕了，竟毫无人性地割了焦维炽的舌头，剜了他的眼睛，拔掉了他的浓眉，残忍地杀害了他。

1949年4月10日，陕甘宁边区政府、子长县政府在烈士焦维炽的家乡立碑以表纪念。

"当共产党是为了革命"

不怕杀头的李艮

李艮（1908年—1933年），陕西长安人。1926年春加入中国共产主义青年团，参加了进步学生运动，同年秋转入中国共产党。之后任中共长安县五楼区委书记、中共长安县委组织部部长、中共陕西省委委员兼渭南县委书记、西安市委书记。1933年初被派到陕南巡视工作，参与创建中国工农红军第二十九军，任政治委员。1933年4月1日，在西乡县马儿岩遭敌包围，与陈浅伦指挥部队奋勇突围，因寡不敌众不幸被捕。4月6日，在西乡县磨子坪英勇就义，年仅25岁。

1926年春，在陕西省立第三中学读书的李艮，参加了共产党员雷晋笙、吕佑乾等创办的共青团的外围组织——西北青年社，不久加入共产主义青年团。在军阀刘镇华围困西安城期间，雷晋笙、吴化之等人领导党团组织和学联在西安城隍庙后街省立第一中学开办了暑期学校，参加的党团员、进步青年有500余名，李艮也在其中。李艮聆听了由雷晋笙、刘含初、王授金、吴化之等讲授的社会主义、唯物史观、列宁主义、帝国主义侵略中国史，逐渐接受了马克思主义思想，对中国社会的政治、经济有了更多的了解，从而更加信任共产党。

大革命时期，在党的领导下，长安县成为全省农民运动声势最大的地方之一。从沣河两岸，到灞水之滨，从终南山麓，到草滩地区，农民运动蓬勃兴起，极大地动摇了地主阶级和劣绅的反动统治基础。

大革命失败后，长安县党组织转入地下活动。当时的生活极端艰苦，少数同志打短工度日，饿着肚子为革命东奔西忙。李艮家也很贫困，可他还是尽最大努力解决一些党员的吃饭问题。妻子靳春青聪明贤惠，理解丈夫的苦衷，对来她家的同志总是热情招待，设法掩护。

1928年10月的一天晚上，在县委机关召开会议时，由于叛徒的出卖，李艮和前来参加会议的中共陕西省委书记潘自力等人被国民党特务逮捕，李艮之妻亦未幸免。敌人把李艮等人捆绑起来，然后进室翻箱倒柜，搜查文件，结果一无所获。李艮被押到国民党陕西省政府所在地，由省主席宋哲元亲自审讯。

"你是不是共产党？"宋哲元开口问道。

"是。"李艮斩钉截铁地回答。

"你为什么要参加共产党?"

"你为什么要参加国民党?!"

这一单刀直入的反诘,弄得宋哲元十分尴尬。

宋哲元无可奈何,厉声道:"当共产党是要犯法的,要杀头,你知道吗?"

李艮义正词严:"当共产党是为了革命,干革命就不怕杀头,怕杀头就不当共产党!"

这场审讯弄得宋哲元无言以对。

1930年11月,宋哲元在蒋、冯、阎大战中败北,李艮等乘混乱之机脱险出狱。

1931年7月,李艮任中共陕西省委执行委员兼西安市委书记。他组织发动西安爱国青年学生开展反日驱戴(戴季陶,时任国民党中央考试院长)运动。

1932年9月,省委为了建立党领导的红军武装,派李艮前往宁夏蒿店,打入邓宝珊部队策动兵变。李艮从邓部拉出26人,成立了中国工农红军陕甘游击队第七队并任政委,李妙斋任队长。兵变失败后,部队在一个村庄被敌人包围,李艮奋勇冲出重围,在陇东特委的掩护下返回西安。

同年冬,红四方面军西征进入陕南。中共陕西省委为加强陕南红军游击队的领导,同红四方面军互相策应,巩固和发展川陕苏区,于1933年初派李艮以省委委员的身份赴陕南,参与组建中国工农红军第二十九军。同年2月,红二十九军在西乡县马儿岩正式成立,李艮任军政治委员,陈浅伦任军长。

马儿岩分别有两条通往汉中、安康的要道，进可攻，退可守。李艮和陈浅伦等多次查看地形、分析形势。他们认为红二十九军虽大部分来自劳苦大众，但也有一部分是接收过来的地主民团和神团，成分很复杂。为了整肃军纪，他们制订了"不得奸污妇女；不拿群众一针一线；公平买卖；住民房要大扫除，讲究卫生；不准打人骂人；不准拉夫"6条纪律；还规定要发扬民主作风，官兵平等。在半年多的时间里，红二十九军历经大小战斗23次，开辟了250余平方公里的根据地。

红二十九军的发展壮大，使当地的土豪劣绅恨之入骨。他们联名请求国民党汉中绥靖司令部"围剿"红二十九军，又以重金收买了隐藏在红二十九军内部的西乡神团头子张正万，伺机杀害李艮和陈浅伦等人。1933年4月1日，由于张正万告密，正当红二十九军召开主要干部会议时，国民党军队与西乡县反动民团势力突然向马儿岩发起围攻。由于红军大部分兵力正在根据地边沿作战，马儿岩兵力空虚，寡不敌众，数十名干部惨遭杀害。李艮、陈浅伦等奋力拼杀，突出重围。他们攀岩走壁，涉过牧马河，于次日拂晓到达尹家岩。李艮因征途劳累，饥饿数日，暂在一曾姓人家小憩，并拿出4个银圆让曾家弄饭。不料，曾家儿子曾安云原是红二十九军战士，因抢劫群众大烟，拒不交出，被陈浅伦处决，曾家怀恨在心，遂将李艮一行情况密报张正万，张闻讯派人赶来捕拿。李艮等人不幸落入敌手。

1933年4月6日，李艮在陕西西乡县牺牲。同时牺牲的还有陈浅伦。

"不能让他们跑了"
机智勇敢的李妙斋

李妙斋(1903年—1933年),山西汾西人。1927年离家到陕北驻军高双成部当兵,历任连事务长、营长。1928年加入中国共产党。1930年随军开赴河南,任邓宝珊部警卫营营长、卫士班班长。1932年随邓宝珊到甘肃,任邓部干部补习队队长。同年10月,与李艮等人组织领导蒿店兵变,成立了陕甘游击队第七支队,任队长。兵变失败后在耀县照金一带组织游击队,参与领导创建照金苏区的斗争。1933年3月,陕甘边区游击队总指挥部成立,任总指挥。同年9月在薛家寨保卫战中牺牲,年仅30岁。

1927年5月，李妙斋辞别家人，先后辗转陕北清涧、绥德、延安等地，在国民党驻军高双城部任连事务长、营长，后任邓宝珊部警卫营营长。1932年春，随邓宝珊到兰州。10月，同李艮等共产党员组织发动蒿店兵变，拉出26人成立了中国工农红军陕甘游击队第七支队，李妙斋任队长，李艮任政委。兵变失败后，李妙斋化装成脚夫到达陕甘边地区，参加了刘志丹、谢子长领导的陕甘游击队。

1932年11月，李妙斋跟随游击队先后辗转旬邑清水塬、三原武字区和耀县照金、芋园一带，开展武装斗争。在刘志丹的安排下，李妙斋被留在群众基础较好的芋园村，以帮工为掩护组织韩天成兄弟等40多人，建立起照金地区第一支农民武装——芋园游击队，并任政委。20多天后，李妙斋率领芋园游击队首战川口，攻打了离芋园村最近的一支地主护家武装，首战告捷，接着攻下孙家山、张家山、龙家寨，占领兔儿梁，参与领导创建照金苏区。

在创建照金苏区时，李妙斋争取了一些土匪武装和地方民团，特别是与耀县庙湾最大的土匪头子夏老幺交朋友，通过他们为红军掩护伤员，代购枪支弹药等军用物资。同时，李妙斋还收编了愿意接受共产党领导的民间武装。1932年12月，红二团准备攻打焦坪国民党驻军。为了不打草惊蛇，杜衡以军政委的名义派李妙斋稳住夏老幺，李妙斋不顾个人安危，服从命令，只身前往夏老幺团部，机智勇敢地完成了任务。之后，李妙斋建议和夏老幺进行有条件的和平相处。由于杜衡坚持"左"倾路线，强令红二团进攻庙湾民团，战斗失利，红二团损失惨重，破坏了与夏老幺的统战关系。此后，夏老幺民团处处与红军作对。

红二团北撤外线作战期间，李妙斋奉命留守照金，掩护伤员，坚持斗争。他以红二十六军特派员的身份建立起耀县第一、第二支队和三支队等5个游击支队；收编了富平、宜君游击队，建立起6个农会分会。在他的努力下，照金苏区的革命由低潮转向高潮。

1933年3月，陕甘边游击队总指挥部在照金兔儿梁成立，李妙斋任总指挥，习仲勋任政委，统一指挥耀县、淳化、旬邑一带的游击队，积极开展游击战争。他们遵照中共陕西省委和中共陕甘边特委关于土地革命的指示，发动群众，成立了以照金薛家寨为中心的24个村农会和村妇联、儿童团、赤卫队，废除了保甲制度和地租、债务，打击了国民党特务活动。群众的革命热情空前高涨，游击队迅速发展到18个，900多人。以薛家寨为中心的照金苏区迅速扩大到东达高山槐，西抵黄花山，北到王家沟，南到桃渠原的广大地区。

为巩固照金苏区，李妙斋很重视后方基地建设，在薛家寨办起修械所，修配枪械，自制麻尾手榴弹和土地雷；成立红军医院、被服厂；设立物资仓库。他号召大家利用战斗间隙开荒种地、养猪、养羊，解决部队给养；请照金人冯彦升在亭子沟开设集贸市场，公买公卖，为红军筹集粮秣、资金。

1933年6月，杜衡强令红二团南下渭华地区。李妙斋同习仲勋担负起保卫照金苏区的任务。1933年9月20日凌晨，反动民团头目张彦宁、陈连声、夏老幺、杨老十、陈日春等纠集团丁近千人，进攻照金苏区，从四面围攻薛家寨。当天天下大雨，李妙斋和张秀山率部队在老爷岭、高山槐击溃敌军后，刚回到秀房沟，又得到黑田峪发现敌人的紧急情报，他们立即率部迎敌。突然，薛家寨方向传来激烈的枪声和手榴弹爆炸声。李妙斋吃了一惊，抹了一把满脸的雨水，对张秀山说："不好！弄的是掏心战！"这时，一个满身泥水的战士跑来报告：有二三百敌人从后沟巴向薛家寨猛攻。李妙斋疾速带领战士冒着大雨，踩着泥水向薛家寨回援。守寨的战士们见李妙斋回来了，顿时士气大振，用手榴弹和土地雷、排子枪把敌人打得屁滚尿流，爬在石头后边不敢露头。战斗相持到下午，敌人见围攻的企图已经落空，就开始撤退。"不能让他们跑了！"李妙斋高喊一声，从北哨门的堞墙上一跃而起，吹哨子集合部队，要扑下寨墙乘胜追击。就在这一刹那，寨下梢林中掩护退却的敌人射出了几颗子弹，李妙斋壮烈牺牲。

钢铁铸成的汉子崔文运

"我从入党那天起,就准备为革命而死"

崔文运(1884年—1934年),陕西绥德人。1928年秋,加入中国共产党。1933年7月,任中共绥德县委书记,积极领导组建革命武装,开展游击斗争,创建革命根据地。1934年6月,在掩护其他同志撤退中,不幸被国民党军逮捕后杀害,时年50岁。

1926年腊月，铁茄坪村成立了绥德县南区农民协会，轰轰烈烈地开展起抗粮抗税、反对封建剥削的斗争。崔文运是农会骨干分子之一，曾挺身而出，与本村一个富户"收粮斗冒尖、放粮平斗出"的剥削行为进行了坚决的斗争。

一次，党组织派崔文运把1000块银圆送到陕北特委，作为党的活动经费，他身背六七十斤重的银圆，巧妙地躲过敌人的关卡，把银圆分文不差地送到目的地，受到特委领导的表扬。

1929年至1933年秋，崔文运先后担任铁茄坪村支部委员和中共绥德县南区区委委员、区委书记，领导打击土豪劣绅，积极发展党团员，建立党支部，组织贫农会、赤卫队、少先队和妇女会，使整个南区的革命斗争轰轰烈烈地开展起来。

1933年7月，中共绥清中心区委改为中心县委，崔文运任书记。1934年3月，绥清中心县委又分组为绥德、清涧两个县委，崔文运改任中共绥德县委书记。

1934年6月26日，在绥德南区园则沟村一个靠山窑洞里，崔文运正在主持召开如何发动群众烧毁富农张广厚剥削账本的讨论会。参加会议的有清涧县委交通部长张绍修，陕北特委交通员贺治国，南区自卫军指导员王步荣等十七八人。就在会议即将结束之际，出窑解手的贺治国发现崖畔上有一群持枪匪军正在鬼头鬼脑地向下窥探。他急忙大声喊道："白匪军来了，快跑！快！"

窑里的同志听到喊声，呼地一下站起来，纷纷冲向门口。在这紧急关头，崔文运镇定自若地嘱咐大家："不要慌，分散撤离，注意隐蔽！"

在崔文运的指挥下，十几位参会人员在敌军的枪声和叫喊声中安全冲了出去，最后离开的崔文运和张绍修两人被敌人包围在院内。他们一前一后冲了出来，跑在前面的张绍修身中数弹，光荣牺牲，崔文运不幸被捕。

残暴的敌军把张绍修的头颅用铡刀铡下，装在驴笼头里，把遗体踢下沟底，然后把盛着人头的驴笼头系在崔文运的脖子上，押着他回到薛家峁连部驻地。

当晚，敌人对崔文运进行了残酷刑讯。

"你是共产党员吗？"坐在大堂上的敌军魏连长故作斯文地问。

"你们不是说抓住的是一个共产党的县委书记吗？当书记的能不是共产党？是共产党又怎么样？"崔文运怒不可遏地回答。

"你的人手还有些谁？"敌连长怔了一下，压着火气又追问道。

"全县老百姓都是我的人手！"崔文运果断地回答。

"你杀了我们许多人？"敌连长狞笑着说。

"杀了！如果把你捉住，也杀了！"崔文运的语锋直刺敌人的心窝。

敌连长的假斯文再也装不住了，脸色变得铁青，正要发作，这时"肃反会"头子、叛徒李牛走了过来，假惺惺地劝说崔文运："你不要硬，家有老人兄弟、老婆孩子，你该为他们想想！"

看见这个双手沾满共产党人鲜血的可耻叛徒，崔文运顿时竖起剑眉，咬牙痛骂道："只有你这个叛徒才是不要老人兄弟的'独子子'！"

凶残的敌人从炭火里抽出烧红的铁条，穿透崔文运的锁骨,把他吊在屋梁上毒打,妄想用残酷的刑罚征服他。

敌连长洋洋得意地说:"看你还能硬多久?"

崔文运忍着剧痛,一字一句地回答:"我从入党那天起,就准备为革命而死,我活着要和你们拼到底,我死了,红军也要和你们拼到底!"

敌人的手段更加残忍了,一阵嚎叫之后,他们把崔文运从空中放下来,要用烧红的铁链、烙铁继续摧残这位钢铁铸成的汉子。

崔文运大声喝道:"我把衣服脱了,油炸火烧随你们的便吧!"

敌人叫嚷着要砍开崔文运的头骨点"天灯",崔文运毫无惧色地说:"来吧!把血口子开到前面,老子也要看天灯!"一句话吓得敌人惊呆在一旁。

第二天,全身焦黑、体无完肤的崔文运被押解到绥德城。

6月28日,狠毒的敌人将高呼着"共产党万岁!"的崔文运杀害于绥德城南门外,还将他的头颅悬挂在南城门上"示众"。当地耳闻目睹革命烈士大义凛然、视死如归英雄气概的群众,无不为之垂泪哀悼。

1944年6月,绥德县隆重举行了崔文运烈士牺牲10周年纪念会。陕甘宁边区政府主席林伯渠题写了"对党能尽忠,精神不死;临难无苟免,气节长存"的挽联。

智勇双全的包森

"战场可能会夺去我们的生命,但永远夺不去我们的精神"

包森(1911年—1942年),陕西蒲城人。1930年在三原省立第三中学上学时积极参加学生进步社团活动。1932年2月加入中国共产党,曾任中共三原心字区区委委员。1933年7月受中共陕西省委委派,在杨虎城部王泰吉骑兵团中做政治工作,同年秋在西安参加重组陕西省委时被捕入狱。1936年12月出狱后,被党组织派往延安。1937年底被派往晋察冀根据地独立一师,任邓华部三十三大队党总支书记。在冀东坚持抗战,任冀东军分区副司令员。1942年2月17日在战斗中牺牲,时年31岁。

1940年初，包森被任命为冀东军分区副司令员，到盘山开辟新的抗日根据地。

盘山地区是冀东和平西、平北往来的必经之地，日伪以3000之众的武装封锁着这条通道。包森率200多人的精干武装西行，一次次突破敌人的合围、伏击和空中轰炸、扫射，2月到达盘山。

到达盘山后，包森首先收容整顿游击队，彻底清剿了20多股土匪，处决大恶霸，成立八路军政治处，建立随营学校，开办军政训练班，迅速稳定了部队和人民群众的抗日情绪，打开了盘山的抗战新局面。他随后打了几个漂亮的战斗，壮大了自己的力量，组建起军分区主力第十三团。

包森进入盘山，日军视为心腹大患，一次又一次集兵扫荡，几乎不到三天就是一次战斗。包森率部与敌斗智斗勇，取得了一个又一个胜利。7月下旬，正值盛夏时节，酷暑难熬，包森率部活动在盘山西部一带。一天，驻守在遵化、蓟县交界的日军一个老牌骑兵中队趁机突犯盘山，包森留在盘山的二营迅速占领东西山头，把日军诱进一条沟里。此时，包森率部返回，用军号与二营取得联系，将沟口堵住，把这支不可一世的骑兵中队全部包围。日军见势不妙，顽强抵抗。包森率部以硬对硬，毫不手软，经过10多个小时的激烈战斗，终于歼灭了日军这个骑兵中队。这样的战果在冀东还是首次，这就是当时冀东有名的白草洼战斗。

不甘心失败的日军气急败坏，接二连三地对盘山根据地实施狂轰滥炸和烧杀抢掠，弄得鸡犬丧胆，草木生悲。包森所部处境相当困难，斗争相当艰苦。在危难关头，包森总是临危不惧，化险为夷，开辟生路。

1940年4月的一次战斗中，包森不幸中弹，子弹从下颚左侧打入，从右太阳穴下方钻出，伤势严重，当场昏倒，不省人事。一个月后，伤势未愈的包森又重新出现在战斗指挥岗位上，对战士们说："我的伤只能激发我加倍地仇恨敌人，决不会使我有丝毫的胆怯。"

10月的一天，日军出动5000余众在平谷县北鱼子山向包森所部发起进攻。经过一天激战，黄昏时分，包森主动撤出战斗，利用夜幕掩护，穿过30里地的平川地带，向盘山转移。包森半夜接到侦察员的报告：由山前开来的万余日军已经驻满附近的村庄。包森估摸着部队携带弹药不多，又与县委机关同行，不好再与敌恋战硬拼，便将部队暂时荫蔽在一个山鞍部，监视敌人的行动，待机再行转移。直到第二天下午三点，敌人没有动静，包森利用青纱帐的掩护率部南行，直奔田家峪方向。部队刚下到沟底，发现敌人已经占领了通往田家峪的沟底通路，控制了两侧的山头。如果率部返回必遭敌人尾追。包森当机立断，下决心带队继续向田家峪冲击，冲乱敌人，乱中突围求生。经过简短动员，冲锋号划破长空。刹那间，双方在3里多长的路段上形成交臂碰头的肉搏战。在一片喊杀声中，包森率部终于冲到了田家峪，保全了部队和县委机关的安全。

1941年，日军把单纯的军事占领扩大为军事、政治、经济、文化等全面的殖民统治，妄图把华北变成"大东亚战争"的兵站基地。在实行灭绝人性的烧光、杀光、抢光的"三光"政策的同时，推行"治安强化"运动。此时，以盘山为基地的冀东抗日根据地正处于大发展的时期，敌人便先从这里开刀，在盘山周围新建立了许多据点，封锁盘山道路，隔绝盘山内外联系。盘山以南的据点周围有3米多高的围墙，墙外挖有2米多深的壕沟，沟底插有稠密的尖头木桩，沟外布满2米多高的铁丝网，四周建有5米多高的炮楼。

4月下旬的一天，包森召集营以上干部会议，下达了拔除蓟县县城通往邦均镇公路上的一个日军据点的战斗任务。战斗从夜间进行到第二天拂晓，经过6个多小时的激烈攻坚争夺战，终于拔掉了这个据点。这次啃硬骨头是包森第一次组织的夜间攻坚战斗。之后，包森率部或派兵先后拔下双城子、蔡名庄等据点。

抗战时期，冀东斗争异常残酷，处在铁蹄下的冀东父老乡亲，生活难以言状。包森之所以能多打胜仗，除了因为他带领一支过硬的部队外，还因为他以自己的实际行动，赢得了冀东广大人民群众的巨大支持。一次，房东自己喝糊汤，却想法给包森搞到一碗白面条。包森见此情景，心中一阵酸楚，泪水脱眶而出，再三向房东解释，决不吃"优待"饭，与房东同喝稀糊汤。又有一次，包森带通讯员到一个村庄，逃避鬼子抢掠的群众还未回村，包森只好走进一户老乡家里，自己觅食做饭，饭后留下饭钱和便条。

包森智擒赤本大佐后，日军曾调集一万之众扫荡遵化县，在一个村中包围了包森和一个班的游击队员。包森被一位老太太藏在大缸里而得以幸免，可是全村的老百姓和9名游击队员却被鬼子赶到一个广场上,并要全村的妇女出来当场认领谁是自己的丈夫和儿孙,以便从中查出游击队员。一会儿,八个队员先后被"认领"出来。此时,一个年轻妇女想到自己的丈夫出外未归,灵机一动,在鬼子的刺刀下,不慌不忙地走上前去,拉住最后一位游击队员的手,从容不迫地说:"走,回家吃饭呗,还不给皇军点个头。"就这样,最后一位队员也被认领出去。鬼子空喜一场,无半点收获。事后包森筹办慰问品,慰问了全村老百姓,奖励了那位认领最后一位游击队员的年轻妇女。

1942年2月17日,包森率所属十三团一营一部和特务连进行新的战略转移,向遵化县西北沙婆峪口外进发,行至野虎山,与日寇田中大队及伪满洲队遭遇。包森果断指挥,先敌开火,他不顾个人安危,在前沿阵地观察敌情时,被一颗子弹击中胸部。包森用手捂住伤口,部署新的战斗行动,鲜血染红了他的军装。最终,部队安全撤出了战斗,包森献出了他年轻的生命。

"革命不能畏死,怕死就不能革命"

抗日名将许权中

许权中(1895年—1943年),陕西临潼人。1925年加入中国共产党。1926年在国民军任旅长、代理师长。曾赴苏联参观学习。后任国民军联军驻陕总司令部政治部委员兼卫队师旅长、代理师长,西安中山军事学校总队长,西北军暂编第三旅旅长。1928年参加领导渭华起义,任西北工农革命军总顾问兼骑兵分队队长。后赴苏联入莫斯科中山大学、红军大学学习。1933年任察哈尔抗日同盟军军委常委、副军长兼第十八师师长。1935年到中共河北省委军委工作。1936年回陕任杨虎城部警备第二旅副旅长。抗日战争时期率部挺进河北参加对日作战,任第一一七师参谋长。1938年回家乡从事地下工作。1943年秋任第四集团军中将参议。同年12月9日被国民党特务暗杀,时年48岁。

1928年5月,许权中所在的旅参加了渭华起义。起义失败后,党中央通知许权中赴苏联学习军事。1930年夏,许权中从苏联回到上海,党中央派他到天津北方局军委工作,由于叛徒出卖被捕入狱。在狱中,许权中屡遭严刑拷打,但他坚守党的机密,只回答:"我叫徐广斌,山东人,皮货商。"每次受刑下来都鲜血直流,血肉模糊。但当他回到牢房,难友们关切地问他:"要紧吧?"许权中总是神情泰然地回答:"不要紧,不疼!"他常对难友说:"不怕死而才不死。"1932年夏,经党组织的营救和友人刘文伯、米暂沉出钱保释,许权中获得自由。

1933年5月,以吉鸿昌、冯玉祥、方振武为首的察哈尔民众抗日同盟军成立。许权中受党组织派遣,任同盟军军委常委兼副军长和十八师师长。他很快召集旧部,并在杨虎城的大力支持下,补充了大批人员和武器,十八师成为抗日同盟军的主力师。

抗日同盟军失败后,许权中根据党的指示辗转于天津与陕西之间,进行革命活动。1936年夏,许权中到杨虎城部队开展统一战线工作。西安事变中,许权中率部包围了西京招待所和花园饭店,扣留了国民党军政大员陈调元、万耀煌、蒋鼎文、朱绍良、卫立煌、陈诚等10余人,占领了陕西省会公安局,解除了城内蒋系势力的全部武装。

七七事变后,许权中请缨上前线杀敌。8月下旬,许权中率部从三原誓师出发,东渡黄河,奔赴华北抗日前线。9月,在易县紫荆关担负掩护主力部队撤退的任务。10月初,守备曲阳东西口、南青观一带,击退西犯之敌。19日,奉令驰援忻口,亲率两个团协同友军，同日寇激战14个昼夜，歼敌1000多人。每次作战，许权中总是亲临前线指挥，带头冲杀，身先士卒。10月26日，日寇的一颗炮弹在许权中身旁爆炸，他被震昏了过去。醒来后，许权中拣起一块一尺多长的炮弹壳，题字于上："落于吾右，而未使吾成仁，岂其有意留吾以救国耶？抗战将四月，失地犹未还，吾知勉之。"

1938年5月初，日军大举进攻晋东南。许权中率一七七师一部挺进山西永济县张营镇，与日军激战4个昼夜，给日寇以沉重的打击。因敌众我寡，部队撤至吴王渡，又遭强敌包围。许权中临危不惧，率部与日军血战两天，亲自指挥特务连坚守吴王渡南门，连续9次击退日军进攻，保卫了军、师机关的安全。九十六军许多进步军官都赞扬许权中临危从容镇定、以身作则、言行一致。许权中有功不居，谦虚地说："这次吴王激战，保卫了革命，保卫了吴王，给日寇以沉重的打击，应归功于各位官兵奋勇杀敌的爱国精神，我本人也很感激。"许权中重视军民关系，每到一地即协同政治部门组织青少年歌咏队，对群众进行抗战教育。

长期的戎马生涯严重地损害了许权中的健康，1938年冬，许权中胃溃疡病发作，被迫离开前线回到家乡养病。1939年至1943年秋，许权中以养病为名，利用一七七师参议兼陕西省保安司令部参议的合法身份，进行地下斗争。他积极鼓励和支持张性初及同情革命的刘文伯先生主办《秦风日报·工商日报联合版》，促进了西北地区的民主运动。1941年春，打入国民党胡宗南战干团内部的共产党员王智德向许权中汇报工作，反映敌人活动猖狂，地下党在战干团工作危险的情况，请求解决办法。许权中指示说："怕什么！共产党员头上又没有刻字！""我来掩护你，给你的上司写信。"1942年，为了适应斗争的需要，许权中派人护送王智德到延安工作，通过各种关系，介绍和护送王俗明、韩毅、张光、任明等到边区参加革命。在临潼，许权中还积极支持地下党员谈国帆、王志温等发展秘密武装，处决了反动镇长。

国民党顽固派对许权中的革命活动，千方百计地进行破坏。他们一方面派匪特暗中监视，利用地主恶霸进行武力威胁；另一方面，由胡宗南出马"请"许权中谈话，劝说只要登报声明脱离共产党，就可高官厚禄。许权中断然回绝了这种无耻的诱降，

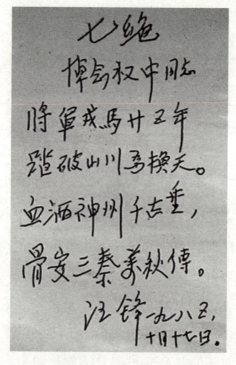

汪锋纪念许权中烈士的诗

愤怒地说:"你们今天要求我骂共产党,那么我明天也要骂国民党,如今你们要怎样处理就怎样来处理好了。这是人格问题,至死不能做这样违心的勾当。"

1943年,许权中家乡交口地下党组织被破坏,他的住地又遭特务日夜监视,随时有被暗杀的危险。同志们劝许权中及早离开,他泰然自若地说:"一个革命的志士应具有牺牲的精神。革命不能畏死,怕死就不能革命。"为了摆脱敌人的监视,许权中和几个同志商量,决定先去河南洛阳九十六军军部,而后通过关系,经四川去延安。他到洛阳后,被第四集团军总司令孙蔚如任命为中将参议兼该集团军眉县万家塬垦区主任。先去四川再寻机到延安的计划未能实现,许权中将计就计,毅然回到陕西眉县,利用公开职务,以搞生产为名,组织了两个连的革命武装,准备在千阳、眉县一带建立抗日根据地。12月上旬,许权中带领任耕三(三十八军垦区主任)赴千阳一带察看地形并召集干部部署工作,路经凤翔和李子萼先生(许权中的老师)会面交谈后返垦区,骑马行至眉县槐芽洪水沟时,被国民党特务暗杀。

"就是烧成了灰，也仍然是共产党员"

"农运大王"乔国桢

乔国桢（1907年—1945年），陕西佳县人。1924年冬加入中国社会主义青年团，同年转入中国共产党。1926年，在广州农民运动讲习所学习。毕业后返回陕西，在渭北、渭南地区领导农民运动。1928年5月参加了渭华起义。起义失败后，秘密辗转于京、津、沪一带，领导晋、冀、豫地区的工人运动。先后任中共井陉县委书记、唐山市委委员、天津下边区委书记、天津总工会书记和顺直省委职工运动委员会书记。1943年2月被捕入狱，1945年7月病逝于狱中，时年38岁。

1924年秋，乔国桢考入绥德陕西省立第四师范学校。李子洲任该校校长后，聘请杨明轩、王懋廷、田伯英等一批革命知识分子来校任教，宣传马克思主义。乔国桢在校期间踊跃参加各种进步活动，同年冬加入社会主义青年团，不久转为中共党员。

1926年3月，乔国桢与杜松寿、李维屏等16位陕籍青年一起，受党的委派前往广州农民运动讲习所学习，聆听了毛泽东的《中国社会各阶级的分析》和周恩来的《军事运动与农民运动》，经常向老师萧楚女请教。

1926年9月，乔国桢从广州农讲所毕业，与十几位学员辗转香港、上海、山西等地后返回陕西，分散各地开展农民运动。乔国桢随着在广州成立的国民党中央农民部驻陕办事处，落脚在渭北中学，先后在渭北、渭南地区领导农民运动。

在乔国桢等人的领导下，渭北的农运蓬勃发展，他的足迹遍及整个渭北。到1927年4月，仅三原县的农会就达154个之多，会员五万余人。乔国桢还吸收农民骨干入党，成立了三原第一个农村党支部。农民们热情地称他是"农运大王""我们的乔国佬"。

四一二反革命政变后，同年6月，冯玉祥追随蒋介石在陕西开始"清党"。"还乡团"勾结反动军队在富平逮捕了乔国桢，囚于三原县城驻军田玉洁部军法处。

三原农民闻讯前来，联名保释，每天都达数百人，很多人还带着饼干、西瓜前去探望。1927年11月，经许权中交涉，乔国桢获释。出狱后，乔国桢化名王拯民赴渭南地区任中共华县县委委员，兼任高塘镇民团教练，从事恢复和建立农协的斗争，并准备武装暴动。在高塘民团，乔国桢大力整顿团务，清除思想落后、旧习气浓厚的团丁，撤换了那些旧意识很浓的队长，改由共产党员接任。他以广州农讲所为榜样，要求上至团长，下到伙夫一律参加军事训练，甚至连高塘学校里的党员都赶来参加。他还亲自去许权中部队取回武器弹药，加强民团战斗力。高塘民团的工作得到了中共陕西省委书记潘自力的高度赞扬。

高塘镇农民武装的蓬勃发展，引起反动派的极大惶恐。1928年2月，华县县长段紫光连忙任命大恶霸王文风和姬捷三为高塘民团正、副团长，企图夺取民团的领导权。3月7日，乔国桢佯装召开"欢迎新团长大会"。王文风刚进会场，乔国桢便命人将他捆绑起来，把欢迎大会变成了公审大会。反动政府恼羞成怒，派大批军队前来镇压，但是民团主力早已秘密转移。不久，反动政府又派华县公安局长李镇山带领50余人进入高塘镇，李镇山亲自在"敬胜隆"商号坐镇，妄图将共产党人一网打尽。党支部决定致信县委，要求上级调拨50支手枪，攻打"敬胜隆"，活捉李镇山。但在送信途中乔国桢不幸被捕。在李镇山面前，打手命令乔国桢跪下，乔国桢勃然大怒道："你看我是一个下跪的人吗？要杀就杀，岂有共产党员向人叩头求饶的道理！"李镇山见威吓不住，忙说："只要你说出组织在哪儿，绝无他意。"乔国桢深知其用意，说道："你不是看过信了吗？等着瞧吧！明天我们就要攻打'敬胜隆'，活捉你李镇山！"李镇山一下子给吓蒙了，心想，他们一下子就取50支手枪，来打我，我怕不是对手。于是他下令放了乔国桢，第二天悄悄溜走了。

1928年7月,乔国桢离开陕西到河北开展党的工作。1929年11月,在矿工贾永发家开庆祝十月革命会议时乔国桢第三次被捕,被扣押在国民党唐山市党部。敌人对乔国桢严刑拷打,但他威武不屈,义正词严地抗议资本家对矿工的残酷剥削,坚定表示要为改善矿工的待遇斗争到底。敌人束手无策,无计可施。不久,乔国桢在一个雾夜乘敌人不备越窗逃出,不慎将腿部严重摔伤。乔国桢以惊人的毅力忍着剧痛,撑着一根木棍行至天津,找到了党组织,担任天津赤色工会党团书记。

1930年4月,乔国桢不幸第四次被捕,与前期因叛徒出卖入狱的中共天津市委书记彭真同押在天津第三监狱。进监狱后,乔国桢化名高子香,与以彭真为书记的狱中党支部接上头,并任支委。当他看到有的同志对斗争前途感到忧虑,便用列宁在狱中坚持斗争的故事教育大家,还指着自己在墙上用铅笔画的列宁像风趣地说:"你们看,列宁活了,他要下来指导我们斗争了。"鼓励大家坚定信心勇敢斗争。

1931年5月15日,乔国桢因未暴露身份刑满出狱,前往北平,向省委汇报狱中情况。到北平后不久,他又不顾自己身患肺病,身体虚弱的状况,欣然受命去内蒙古任特派员。同年7月3日,乔国桢不幸第五次被捕,同薄一波等同志一起被关押在宪兵司令部看守所。1932年2月,乔国桢开始盗汗发烧,进而吐血,身体极度虚弱,濒临死亡。敌人怕他死在狱中,只好批准他保外就医。1935年5月,在北平香山,乔国桢因叛徒出卖第六次被捕。敌人和叛徒用种种刑具威胁利诱,妄图使他变节投敌,都遭到他严厉痛斥和愤然拒绝。7月26日深夜,乔国桢利用敌人对他这个病人放松看守之机，再次越狱。他爬麦田，走小路，赶到清华大学，未找到组织；又到天津寻找组织仍然落空；再返北平赴西安，终于在杨虎城的部队找到了组织。后接受党组织指示，他又返回天津工作，终因身体极度虚弱，多次昏迷、吐血，经组织安排于1936年5月到北平香山休养。1937年6月，乔国桢的妻子周铁忠从长沙来到北平照料乔国桢。他得知妻子是在监狱生下自己可爱的女儿时，百感交集，思绪万千。他抑制住激动的心情告诉妻子："你要带好我们的女儿，她是革命的后代，我身患重病不能多照顾她了。但是，我们现在进行的斗争，正是为了她们的将来。"

1937年9月，党组织决定送乔国桢到西安终南山休养。

夫妻分离时，乔国桢对妻子说："共产党员，就是烧成了灰，也仍然是共产党员。"同年秋，党中央决定送乔国桢到苏联医治。1939年夏，乔国桢在乌鲁木齐休养数月后乘飞机赴莫斯科住院治疗，做了左肺切除三分之二的大手术。在苏联方面的热情关怀下，乔国桢的身体初步恢复了健康，1941年9月离苏回国。

皖南事变后，到延安的道路已被封锁。乔国桢与先期到达乌鲁木齐的方志纯、马明方等滞留新疆。此时，与我党建立抗日民族统一战线的新疆督办盛世才在国内国际形势逆转下，开始了逐步升级的反苏反共活动。1942年9月，盛世才彻底破坏了与共产党的抗日民族统一战线，将在新疆工作的全部中国共产党人集中软禁。1943年2月，盛世才将在新疆的共产党人投入监狱。乔国桢一进监狱便咳嗽不止，大口吐血，旧病复发。十几天后，他被押往专管病号犯人的"养病室"关押。

恶劣的狱中生活，病魔的无情摧残，都没有使乔国桢这个铮铮铁汉屈服，他充分利用"养病室"稍有自由的条件，以顽强的斗志和同房的共产党员李宗林一起想方设法与狱中党组织取得联系，并以"养病室"为中心，沟通了各牢房之间的联系，热情支持同志们进行的"百子一条心，集体回延安"的斗争，并奋力写下了万字以上的关于狱中斗争经验的小册子，送同志们参考。他还搜集各种报刊摘要及时通告外部消息。

1945年初，乔国桢病情加重，食欲大减，终日咳嗽不止。他对李宗林说："我一生的光阴多半是在监牢里折磨过去了。在牢里一次绝食斗争后，得了肺病。现在在牢里又将因肺病而死。我只希望早一点死，少受一点罪。我反省一生，对党对事业无愧于心。然而我恨监牢和疾病剥夺了我太多的时间，使我对党不能尽什么力量！"

他拿起同志们省吃俭用给他换来的食物、药品，感动地说："大家那样苦，我特殊吃好的，心里难受吃不下去了。"狱中党组织得知乔国桢病情日趋恶化的消息，决定由刘护平装病去"养病室"照料乔国桢。当刘护平来到"养病室"时，看到乔国桢已被折磨得骨瘦如柴，一头长发，满面胡须，躺在床上不能移动，大小便失禁，满屋恶臭，不禁伤感落泪。乔国桢看到战友来到身边心情十分激动，费劲地问："同志们都好吗？"当刘护平讲到同志们看了他亲手写的小册子深受鼓舞，并继续进行集体回延安的斗争时，脸上露出了笑容。

就在这重病缠身之际，乔国桢致信在狱中的党的负责人张子意："……我在病中正深刻反省，一生虽无愧于党和人民，但大部分时间，消磨于反动派狱中，不能为党做更多的工作深为遗憾，唯望牢内全体同志必须团结一致对敌，坚持斗争。"

这封信成为乔国桢的绝笔。不久，乔国桢病情急剧恶化，生命垂危。在这最后时刻，他握着刘护平的手用微弱的声音说道："对死，我并不害怕，遗憾的是我为党工作的太少了，你们要多做工作，这是我最大的希望，我看不到胜利的那一天了，请你代表我向党组织和同志们告别吧！"

1945年7月31日，为中国革命先后七次被捕，宁死不屈，对党忠心耿耿的共产主义战士，中国共产党的优秀党员乔国桢与世长辞。

篇五 报国为民

"枪不能让敌人拿去"

农民英豪薛自爽

薛自爽（1900年—1928年），陕西华县人。1925年，参加驱逐孙景福运动，率领农民武装消灭了孙景福的独立连。1926年，薛自爽加入中国共产党，在长安县、户县一带从事农民运动。1928年5月参加渭华起义，任陕东赤卫队副大队长，同年6月20日，在华县箭峪口西侧的侯家崖与国民党部队激战中壮烈牺牲，年仅28岁。

薛自爽出生在华县高塘镇堡子底村一户贫苦农民家庭,自幼聪慧勤奋,但因家境贫寒被迫辍学。因备受苛捐杂税和土豪劣绅的压榨,年轻的薛自爽开始反复思考:富人为什么富?穷人为什么穷?官家衙门为什么向着富人说话而不替穷人办事……

1925年春,高塘大恶霸孙景福用重金买官,当上了高塘民团团长,凭借武装和权势在高塘一带横行乡里,鱼肉百姓,催粮逼款。中国共产党领导高塘地区群众开展了驱逐孙景福的运动。薛自爽积极参加并率领农民武装,消灭了孙景福的独立连。1926年,经王尚德、陈述善介绍,薛自爽加入中国共产党。11月底,陕西军民同心协力,第二次赶走军阀刘镇华。在三原农讲所受训后,薛自爽以国民党陕西省党部特派员身份前往户县秦渡镇一带开展农运工作,建立农民协会和农民自卫军,开展了声势浩大的抗粮抗捐运动。

1927年夏初,党组织派薛自爽回华县高塘继续从事农运工作。回到华县后,薛自爽积极发动群众,公开组织农民协会,继续开展反恶霸斗争,抗粮、抗捐、抗一切摊派,领导农民与土豪劣绅支光辉、史明鉴进行坚决斗争。1928年4月初,遵照中共陕西省委和陕东特委指示,薛自爽带领渭南、华县的一些党团员和农运积极分子,秘密前往洛南三要司许权中旅接受短期军事训练。随后,以这些人为骨干,成立了受中共陕东特委领导的农民革命武装陕东赤卫队,李大德(张汉俊)任大队长,薛自爽任副大队长。

1928年5月,刘志丹、唐澍、刘继曾、许权中等领导发动了渭华起义。在以华县高塘、渭南塔山为中心，东起潼关，西到临潼、蓝田，南入秦岭深山，北至渭河两岸，方圆数百平方公里的土地上建立了红色武装割据区域。在这个红色区域里，区、村苏维埃组织纷纷成立，贫苦农民扬眉吐气，反动基层政权土崩瓦解。

渭华起义中，李大德、薛自爽率领赤卫队员打土豪、除劣绅，摧毁了地方反动政权，建立了基层苏维埃政府。许权中旅到达高塘成立工农革命军，陕东赤卫队成为革命军的得力助手。赤卫队以塔山、半截山为中心，发动劳苦大众打土豪、分粮食、烧地契，摧毁了干佐、薛良臣等地主武装，镇压了一批罪大恶极的土豪劣绅，在三个区的153个村庄建立了苏维埃政权。

6月10日，驻守魏家原的二大队去华县县城附近打游击了，只有少数兵力留守。此时，敌人连续不断地向魏家原进攻，留守队员们英勇作战，战斗异常激烈，形势十分危急。在紧急关头，薛自爽急中生智，飞跑回堡子底村大教堂，用大木棒敲响了教堂的大钟，迅速集合起附近各村的农民和赤卫队员五六百人。薛自爽站在教堂门前的高台上镇定地向群众讲述了魏家原的战况，然后以村为单位编成队伍，每人手中各持土枪或刀矛。薛自爽带领队伍奔向魏家原，并传令大家偃旗息鼓，匍匐前进，悄悄摸到敌人阵地，从背后冲入敌群，抡起大刀、长矛奋勇砍杀。敌人被迫仓皇撤退，魏家原阵地转危为安。

6月20日拂晓，敌人增加兵力，调整部署，东路和中路分头向桥峪、涧峪、箭峪口进攻，西路向塔山附近的清明山、凤凰山进攻，并以一个团的兵力，集中火力猛袭箭峪口，企图截断陕东赤卫队的退路。正在敌我血战的关头,薛自爽率领赤卫队抢先占领了铁架山高地,同十倍于己的敌人展开激战,薛自爽的头上、肩上、手上多处负伤,但他坚持不下火线,用绑腿带子包扎伤口继续指挥战斗。中午时分,敌我双方为争夺箭峪口西侧的铁姜岭高地展开激战。赤卫队伤亡严重,200多人只剩下10余人,加上许权中、杨晓初率领的工农革命军战士约30余人,击退敌人四次进攻。战斗中,敌人的一颗子弹从薛自爽的左胸穿过,他当即昏倒在地。清醒后,他微睁双眼,挣扎着对搀扶他的杨晓初说:"我不能活了……枪不能让敌人拿去!你们快撤……不要管我……"说完,他把那把心爱的驳壳枪交给了杨晓初。因流血过多,薛自爽壮烈牺牲。

渭华起义失败后,大恶霸王振乾卷土重来,反攻倒算,命令手下挖出薛自爽的遗体乱砍乱戳,又放火烧毁了薛自爽家的一间半房屋,霸占了他家仅有的6亩土地。薛自爽年迈的母亲、患病的妻子和6岁的孩子也被赶出家门,不久陆续离开人世。

「烈士之血，主义之花」

「铁军」政治部主任廖乾五

廖乾五（1886年—1930年），陕西平利人。1922年加入中国共产党。1923年参与领导汉口江汉铁路工人大罢工。1924年以共产党员身份出席国民党一大。历任中共汉口地委委员，孙中山建国大元帅铁甲车队党代表，国民革命军第四军十二师政治部主任，第四军政治部主任。筹划并参加南昌起义，任二十军党代表兼政治部主任。1930年9月在中共湖南省委军委工作时，被国民党杀害于长沙，时年44岁。

1924年1月,廖乾五作为汉口特别区共产党代表,出席中国国民党第一次全国代表大会。同年11月,在广州参与组建"建国陆海军大元帅府铁甲车队"。1925年10月,以铁甲车队为基础,国民革命军第十二师三十四团(北伐前夕改称第四军独立团)成立,廖乾五升任第十二师政治部主任,率部参加了北伐战争,转战湖南、湖北、江西、河南等省,参与指挥攻占平江、汀泗桥、贺胜桥、武昌、马回岭、九江等战斗。

廖乾五担任第四军第十二师政治部主任后,大刀阔斧地开展思想政治工作。1927年4月,率第四军政治部乘火车北上,抵达豫南重镇驻马店后,协助地方成立工、商、学群众组织,成立了图画宣传委员会,绘制和书写大批宣传画、标语、壁报,四处张贴。廖乾五还把政治部宣传队分为7个小队,深入农村,向农民和红枪会成员进行宣传和讲演。由于思想工作的深入细致和军纪严整,第四军官兵宿营时坚持露宿空场,不占民房,遇到下雨群众腾房来请也谢而不进。第四军在北伐战争中能征善战,享有"铁军"的称号,这些都与廖乾五领导的政治工作密不可分。

国共两党和苏联军事顾问对廖乾五在第四军的政治工作成绩给予很高的评价。当时第四军的苏联军事顾问戈列夫在报告中写道:"作战方面最可靠的那些军,恰恰是政治工作特别强的那些军。在国民革命军中最强的是第十二师政治部。政治部主任是共产党员,他是陕西人。大家都把他当作自己人。他很善于在第十二师中组织政治工作,以致在该师的政治工作人员被当作军队大家庭的成员。第十二师政治部无论在本师对战士的教育方面，或在居民中间成立各种社会组织方面，都做了大量工作。"时任中共中央军委书记的周恩来也表扬说："北伐军的许多政治部中，以（第）四军政治部成绩最好。"

北伐战争期间，廖乾五积极组织和支持第四军官兵参加军民联欢会、反帝示威游行、追悼阵亡烈士等活动。1926年8月，英帝国主义制造了万县惨案，1927年1月，又在汉口制造了一三惨案。

1927年1月5日，在共产党员李立三的指挥下，武汉各界30万人民在汉口举行反英示威游行。经第四军军部和廖乾五批准，派出部分官兵参加这次示威游行。在廖乾五主持下，第四军先后以军政治部和全体官兵的名义发出通电，强烈抗议英帝国主义制造一系列流血惨案，声援人民收回汉口、九江英租界的爱国行动。

1月15日，廖乾五主持召开第四军北伐阵亡将士大会。武汉各界人民为了感谢和表彰第四军在北伐战争中的卓著功勋，特地赶制了一面刻有"铁军"两个红字的铁质盾牌，背面写着"烈士之血，主义之花。四军伟绩，威震遐迩。能守纪律，能毋怠夸。能爱百姓，能救国家。摧锋陷阵，如铁如坚，革命担负，如铁之肩。功用若铁，人民倚焉，愿寿如铁，垂亿万年"。市民排着队，敲锣打鼓送往会场。陈可钰、廖乾五在喧天的锣鼓和鞭炮声中接受了这件有特殊意义的赠礼。从此，"铁军"的威名传遍了天南海北。

四一二反革命政变激起廖乾五的极大愤慨。4月15日，廖乾五、张发奎等主持召开国民党第四军各级党部执监委员会议，一致决议"本军全体同志，誓为前锋"，讨伐蒋介石。同时，第四军军部特别党部、政治部分别发出《通电》《宣言》，历数蒋介石从策动中山舰事件到四一二反革命事件一年多之罪恶，呼吁全国民众一致声讨蒋介石，以挽救革命危机。

7月24日，廖乾五将军政治部工作移交军部秘书阳翰笙（中共党员）后，命勤务兵携带军政治部配发的26支驳壳枪，连夜转移到火车站对面的大东旅社。7月31日早上，廖乾五与几名随员登上了开往南昌的火车，等到达南昌已是午夜，他顾不上休息，立即赶往设在百花洲心远中学的第十一军二十四师指挥部，协助师长叶挺指挥部队行动。8月1日凌晨2点多，起义的时刻到来了，中国共产党领导的军队向国民党反动派打响了武装反抗的第一枪。

南昌起义后，中共前敌委员会宣布成立中国国民党革命委员会，部队仍沿用国民革命军第二方面军的番号。廖乾五怀着无比振奋的心情，对一个原第四军政治部的下属说："嘿！巴黎公社式的政府组织起来了，成立了一个革命委员会！"廖乾五被任命为革命委员会宣传委员会委员、二十军党代表。8月3日至5日，起义军先后离开南昌，准备由赣南直趋农运基础较好的广东东江地区建立根据地。

南下途中，正值三伏炎夏，酷热难当，加之医药匮缺，中暑死亡及掉队逃走者日渐增多，但廖乾五充满革命乐观主义精神，勉励青年同志，领导宣传队张贴宣传品，书写"打倒新旧军阀"等标语口号。他和林伯渠、徐特立、谭平山、方维夏等八位年龄较大的同志，每天跟随部队在崎岖险峻的山路上徒步行军，被同志们誉为"八仙"。

10月3日，周恩来抱病召集前委、革委、各军及地方负责干部联席会议，会上传达了中共中央决定，宣布今后要打红旗，分田地，继续战斗。会议根据中央指示精神，决定起义部队立即撤向海陆丰，非武装人员分赴香港或上海；还宣布贺龙、刘伯承、林伯渠、廖乾五等立即离开部队，由香港绕道上海，回中央另行分配工作。午后，会议刚开完，起义军就在乌石地区遭敌伏击，指挥机关和部队被打散。贺龙、刘伯承、林伯渠、廖乾五等带二三百名战士冲出重围后，到达神泉港附近一个村庄。10月7日，彭湃找到关系，让贺龙、廖乾五等换上借来的便服，租了一条大渔船，在海上漂流了三四天到达香港。10月中旬，廖乾五等安全抵达上海，与贺龙、周逸群一起住在新大沽路，和中共中央取得了联系。

1927年10月下旬，廖乾五在中共中央机关担任中央直属机关党小组组长，任务是接待和组织全国各地到中央报到、等待分配工作的党员学习文件，总结革命斗争的经验和教训。随后，廖乾五被分配到中共中央军事部（一度改为中央组织局军事科）工作。由于他在北伐战争中名声大，认识他的人很多，不宜外出活动，因此主要搞机关内部工作。这一阶段，廖乾五抓紧时间读了不少书，回顾总结大革命以来的工作和经验教训，经常和一起工作的同志交谈，教导青年同志从事地下斗争的方法和策略。他虽然年纪大、资格老、威信高，但谦虚谨慎，平易近人，说话幽默风趣，而且为人慷慨大方，喜欢帮助别人，俨然是一位和蔼可亲的老大哥，深受同志们的敬重和爱戴。周恩来很关心廖乾五的工作和生活，曾多次晚上化装到廖的住处去看望他。

1928年春，中共中央派廖乾五到北方工作。他到北平后，立即被国民党特务跟踪，被迫一日几迁，无法开展活动。在高文灏资助下，廖乾五化装秘密离开北平，到密云县暂时隐蔽。当时密云县城驻扎着军阀的部队，廖乾五找不到党的关系，难以活动和立足，只得回到上海，到中央军委工作。

1929年，中共中央又派廖乾五到中共湖南省委从事地下工作。1930年廖乾五在中共湖南省委军委任职，负责兵运工作，不久，不幸被国民党湖南当局秘密逮捕，作为要犯羁押入狱。

廖乾五投身革命多年，出生入死，身经百战，早已把个人生死利害置之度外，因而被捕后任凭敌人威胁利诱，软硬兼施，他都横眉冷对，沉静坦然，绝口不谈党和军队的任何机密。国民党湖南省主席何键惧于廖乾五在军界和民众中崇高的威望和影响，不敢公开审讯，下令将他于9月3日在长沙市郊秘密杀害。

廖乾五没有子女，没有留下遗物，也没有留下遗言。他自1921年起就投身共产主义事业，随时准备献出自己的生命。1927年春，他在筹备铁军阵亡将士追悼大会的启事中写道："革命的流血本来算不得什么稀奇的事，因为没有流血的牺牲便换不到革命胜利的代价，我们后死者对于这个看得十分明白。"他的这段赤诚而豪迈的肺腑之言可算作烈士的不朽遗言。

"总有一天革命要胜利"

陕南革命先驱陈浅伦

陈浅伦（1906年—1933年），陕西西乡人。1928年加入中国共产党。曾任共青团西安市委书记兼宣传部长、中共陕南特委书记。1932年参加了领导创建红二十九军和陕南革命根据地的斗争。1933年2月红二十九军建立后，兼任军长。同年4月1日，遭土匪袭击被俘，4月3日惨遭杀害，年仅27岁。

1932年初，为加强对陕南地区党的领导，中共陕西省委派陈浅伦担任陕南特委书记。回到陕南后，陈浅伦与特委其他同志一道努力恢复、健全党的组织，并开始把党的工作重心由城市转入农村，由知识界转入工农群体，使党的组织得到了巩固和发展。

陈浅伦的公开身份是汉中中学训导主任和女师（女子师范学校）兼职教员，他利用这一身份在学生中进行革命宣传，发展党的组织，开展学生运动。在他的领导下，陕南特委大量地翻印革命理论书籍，在各县立中学出版群众性的刊物，如汉中陕西省属第五中学的《前驱》、城固的《乐园》、洋县的《春雷》等。他还亲自为一些刊物写稿。他在《孤灯》的发刊词中写道："孤灯，孤灯，如日初升，打破黑幕，放出光明。警醒了劳动群众。准备武器，向敌人进攻！"他还在学生中建立了各种进步组织，如"红军之友社""反帝大同盟"等。

1932年5月，陕南特委在各校发动了"红五月斗争"。为了组织这场斗争，陈浅伦深入每个学校进行组织宣传。5月中旬，汉中地区13个学校千余人进行了游行示威，捣毁了国民党公安局，赶跑了反动局长淡栖山。学生的革命行动，大大地震惊了反动当局。绥靖司令部调派大批军警对学生进行镇压。陈浅伦被捕入狱，在监狱里受尽折磨，后来在社会舆论的压力和各方的营救之下，敌人不得不释放陈浅伦和其他被捕成员。

1932年12月，红四方面军进入陕南地区。陈浅伦受特委委托，立即和红四方面军联系，在红四方面军的支持下，陈浅伦和陈子文等人负责领导游击队，不久游击队就发展到1000

余人，经过整编，成立了8个中队，命名为"川陕边区游击队"。这是陕南建立的第一支人民武装。

1933年1月6日，陕南特委做出了关于扩大西乡城固边新的革命根据地，创建红二十九军的决定。陈浅伦立即投入创建红二十九军的筹备工作。他不顾个人安危，多次深入民团内部进行活动，利用他们与国民党军阀之间的矛盾，争取其加入游击队。抓住有利时机对游击队进行整顿，使游击队在思想上、组织上有了很大的提高。1933年2月14日，游击队在西乡红庙子进行了整编，正式成立了中国工农红军第二十九军，陈浅伦任军长。为使红二十九军真正成为一支人民军队，陈浅伦和红二十九军党委其他同志十分重视部队的思想建设和组织建设。在军队内部，陈浅伦积极贯彻民主建军原则，实行官兵一致，废除打骂制度。一次，晚上部队宿营，100多个人挤进一个房子，十分拥挤，陈浅伦把战士们一个一个安排好后，自己和连长却没有地方睡了。于是他找来一个背篓放在火堆前边，把连长叫来，一人靠一面，度过了一夜。第二天清早，战士们看见此景无不感动，一个个称赞说："真是我们的好军长！"他还经常顶班站岗放哨，别人站一炷香的时间，他要求站两炷香的时间。夜晚放哨，他常从自己身上脱下皮大衣披在放哨战士的身上，战士不肯穿，他就说："为了革命，不少同志流血牺牲了，他们能把自己的生命拿出来贡献给革命，我贡献一件皮大衣有什么了不起。穿破了，等革命成功后我们再做新的。"为了提高战士和干部的思想水平，了解红军的性质和作用，陈浅伦在军部所在地马儿岩开办了一所业余学校，利用作战间隙组织干部和部分战士学习政治和文化,讲解红军的性质、三大任务和党的各项方针政策,提高了部队的政治素质。红二十九军的成立、革命根据地和游击区的巩固与扩大,引起了国民党反动派的极大恐慌。

从1932年12月起到1933年5月,敌人对根据地和红二十九军发动了6次围攻。陈浅伦和其他领导成员一起,灵活地运用游击战争的战略战术原则,发扬不怕疲劳连续作战的作风,终于以劣势的装备战胜了数倍于己的强大敌人。这一段时间,红二十九军先后缴获了敌人的手榴弹100余枚、战马两匹,夺回谷子20多石。通过这些斗争,在西乡巴山一带开辟和扩大了面积达250平方公里的根据地和400平方公里的游击区,牵制了敌人的兵力,有力地配合了红四方面军在川北的胜利进军。

在红二十九军的帮助下,地方党组织在根据地内发动和组织群众建立了马儿岩区工农民主政府,张家坝、红庙河、让水田、罗家坪等8个村的工农民主政府,还组织了赤卫队、妇女会、儿童团等群众组织。

工农民主政权建立后,根据地人民在党的领导和红二十九军的帮助下,展开了轰轰烈烈的打土豪分田地的革命斗争,镇压了一批罪大恶极的豪绅地主,打垮了豪绅地主阶级的威风,推动了土地革命的顺利发展。使农民真正从政治上、经济上翻了身。正如当时一首歌谣所唱的:

  虎爱深山龙爱海,农民就把土地爱。
  往年佃的财东地,背不起的阎王债。

种地的人没地种，血汗和泪土里埋。
革命红旗迎风摆，村村建起苏维埃。
分了房子又分地，土地证儿贴胸怀。
种田人有了自己地，睡着睡着笑醒来。

革命运动的蓬勃发展，红军和根据地的壮大与巩固，直接威胁着敌人在陕南的反动统治中心——汉中。敌人对根据地和红军多次进攻遭到失败以后，就变换手法，收买混进革命队伍中的投机分子、神团头子张正万等人，企图从红军内部搞破坏。

1933年3月底，张正万趁红二十九军主力部队驻地分散、军事据点和领导机关守备薄弱的机会，串通同谋者准备进行反革命暴乱。当探知红二十九军在马儿岩召开高级干部会议的重要情报后，张正万和军阀、豪绅共同策划发动马儿岩事变。4月1日，敌三十八军五〇二团和骆家坝民团，分四路向五里坝、五台寺、邱家山、雍家岩等军事据点发动进攻。红军在毫无准备的情况下，被各方面占尽优势的敌人打散。张正万伙同张万贵、曾安发等直奔马儿岩，袭击正在开会的红二十九军领导。由于事先没有戒备，参加会议的部分同志当场牺牲，陈浅伦、李艮等人突出了重围。

突围到磨子坪后，陈浅伦因叛徒出卖而落入敌手。4月3日，敌人将陈浅伦绑在西乡磨子坪扁家梁，以死来威胁他。陈浅伦英勇不屈，慷慨陈词，愤怒地揭露了敌人的丑恶面目。他指着叛徒张正万说："共产党人是杀不尽的，杀了我一个，救不了你们的狗命。你能破坏二十九军，你搞不垮所有的工农红军。你可以打死我,但打不死所有的共产党人,总有一天革命要胜利!"他怒斥敌人:"我们与你们的仇恨不共戴天,再过20年,有人会替我们报仇的,杀死我吧,畜生!"在场的群众呜咽抽泣,他坚定地向乡亲们说:"弟兄们,不要哭,红军不久会回来的。大家要挺起腰杆,咬紧牙关,坚持革命,坚持斗争。"最后他高呼"中国共产党万岁!"的口号,英勇就义。

"男当红军女宣传,革命势力大无边"

列宁小学教师张景文

张景文（1911年—1935年），陕西蓝田人。早年就读于西安的教会学校、陕西省立第一女子师范学校。1928年参加革命，1930年加入中国共产主义青年团，同年转为中共党员。曾任陕甘边革命根据地苏维埃政府妇女委员长，创办了苏区列宁小学，自编课本，并任教师。1935年秋，在陕北错误肃反中被杀害，年仅24岁。

1911年，张景文出生于一个富裕的地主家庭。张家在白鹿原上有良田百亩，张景文的父亲是一个信奉基督教的新派地主。幼年的张景文被其父亲主动送到西安的教会学校读书。张景文从小就有着敢说敢干的直率刚烈性格。在乡间，张景文经常把家里的白馍拿出来送给吃不上饭的穷孩子和讨饭的人。有一年临过年，她自作主张把家里刚蒸的包子拿了许多分送给穷人，她对父亲说："哪怕我不吃，也不能眼看着这些人受饿。"有一次，村里来了一个小商贩，存心欺哄一个不识数的农妇，在一旁的张景文二话不说，上去就踢翻了商贩的担子，折断了秤杆。村里人都说，这女娃将来一定是个有出息的人物。

1928年，张景文考入陕西省立第一女子师范学校（西安女师），在进步教师的教导下，思想更趋进步。当时正是大革命失败后西安革命形势急转直下的时期，西安当局追随蒋介石，向共产党人和革命群众挥起了屠刀，大批革命志士和共产党员被活埋、枪杀。在国民党政府的白色恐怖下，大批共产党员被杀或失踪，也有的远逃他乡，脱离了党组织。在人们谈"共"色变时，早就有进步倾向的张景文却不惧白色恐怖，勇敢地加入了中国共产主义青年团，同年转为中共正式党员。1931年7月，张景文受中共陕西省委委派，冒着生命危险回蓝田传达省委指示，建立地下党组织。

九一八事变后，在共产党的领导下，西安地区的爱国青年学生掀起了声势浩大的抗日救亡运动，各中等学校迅速建立起以党团员为骨干的抗日救国会。张景文当时是女子师范团组织和学生会的负责人，参加了西安学生痛打戴季陶的行动。1932

年4月,当时国民党政府考试院院长戴季陶打着视察西北的幌子来到西安,实际上是奉蒋介石的旨意来兜售"攘外必先安内"的反动政策,压制西安地区革命群众的抗日高潮。为了拍长官的马屁,陕西省教育厅决定在民乐园礼堂召开有各校学生代表参加的欢迎戴季陶大会。中共陕西省委指示西安高中、西安女师及其他学校的党团组织,及时开展针锋相对的斗争。

4月25日,各校师生大约有2000人到会。台上戴季陶喋喋不休地进行反共媚外的演讲,台下张景文等学生纷纷递上条子提出质问,戴季陶支吾搪塞,更加激起学生们的愤慨,现场响起一片高呼"打倒顽固派,打倒戴季陶"的口号声。张景文率先响亮地喊了一声"打!",同学们把早已准备好的石头、砖块、瓦片扔向戴季陶。戴季陶衣服被扯烂,在军警的保护下狼狈而逃,愤怒的学生又烧毁了戴季陶的汽车。

第二天,西安各界学生发起了"驱戴"游行大会,女师学生在张景文的带领下,同前来镇压的反动军警展开搏斗。张景文冲在最前面,最终被捕。

反动当局见张景文只是一个小姑娘,决定单独关押她,张景文却誓死要和其他同学关在一起。由于张景文的父亲是蓝田县有名的绅士,哥哥是国民政府蓝田县的官员,在家族的斡旋下,当局准备先释放张景文,却遭到她的拒绝。最后在地下党组织和社会各界的压力下,张景文与被捕学生终于全部获释。这次事件后,张景文以"第一个出手打戴季陶的女娃"扬名关中,成为西安地区学运领袖。

此后,张景文回到老家,在蓝田县以小学教师身份为掩护,继续从事党的地下活动。在张景文的影响下，张家的女人们全都剪了象征革新的短发，还放了天足。张景文的父亲虽然已经知道了张景文的共产党身份，但却无法阻止这个倔强的女儿。

这个由大地主、国民党、共产党组成的家庭当时经历了怎样的激烈争论，现在已经不得而知，但最终的结果是，张家仍然为张景文的地下活动提供庇护，还专门负责帮助张景文藏匿机密文件。

1933年1月，张景文与丈夫徐国连及蓝田地下党负责人白耀亭、林子屏等再次发动了声势浩大的学生运动，结果4名教师全部被捕。这一次张景文的地下党员身份公开了，家族力量再也不能庇护她了。张景文获释后，与徐国连一起来到了以南梁为中心的陕甘边革命根据地，在刘志丹率领下的红二十六军工作。他们到根据地后，受到了刘志丹、习仲勋等的热烈欢迎。

1934年，陕甘边苏维埃政府成立，张景文担任苏区政府妇女委员长。为了发展苏区教育事业，苏区政府办起了第一所红色学校"列宁小学"，张景文担任教师。她带领60多名学生垒土台、支木架，用窑洞当教室，自编教材，以地面当纸，以木棍当笔，出色地开展起了苏区的教学工作。刘志丹、习仲勋决定成立一支红色宣传队，由张景文带领宣传新思想、新风尚、新路线。张景文带队走村串户，写宣传标语，编诗歌、顺口溜、信天游小曲……至今南梁地区的父老乡亲还记着她自编自唱的信天游："婆姨好、放开脚，长发剪成短发益，男当红军女宣传，革命势力大无边……"群众和游击队员都很喜欢她，亲切地称她"张放心"，意思是张景文办事，大家都放心。

1935年3月,张景文的丈夫在一次遭遇战中不幸牺牲,张景文把仇恨和悲痛埋在心里,继续在反"围剿"的恶劣环境中坚持斗争。1935年秋,红二十五军长征到达陕北。在极"左"路线影响下,开始了一场错误肃反运动,张景文不幸被害。陈忠实小说《白鹿原》中白灵的原型便来源于张景文。

"一定要把敌人打垮"

骁勇善战的红军将领杨森

杨森（1909年—1936年），陕西乾县人。1927年2月，进入西安中山军事学校学习。四一二反革命政变后，加入中国共产党，在陕甘地区从事革命活动。先后担任陕甘游击队骑兵队政委、渭北游击队总指挥部政委、红四十二师骑兵团政委、红二十五军七十八师师长、红二十八军副军长、红三十军参谋长等职务。1936年5月，在东征返回途中壮烈牺牲，年仅27岁。

1933年6月，中共陕西省委派杨森到渭北革命根据地，任游击队政委。这时，陕甘地区革命武装斗争的形势发展很快。7月，杨虎城的骑兵团团长、共产党员王泰吉率部在耀县起义，成立了西北民众抗日义勇军，极大地鼓舞了西北地区人民的革命斗争。渭北游击队在黄子祥和杨森的率领下，来到耀县同王泰吉的抗日义勇军汇合。随后，渭北游击队正式改编成红二十六军第四团，杨森仍任政委。红四团成立后，在渭北苏区周围对敌人展开进攻，消灭了不少反动民团和地主武装，扩大了根据地。王泰吉领导的抗日义勇军，由于遭到敌人的严重打击，被迫退到照金苏区。敌人便集中兵力围攻渭北苏区。为了保存实力，杨森和黄子祥率领红四团也转移到了照金苏区。

9月中旬，刘志丹、王世泰、黄子文等从终南山回到了照金苏区。陕甘边特委决定刘志丹任红军临时总指挥部副总指挥兼参谋长。接着，特委接受了刘志丹提出的红军主力向庆阳、合水、保安等地进军，创建以南梁为中心的陕甘边苏区，地方游击队仍坚守照金苏区的意见，集中主力部队挥师北上。10月18日，部队打开了合水县城，消灭了城内的反动武装，并在毛家沟门一举击溃了陇东军阀赵文治团的围攻。随后，在庆阳的三十里铺又消灭了一支反动民团。杨森在这次战斗中，奋不顾身，指挥战士们英勇杀敌，虽负了重伤，但仍然坚持在担架上指挥部队作战。

11月，陕甘边特委和红军临时总指挥部党委在合水县的包家寨召开了联席会议。会议根据刘志丹的提议，决定成立一、二、三路游击队。同时，决定正式成立红二十六军四十二师，王泰吉任师长，高岗任政委，刘志丹任参谋长，杨森任师党委书记。红二十六军第四团改编为骑兵团，杨森任团政委。抗日义勇军和耀县游击队合编为红三团，王世泰任团长。这次会议是陕甘边革命斗争走向胜利的一次重要会议。杨森在这次会议上积极支持刘志丹的意见。会后，杨森率骑兵团转战南北，帮助二、三路游击队恢复和发展照金苏区。之后，杨森接替高岗任红二十六军四十二师政委。

1934年2月至5月，陕西军阀调集兵力，发动了对根据地的军事围剿。当时，红二十六军四十二师面临数倍于己的敌人，决定由内线转入外线作战。在刘志丹和杨森运筹指挥下红四十二师自南向北，在三个月的战斗中，九战九捷，粉碎了敌人的军事"围剿"，取得了重大胜利。这些战斗解放了陕甘边10多个县的广大地区，拔掉了敌人的几十个据点，推动了关中和南梁地区游击战争的迅速发展。接着，刘志丹和杨森率领部队又在淳化县的三里原消灭了敌团的两个连。在这次战斗中，杨森身先士卒，手提马刀和手榴弹，率领战士冲入敌人的火力点，同敌军短兵相接、勇猛拼杀，虽然头部受了重伤，但他仍顽强地坚持战斗，直到最后胜利。他对党和人民革命事业的赤胆忠心，深深地感动了广大红军指战员，并为大家树立了机智勇敢、冲锋陷阵、奋力杀敌的榜样。

同年7月下旬，杨森率红二十六军第三团挥戈北上，支援陕北苏区红军，粉碎了敌人的第一次军事"围剿"，使根据地和红军得到进一步扩大。这一年的冬天，敌人调集强大的兵力，又向陕甘边和陕北根据地发动军事"围剿"。为了粉碎敌人的进攻，1935年1月27日，杨森率领骑兵团深入到外线作战，以迅雷不及掩耳之势，奔袭长武县城，歼灭了守城的敌人，镇压了一批反动地主、豪绅，截断了西兰公路。这一仗极大地震动了西北的敌人，就连国民党报纸也不得不发表"共匪刘志丹的骑兵团打开了长武县城"的消息，这个报道为中央红军在长征北上途中所获悉，成为党中央和中央红军决定把落脚点放在陕北这一战略决策的重要依据。

同年2月，中共陕北特委和陕甘边特委，在赤源县周家崄召开联席会议，决定成立中共西北工作委员会和西北革命军事委员会。杨森被选为西北工委和西北革命军事委员会委员，继续兼任红二十六军四十二师师长。这时，蒋介石调集陕、甘、宁、晋四省军阀，出动五六万大军，向陕甘革命根据地发动了第二次"围剿"，妄图铲除中国共产党在西北赖以生存的基础。3月，杨森率领部队到了南梁地区，发动柳村原战斗，重创敌人的一个骑兵团。随后，红二十六军四十二师主力北上安定，杨森率骑兵继续坚持外线作战，在东起黄河西岸的宜川韩城，西到甘肃陇东的广大地区，消灭民团武装，摧毁保甲制度和反动政权，起到了牵制南线敌人，配合北线主力红军作战的作用，为粉碎敌人对西北苏区第二次大规模的"围剿"，保卫根据地作出了积极的贡献。

9月16日，红二十五军长征胜利到达陕北和红二十六军、红二十七军会师，组成红十五军团，杨森任十五军团七十八师师长。9月中旬，进剿陕北红军的张学良东北军何立中师，在甘泉县的劳山被我军截击包围。在激烈的战斗中，敌军大部分被红军消灭，敌师长何立中带残部退到一个山峁上固守顽抗。杨森脱掉上衣、光着膀子，一手拿枪、一手持刀，率领士兵，在敌人密集的炮火下前仆后继地冲向敌人，最终全歼顽敌，取得重要胜利。

1936年2月，红军开始渡河东征。杨森率部遵照毛泽东的指示担任沿河警戒，守卫主要渡口，保证东征红军与陕北苏区的后方通道。5月初，东征红军回师陕北途中，杨森奉命带领两个连的兵力担任后卫，阻击晋绥军的追击，掩护中央领导和主力部队安全西渡。在完成任务退到黄河岸边时，晋绥军疯狂地追了上来，并抢占了渡口，红军被包围。面对气势汹汹紧逼而来的晋绥军，杨森坚定沉着、毫无畏惧，脱掉上衣，站在部队前面对战士们说："我们要有勇气，一定要把敌人打垮！"战士们在他的激励下，信心倍增，同晋绥军反复拼杀了3个多小时，终因敌众我寡，不少战士伤亡，杨森也身负重伤，壮烈牺牲。

杨森在短短的一生中，为党、为革命事业无私奉献。他曾前后负伤7次，牺牲时脑部的子弹还未取出。他将一腔热血洒在了黄河岸边。习仲勋、张秀山、刘景范、张邦英赞扬他是"一心一意为人民求解放的共产主义战士""杰出的军事指挥员""红军的楷模"。

"华北危机,吾辈军人岂能等闲视之"

——血战永济的杨法震

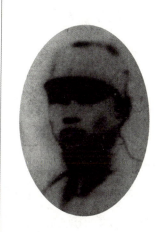

杨法震(1905年—1938年),陕西兴平人。1925年考入武昌中华大学,1926年冬转入黄埔军校武汉分校学习。1927年加入中国共产党。毕业后在国民革命军第六军程潜部任排长,胡文斗部任连长。1929年返回陕西,与地下党组织取得联系。西安事变发生后,受杨虎城派遣任三原县保安大队副大队长。1938年春,调任国民革命军第三十八军十七师一〇二团副团长,开往韩城守卫河防。7月15日捐躯抗日疆场,时年33岁。

1930年，杨法震同朱茂青一起主编《西安日报》，因揭露国民党的黑暗统治，报纸被查封，坐了半年监狱。1931年初，杨法震进入杨虎城部队，任西安绥靖公署督察员。6月，陕西省政府秘书长、共产党员南汉宸派杨法震到凤翔县以查案之名营救被捕的西府联络员陈云樵。1932年，杨法震经南汉宸介绍，与陈云樵一起到兰州行署随营军官学校工作，1934年到汉中三十八军军长孙蔚如部任参议，曾只身去川北调查川军情况，为杨虎城制定对待川军的对策提供了重要情报。

西安事变发生后，杨虎城把十七路军集中到三原、泾阳一带，任命赵寿山为渭北警备司令，派杨法震任三原县保安大队副大队长（大队长由县长、共产党员常汉三兼任），具体负责同红军的联络工作。杨法震到任后，一面整顿地方武装，严惩了一些蓄意中伤红军、制造摩擦的地方恶霸；一面同中共三原县委书记周芝轩取得联系，商定由他和常汉三利用公开身份进行党的日常工作。杨法震带领十几名士兵，骑马迎接远道而来的红一方面军，筹备召开了欢迎红军到三原的万人群众大会。杨法震经常前往泾阳县云阳镇的红军前敌指挥部，邀请彭德怀、任弼时、陆定一、杨尚昆等亲临三原县城举行座谈会，商谈互相合作、支援红军等事项，协调十七路军与红军之间的关系，使共产党的抗日主张为十七路军广大官兵所接受。红军南下进驻泾阳、三原、富平等渭北地区后，他协助红军在三原建立交通站，帮助交通站的工作人员通过十七路军驻地，把大量粮食、布匹、医药等军需物资，从三原顺利运送到红军各个驻地。当时杨虎城、赵寿山决定从三原搞百辆大车的小麦支援红军，杨

杨法震与战友、家人合影（右起第三人为杨法震，第二人为其爱人方向知）

法震同常汉三动员三原军政人员全力以赴，并与地下党组织密切配合，很快把粮车筹集齐备，运往红军驻地。为给红军筹集物资，杨法震拿出了自己的薪金和积蓄。

七七事变后，杨法震大声疾呼："国家兴亡，匹夫有责。华北危机，吾辈军人岂能等闲视之！"一再要求带兵上前线。1938年春，杨法震调任国民革命军第三十八军十七师一〇二团副团长，开往韩城守卫河防。陕西战地服务团组织的学生宣传队到韩城活动，遭到地方反动官绅阻拦。他立即出面支持，地方官绅只得接应。他请来县抗教会的薛子芳举办日语口语学习班，给部队战士教"缴枪不杀""中国人优待俘虏""反对侵略战争"等日语口语，印制日语喊话材料。当他得知山西荣河县抗日游击队急需宣传材料时，立即派人送去数百份。同年4月，十七师一〇二团抽调部分官兵，与陕西保安团的部分官兵组成抗日游击队，由他带领渡过黄河，赴山西作战。在荣河县游击队的配合下，杨法震率队出其不意地袭击日军，使日军屡遭伤亡，迫使其退出黄河一带，取得收复荣河县城的胜利。7月，日军妄图通过黄河防线，大举进攻晋东南。杨法震继续率部抵抗。

7月上旬，日军出动步兵、骑兵、炮兵千余人，大炮20余门，向永济进犯。杨法震率一营兵力在虞乡、黑水村、董家营、北古城一带阻击。全营官兵在他的带领下，同仇敌忾，痛击来犯之敌，使日军攻势受挫。7月15日，日军分三路包围杨法震部队，杨法震身先士卒，冲锋陷阵，击毙日军10多人，激战3小时，给日军重大杀伤。激战中，他腿部、左额、右脑多处受伤，依然奋勇杀敌，不下火线。全营官兵为其精神所感染，同敌人展开殊死搏斗，歼敌甚众，但因众寡悬殊，除少数士兵突围外，其余全部壮烈牺牲。杨法震亦因伤势过重，英勇牺牲。

杨法震牺牲后，西安易俗社以他的英雄事迹编演了秦腔现代戏《血战永济》，轰动西安。他的抚恤金1200银圆，由其父及遗孀方向知在兴平县草堂寺创办了法震小学，以示对抗日英雄的永久纪念。

当时《西北文化日报》对杨法震事迹的报道

"为人民利益而死比泰山还重"

——为人民服务的典范张思德

张思德（1915年—1944年），四川仪陇人。1933年12月参加红军，不久加入共青团。1935年随红四方面军长征，1936年10月随部队到达陕北，1937年10月加入中国共产党。1944年9月5日，在陕北安塞县执行烧炭任务时，即将挖成的窑洞突然塌方，他为救战友而牺牲，年仅29岁。

1932年12月,中国工农红军第四方面军创建了川陕革命根据地。其间,张思德参加红军,1935年随红四方面军长征。在川西茂洲地区,他神奇般地一人夺得敌人两挺机枪,被战士们亲切地誉为"小老虎",一时传为佳话。1936年10月,张思德随部队到达陕北。

1944年,为了打破国民党的封锁,彻底打败日本侵略者,延安边区军民的大生产运动搞得更加热火朝天。这年夏天,上级决定让内卫班的部分同志到延安北边的安塞去烧木炭,以解决枣园机关的冬季取暖问题,指派张思德带领4名同志到安塞县石峡峪村去烧炭。

7月的一天,张思德带领警卫战士背着行李,带着锯子斧头来到了石峡峪村。这里的青冈树木质坚硬,是烧炭的上等原料。为了加快烧炭进度,张思德把同志们分成两组,一组负责挖炭窑,一组砍伐青冈树备料。张思德领着两个战士起早贪黑,很快打出了两眼炭窑。大家把青冈树的树枝树干背到窑前,张思德负责装窑,其他同志继续开挖新窑和砍伐青冈树。张思德把两眼窑装满青冈木后同时点火,等到木炭烧成压火后,同志们也把新窑挖好了,料也备足了,他一个人又去装窑点火。就这样从早干到晚,一刻也不休息。烧炭是个技术活儿,火要烧得均匀,压火要恰到好处。压火早了,烧出来的是"生头",劳而无功;压火迟了,木炭会变成灰烬,前功尽弃。为了掌握火候,张思德吃住都在窑边,晚上也要起来几次,爬上窑顶观察烟色,判断火候。当时没有照明工具,他就在山林里采来一种叫作"牛条条梗"的小灌木,放在窑里烘干,晚上用它来点燃照明。这种"牛条条梗"有油性,点燃后火很旺,也不怕风。同志们都很佩服张思德,说他经验丰富,肯动脑筋。

当地群众烧一窑木炭,一般要10天左右。为在大雪封山前的两个月内完成烧10万斤木炭的任务,张思德和大家就在压火后木炭尚未完全冷却时出窑,把烧炭周期缩短为7天。出窑时窑内温度很高,有的木炭上还有火星儿,烤得人脸皮发痛,大汗淋漓。每次出窑,张思德都把双手包上破布,站到窑的最里边拣木炭。在他的带动下,同志们废寝忘食,日夜苦战。

9月5日早晨,张思德和他的战友像往常一样,继续着他们的烧木炭工作。

天上下起了毛毛细雨,地面湿漉漉的。张思德按平时的分

张思德烧炭

工,把战士分成三组,进山挖烧木炭的土窑。

分工的时候,张思德把自己派到最远处的山场。战士白满

仓也把手高高地举起来，争着要和张思德一块儿去。朱旭明也不甘示弱地说："我也去！"

于是，张思德和白满仓、朱旭明、李喜文为一组，越过石峡峪的庙河沟，翻过一个山脊梁，来到了洞子沟底部东边的山坡上。

这里的炭窑是他们几天前挖了一半的工程，今天的主要任务是继续往里深挖、修整。大家干得很起劲，窑洞也越挖越深，挖到最里面，人只能低着头、猫着腰，干活十分吃力。

张思德在里面挖，白满仓在窑洞口接土和清土。窑洞里空间很小，容不下3个人，朱旭明、李喜文就在离窑洞10多米远的树林里砍树，为烧这窑炭备料。他们砍得大汗淋漓，只等挖好窑后就可以进料了。

白满仓和张思德两人一里一外，互相配合，继续往深处挖。白满仓透过洞口射进去的光线看到张思德的背上已经湿了一大片，就在洞口喊："队长，咱俩换一换，让我进去干会儿吧！"从窑洞里传出张思德瓮声瓮气的声音："不用了。"

这时，天更加阴暗。一阵风过后，毛毛细雨变成了淅淅沥沥的雨点。张思德听到雨下大了，赶紧钻出窑洞，拿过放在窑洞边的一条麻袋披在白满仓身上，说："当心，别着凉。"随后，他又拿上两只麻袋向炭窑对面的山坡走去，给在那儿伐木的李喜文和朱旭明送去了"雨具"。

张思德回到窑洞，见白满仓已经钻进土窑里面干活了，他硬是把白满仓拽出来，自己又操起小镢头，弯着腰，蹲进只有半人高的小窑里在窑壁上刨了起来。

窑外的雨下个不停。张思德和白满仓一个在窑内，一个在洞口，紧张而有序地边干活、边交谈。

后来，雨渐渐停了。中午时分，眼看炭窑就要挖成，突然，窑洞顶上"啪啪啪"地掉下几块碎土。

"不好，有危险！"张思德一把将白满仓推出洞口，随着"轰隆"一声，两米多厚的窑顶塌了下来！

一层厚厚的硬土严严实实地掩埋了张思德全身。战友们将张思德从土窑挖出后，只见他双眼紧闭，脸色乌紫，嘴角渗出血丝，已经停止了呼吸。

9月8日下午2时，警备团团部在延安枣园后沟西北角的操场举行张思德追悼大会，上千人参加。毛泽东缓步登上主席台，怀着沉痛的心情向张思德表达敬意，并做了《为人民服务》的著名演讲。

毛泽东说："我们共产党和共产党领导的八路军新四军，

《为人民服务》讲话台

完全是为着解放人民的,是彻底为人民利益工作的……人总是要死的,但死的意义又不同。为人民利益而死比泰山还重,替法西斯卖力,为剥削人民、压迫人民的人去死比鸿毛还轻。张思德同志是为人民利益而死的,所以他的死比泰山还重……"

毛泽东题写的"为人民服务"石碑

"多夺机枪,多捉俘虏"

威震敌胆的抗日勇士张智法

张智法(1907年—1945年),陕西韩城人。1937年随八路军一二九师三八六旅东渡黄河到达冀南抗日前线。1940年9月后,先后任漳河县武装科长、县副大队长,路南支队副司令、司令员,冀南一、三分区合并后任路南支队副司令员兼任一二九师新九旅二十六团团长,1945年在战斗中壮烈牺牲,时年38岁。

1937年10月5日，八路军一二九师到达韩城县芝川渡口，准备渡过黄河，开赴抗日前线。张智法毅然决定参加八路军，还动员了本村张万贤、张进法一同参军。临走时，他对母亲和妻子说："我要当八路军，过黄河打日本鬼子。"母亲劝阻道："你父亲背了一身账死了，你兄弟又小，你媳妇拖儿带女，你走了全家可咋过活呀！"张智法说："日本鬼子已占领华北，快到山西了，不打败日本鬼子，就会亡国的。"母亲说："不是妈不让你去保国，咱家实在离不了你啊！"一看工作做不通，张智法就和弟弟去给牲口铡草，一边铡草，一边告诉弟弟："你要好好干活，担起家庭生活的重担。"弟弟默默点头。铡完草，喂了牲口，一天的活干完了，他悄悄出了村直奔芝川镇，报名参加了八路军。10月6日，芝秀联保第五保在芝川府君庙欢送张智法等16名青年参加八路军。他10岁的儿子张云赶到芝川镇看望父亲。开完欢送会，张云一头扑到父亲怀里说："大（爸），我婆和我妈叫我看你来啦！"他抚摸着儿子叮咛道："你回家告诉你婆你妈，我一切都好，叫她们不要操心！你要好好念书，长大也当八路军。"说完，与儿子告别。谁知这一别离，竟是永别。

1941年1月，张智法路过敌人的炮楼附近，看见两个伪军拦住一个老头儿，抢走了老头儿手中的土布。老人哭诉道："家中孙子病得厉害，急着买药，请救人一命。"伪军哪管这些，扭头就走。张智法怒火中烧，猛地从腰内拔出手枪，厉声喝道："把布放下！"两个伪军回头一看，只见面前站着一位铁塔似的黑汉，端着手枪，横眉怒目朝他们走来，顿时如五雷轰顶，晕头转向，乖乖放下土布。他像赶猪一样将两个伪军捉走。老头见他虎背熊腰，面目黝黑，威武无比，后来听说他姓张，就亲切地称他"黑老张"。从此"黑老张"的名字便在冀南地区广泛流传。

1943年初，冀南军区政委宋任穷号召各县活捉一名日本兵。张智法经过认真思索，想出了一个出奇制胜的方法：他用一张八大开的白纸糊了一个小白旗，写了一个"黑老张特来拜访"的白纸条，带了一名警卫员，黑夜直奔大名县南八里庄炮楼。到了炮楼附近，张智法让警卫员隐蔽在一棵大柳树后边，自己手举白旗，只身前往炮楼，站岗的日本宪兵态野以为是哪个村的村长给他们送东西来了，连忙放下枪，接张智法递给他的纸条，说时迟，那时快，张智法趁态野看纸条的机会，猛地用麻绳套在态野的脖子上，反背起来就走。到柳树下，警卫员帮他抬上，将鬼子活捉回来。

张智法的行动使鬼子大为恼火，鬼子到处描图绘影，悬赏捉拿他。张智法将计就计，巧布迷阵，出奇制胜。一次，伪军连长向日寇司令报告说："我看见黑老张进了村，请司令派兵捉活的。"日军司令立即率500多日伪军包围了村子，司令部设在村边的黑虎庙里。日伪军进村挨户搜查，却没有发现一个八路军，也没有听见一声枪响。这种沉寂使敌人疑虑重重，生怕中了空城计，又立即撤回黑虎庙。这时，四处的密探纷纷报告："黑老张进了东村！""黑老张进了西村！""黑老张进了北村！""黑老张进了南村！"一时间，风声鹤唳，草木皆兵，日军司令大惊失色，知道自己中计，让伪军留下，自己率兵仓皇逃跑。日本鬼子刚离开黑虎庙不远，猛听一声巨响，庙内枪声大作。原来张智法事先布置了四处疑兵,自己率部从魏河岸边的地道进入黑虎庙,以迅雷不及掩耳之势,消灭了这股伪军,然后手蘸敌血,在墙上写下五行大字:

　　警告日寇司令:
　　堂堂中国不可欺
　　小小日本用血洗
　　今日先来捉汉贼
　　明朝去取儿首级
　　　　黑老张题

日寇听到枪响,立即返回,待冲进庙内,只见血淋淋躺着20多具伪军尸体,单单不见伪连长。这时,张智法早已押着伪连长,从地道钻出,到魏河上乘着小船转移了。

1944年冬,大汉奸、"东亚同盟自治军"军长刘昆纠集所部4个旅1万余人,狂吠要"消灭路南支队,活捉黑老张"。张智法仅率三四百人,在冰天雪地里同万余敌人周旋。他利用敌人的内部矛盾,巧布疑兵奇阵,准确迅速地抓住战机,将部队埋伏在田教村东、西的道路两边,同时派出小股兵力诱敌。当2000多名伪军进村后,村东村西同时向伪军攻击,步枪、机枪响成一片,手榴弹轰天震地,打得伪军血肉飞溅,狼狈逃窜。刘昆的"扫荡"以失败告终。

1944年12月,日寇以两个团的兵力,气势汹汹地向根据地开来,企图在中心根据地安钉子。张智法带领部队积极阻敌两天。敌人恼羞成怒,又从邯郸增调3000人马,增援路南之敌,妄图一举歼灭路南支队。第三天晚上,张智法接到情报,情况紧急。他当机决断,立即撤退。部队巧妙地越过敌人两条封锁沟。为了争取时间，部队不脱鞋淌过刺骨的漳河水，安然到达距根据地80余里的路北西店宿营。气急败坏的日军扑了空之后，又尾追至西店，下午2时，数千敌人已完成了对张智法及所部的包围。当时张智法部仅200余人，敌人十几倍于他们，形势非常危急。张智法沉着、镇静，不慌不忙，指挥有度。他一面安排所部200多人积极构筑工事御敌，一面亲率一个排四面出击。敌人的子弹像雨点似的向村内射来，但未敢冲入村内。这时候部队仅有的两挺机枪，一挺停火，另一挺子弹无几，形势非常严峻。他马上召集连干部开会，命令刺刀班死守村街口，以防敌人冲入。在紧张的战斗中张智法仍是沉着冷静地观察，分析敌情，注意敌人的动向。在侦察敌情时发现村西南角上的日军不过六七十人。于是他果断命令，集中所部精锐，猛打猛冲击溃了西南角的敌人。伪军看到日本兵被打得溃不成军，也一哄而散。

从此，日伪军更怕和张智法交战，在敌人官兵中经常流传着"宁打正规军一个团，不打黑老张一个连"的说法。路南广大群众中也到处传诵着赞扬"黑老张"的歌谣："便衣草帽一支枪，吓得敌人心发慌，要问此人他是谁？就是英雄黑老张。"

张智法在战斗中虽然立下许多战功，可他从不自满，总是虚心地向他人学习。1945年5月，他参加房寨祝捷大会归来后，对以前的战斗做了认真总结，感到过去虽然打过一些胜仗，但多是击溃战，消灭敌人有生力量欠少。根据当时反法西斯战争德国已无条件投降、抗日战争已进入最后决胜阶段的形势，他提出了"多夺机枪，多捉俘虏"的口号。结果，不出两个月，就缴获机枪25挺，俘敌500多人。

1945年7月，日寇进行最后的挣扎。汉奸路景文率2000多日伪军在田教村将路南支队包围。激战中，张智法不幸左臂中弹负伤，但他却一声未响地坚持指挥战斗。政委赵北原发现鲜血从他的袖口流出，就劝他脱离火线。他怕影响部队情绪，死也不下战场，忍着伤口的剧痛，率领3个连猛烈冲杀3里地，重创路景文团，缴获机枪6挺，毙敌200多人。

1945年日军投降前夕，张智法改任冀南军区二十六团团长。在大反攻的进军中，他率二十六团转战在漳河两岸。8月下旬，他亲率一营兵力在北鱼口村的沙河里与百余名日寇展开白刃战。战斗中，他身受三处重伤，仍坚持指挥战斗。后又腿部中弹，血流如注。战士要抬他下火线，他硬是不肯，并说："战士正在拼命，我坐下还能指挥战斗，不能下去！"后来，上级派人强行把他抬下了火线，并迅速转移到馆陶县孩寨村进行抢救。但因失血过多，伤口感染，医治无效逝世。

篇六　勇于牺牲

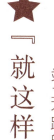

"就这样打吧"
——站立不跪的勇士汪铭

汪铭（1903年—1931年），陕西神木人。1925年加入中国共产党。四一二反革命政变后，被派往太原、晋中等地开展工作，恢复和重建党的组织。历任中共山西临时省委委员，中共山西省委书记、中共太原市委书记等职。1929年，由于叛徒出卖，不幸被捕。1931年，英勇牺牲，年仅28岁。

1925年，五四运动已发生六年了，神木的学校仍在尊孔、读经。汪铭等利用春节，组织神木旅外学生演新剧，有反对军阀混战的话剧《可怜闺里月》，有嘲讽旧教育制度的双簧剧《私塾一瞥》，还有宣传人道主义、反对剥削的童话剧《麻雀与小孩》，使神木县市民耳目一新。1926年暑假，汪铭利用北伐战争节节胜利的大好形势，在家乡领导神木人民反对苛捐杂税、土豪劣绅，并将斗争中涌现出的一批积极分子，吸收为共青团员，在神木建立了共青团组织。

1926年7月，从省立一中毕业后，汪铭在山西继续从事国共合作工作。1927年蒋介石、汪精卫背叛革命后，山西阎锡山也开始反共、"清共"，一次就逮捕了几百人。山西党的组织受到了很大破坏，省委书记王瀛及许多同志英勇牺牲。1927年7月，汪铭临危受命，化名王德昌，以省委特派员的身份，赴祁县建立党的工作基地，并督导晋中一带党组织的工作，恢复和重建党的组织，成立了中共祁县县委、中共山西临时省委驻祁县办事处和由共产党人领导的国民党祁县党部。1928年4月，汪铭任中共山西省临时省委委员。之后党组织为了保护和培养干部，派汪铭到苏联学习。

1928年6月，汪铭参加了在莫斯科召开的中共第六次全国代表大会。1928年秋，除汾阳、霍州、安邑、夏县、赵县等少数县还保存了党的组织外，其他各地均遭严重破坏。在这个紧要关头，党中央派汪铭回山西，恢复和开展党的工作。汪铭在北伐战争时曾公开活动过，山西许多人认识他，这对秘密工作很不利。但是，他不顾虑个人安危，服从党组织的决定，毅然回到山西。他在山西经过一段时间调查研究以后，于1929年初到上海向党中央汇报工作，并送上《汪铭来的任务与对中央的要求》的书面报告。他认为，在山西群众中蕴藏着强烈的革命热情，党中央根据汪铭的汇报和会议讨论的结果，于2月2日写了对山西省委的指示信。周恩来在《在白色恐怖下如何健全党的组织工作》一文中曾提及这封信。

2月间，汪铭回到山西，担任中共山西省委书记。3月4日他给党中央写了报告，汇报了山西的情况和工作计划。周恩来于3月25日为党中央起草了《中央给顺直省委并汪铭同志的信》，信中指示，在白色恐怖下，"领导同志走入工厂农村社会中，寻找职业，深入群众，以恢复和建立党的组织。""整顿地方工作的程序，应先从中心区域做起，如太原、阳泉、绛州、榆次、河东诸地……目前第一步工作，便应先在这些地方寻找有社会关系的同志，建立党的基础。工作恢复开始，党员的线索并不求多，重在质量的选择，要有一人能得一人之用。"

1929年4月，中共太原市委成立，汪铭任书记，同时担任中共顺直省委驻山西特派员，负责指导山西中路地区党组织。针对山西党组织屡遭破坏的严重局势，汪铭根据党中央和顺直省委的指示，深入太原兵工厂等处，发动工人群众，进行革命活动，建立党组织。6月2日，汪铭到了运城，找到了河东特委。河东地区在大革命时期就建立了党组织。两年前，该地区组织过猗氏县几万人反对恶霸、地主、官吏的斗争。后来，由于党的负责人被捕，上级指示不能下达，各县没有支部，党员星散各处，未形成核心力量。汪铭了解情况以后，找到了运城中山学校的校长嘉康杰。嘉康杰一直同情革命，反对国民党，大革命失败后，保护了不少进步教师和学生。汪铭对他进行考查后，发展他加入了中国共产党。6月7日，汪铭在运城召集了河东党员会议，把河东特委改为河东特别支部，嘉康杰当选为特支书记。特支负责领导运城、夏县、安邑、闻喜、解县、绛县、绛州（即新绛）7县党的工作。

1929年7月10日，汪铭从旅馆出来，走到羊市街，遇到叛徒带着国民党的便衣队，不幸被捕。敌人妄图从汪铭身上打开缺口，把山西省共产党组织一网打尽，并由国民党在山西的右派头子苗培成亲自审讯。汪铭到过党中央和顺直省委，联络地点全知道，山西省委和基层组织的情况更是一清二楚。但是他严守党的机密，一字不漏。此间，党组织和乡亲们积极展开营救活动，后来找到汪铭的同乡出面保释。狡猾的敌人却提出必须保证决不当共产党员，才能出狱。汪铭宁可失去自由，也不出卖信仰，拒绝了这个无理要求。

1930年中秋节前后，太原被捕的人中有人供出了汪铭是山西党组织负责人的身份。敌人马上把汪铭从公安局看守所转移到国民党省党部进行审讯。敌人对他施用酷刑，开始由两个敌兵压杠子，一直增加到八个敌兵压。汪铭宁死不屈。敌人又用金钱、官位引诱，摆上珍肴美酒"软化"，均被汪铭拒绝。

汪铭受酷刑后，身体十分虚弱，但是他仍然利用一切可能的机会进行工作。他常对难友们说，一个人的官司好打，众人的官司难打。让大家联合起来，团结一致，同敌人斗争。他还写了不少诗词，抒发自己革命的激情。1931年7月30日，他在自己照片的背面写了一首新诗,题为"纪影",控诉旧社会的残暴,并把它传递给难友们看,对大家进行革命气节教育。

汪铭身陷囹圄,又在病中,但他的心仍然想着党,想着人民,想着难友。他把家里送来的衣物和食品,送给急需的其他同志。敌人看管很严,他就利用吃饭、放风、上厕所的机会,悄悄地送给他们。就义前,他被押上囚车,仍念念不忘难友们。他偷偷地嘱咐国民党士兵把他穿的羊皮袄里藏着的银洋取出来,并说:"你们把这些银洋拿去,与我们的同志分用吧。"10月31日早晨,敌人把汪铭秘密押到太原小东门外。汪铭到了刑场,站立不跪,从容镇静地说:"就这样打吧!"

"革命不怕死,怕死休革命"

韩城赤卫队队长高德辉

高德辉(1909年—1932年),陕西韩城人。1927年加入中国共产党。1929年春,受党组织派遣回到韩城,积极发展地下革命力量,带领农民同国民党县长谷朝宾进行斗争。1930年,受党指示,在李象九(共产党员)部队,任学兵营一连连长。1931年,任察哈尔省民政厅科员,继续从事地下革命活动。1932年5月,根据县委决定秘密建立韩城赤卫队,任政委,密切配合陕甘游击队开展土地革命。后省委派他以特派员身份,去商洛杨虎城部搞兵运工作。11月,返回韩城恢复游击队活动,由于本村地主的告密,被敌"清乡团"逮捕。12月19日,在城南澽水桥畔英勇就义,年仅23岁。

1929年，高德辉经党组织同意考入陕西省政府设立的农村自治人员训练所，其间被派到韩城，负责筹办农村自治人员训练。当时，正逢大灾荒，饥民遍野，饿殍载道。韩城的国民党县长谷朝宾横征暴敛，不恤民艰，韩城人民不堪其虐。中共韩城临时县委利用"农村自治"的合法地位，同谷朝宾进行斗争。同年6月的一个晚上，在没有任何证据的情况下，谷朝宾逮捕了高德辉，罗织罪状，押送西安，企图置高德辉于死地。在陕西省军事裁判处第一次受审时，高德辉质问法官："为什么原告不出庭？"并揭发了谷朝宾在韩城的种种罪恶行径。后来虽经几次审讯，高德辉始终理直气壮，问得法官无言答对。在没有证据的情况下，10月份，高德辉由亲友取保开释。

1930年，李象九部队途径韩城时，招募了一个学兵营，经韩城县委同意，高德辉担任了第一连连长，后来长途跋涉到河南新郑黄尚桥前线与蒋介石属下的夏斗寅交战，因寡不敌众，讨蒋失败，高德辉郁郁返乡。1931年，高德辉的父亲高士龙应察哈尔民政厅长许崇儒邀请任厅秘书。高德辉为侍奉老人，任厅科员。同年5月，因与地下工作者通信，被敌查获，遂遭逮捕。国民党察哈尔省党部组织了以省主席刘异飞为首的党、政、法院会审。8月15日开庭审讯时，群众听说省主席亲审共产党案，视为重大新闻，前来观看，民政厅的职员也来围观，街道和房屋上站满了人群。提审的军警荷枪实弹，如临大敌。高德辉却神色镇定，态度自若，见了民政厅的人员，还点头招呼，对于军警的制止，根本不予理睬。面对布置得像阎罗殿似的会审，高德辉义正词严，答辩如流。他质问省主席："我是省主席民政厅领导下的科员,有人诬告我是共产党员,那你们不都成了共产党吗?"问得满堂法官瞠目结舌,面面相觑。最后,省主席不得不批示:"具保开释,民政厅除名,限期离开察哈尔。"

8月下旬,历经磨难的高德辉返回家乡韩城,以教书为掩护,在本村创办农民夜校。他把60多名学员编为4个小组,先扫盲,后设珠算课,还给学员们上军事课,并教学员们唱反帝歌曲。晚上散学后,歌声四起,经久不息。他言传身教,把青年朋友团结在自己周围,用浅显易懂的方法,给他们讲时事,宣传革命思想,不断启迪学员的政治觉悟。在他的教育引导下,30多个学员对中国共产党有了初步的认识,还组建了贫农会,秘密传播中共韩城县委的《火星报》和陕西省委的《斗争与学习》,为建立韩城赤卫队打下了基础。

1932年春,中共陕西省委指示韩城县委"建立农民武装,成立赤卫队,开展打富济贫,迎接中国工农红军陕甘游击队"。韩城县委决定由高德辉和徐岱云负责,秘密筹建赤卫队。5月初,县委在上官庄学校召开扩大会,宣布成立赤卫队,任命高德辉为政委,徐岱云为大队长。高德辉组织队员学习党的政策和军事知识,宣传武装斗争、抗粮、抗款、抗捐和打土豪、吃大户的重大意义,队员人数逐渐增多,为迎接陕甘游击队来韩城开展游击战争做了积极的准备。

6月上旬,刘志丹领导的陕甘游击队到达韩城,高德辉率队前往欢迎。游击队总指挥刘志丹和政委黄子文向他们传达了陕甘游击队来韩的任务是:扩大红军政治影响;发展东府游击战争,协助地方组织民众武装;打土豪分粮食,救济贫苦农民。游击队还给赤卫队赠送了13支枪。赤卫队配合陕甘游击队先后在芝阳镇西英、上官庄、北寿寺、东西赵庄、高家坡等村打击了几家民愤极大的恶霸地主,向贫苦农民分配了粮食和衣物。

陕甘游击队和韩城赤卫队完成预定任务后,撤到巍山一带休整。上巍山后的第二天,国民党陕西警备第三旅与第四十二师两个团围攻巍山。陕甘游击队和韩城赤卫队同敌人进行了英勇顽强的战斗,从早上8点钟一直打到下午3点钟,给敌人以沉重打击。终因力量悬殊,陕甘游击队和赤卫队又后撤到香山寺。刘志丹连夜召开游击队和赤卫队负责人紧急会议,指示赤卫队立即分散隐蔽,以保存实力。6月12日,陕甘游击队回师陕北。

6月13日晚,韩城县委在芝阳镇北寿寺村党员段绳祖家召开扩大会议,主要研究陕甘游击队走后如何进一步开展工作,巩固成果,稳定群众情绪等问题。会议一直开到次日黎明,会后分散撤离。国民党进村,一无所获,气急败坏地抓走18名群众,制造了北寿寺六一四惨案。之后,敌人更加疯狂,搜捕、镇压革命。在白色恐怖下,高德辉他们在韩城难以立足,经省委同意后先后离开韩城。

高德辉到西安后,省委派他以省委巡视员身份,去商洛杨虎城部做兵运工作。为了与战友们联系,恢复韩城游击工作,他由商县出发,于11月10日晚回到家乡韩城,准备召集战友,重整武装。本村反动地主李仲文发现后,密告了国民党县政府及"清乡团"。第二天,敌人包围了高家坡,高德辉被逮捕。

高德辉被捕后，国民党韩城县县长白子玉放话说："只要高举人（高德辉之父高士龙）见我一面，便可不判死刑。"有人劝高举人向白县长低头求情。高士龙老先生听后愤怒至极："蛆虫得志，便不可一世，我儿成阶下囚任其处决，我不能为人父而做软骨头。"家人劝他进城为儿说情，却遭斥责，他义正词严地说："宁愿断嗣绝后，也不向白子玉低头！""革命不怕死，怕死休革命！"高德辉也拒绝营救，视死如归。

敌营长潘禹九对高德辉软硬兼施始终未得逞。为了邀功请赏，他直报西安绥靖公署，申请将高德辉就地枪决。高德辉的生命危在旦夕，但他仍然把个人的安危置之度外。地下党员白云峰前来看望时，他说："告诉同志们，不要为我的不幸而悲伤，要顽强地战斗下去！我们是不怕死的，革命就是把头提在手里……"

1932年12月19日，敌人将高德辉押赴县城南桥刑场，并在城里街道及南桥一带密布岗哨，戒备森严。高德辉沿街大骂刽子手潘禹九："杀了我一个高德辉，也挽救不了你们灭亡的下场，共产党人是杀不绝的！"高呼："打倒国民党！""打倒蒋介石！""中国共产党万岁！""中国工农红军万岁！"挺胸昂首，毫无畏惧之色，英雄气概令街道行人叹息落泪。濛水桥畔，高德辉从容就义、气贯长虹。

1961年2月4日，我国著名作家、《义勇军进行曲》的词作者田汉来韩城，参观了烈士陵园，有感赋诗，对高德辉的英勇事迹倍加赞扬：

　　烈士陵园一纵观，四山飞雪湄水寒。

沿河万众安田井,只为群贤呕肺肝。
作栋成仁风未远,德辉殉国血犹丹。
不催园觉催前进,今古钟声不一般。

"争取言论、出版自由"

凤州之子赵德懋

赵德懋(1908年—1935年),陕西凤县人。1930年加入中国共产党。先后担任陕南特委《前驱》刊物主编,"汉中学生抗日后援会"常务委员、主任委员等职,曾多次组织和领导汉中学生游艺会,宣传中国共产党的抗日救国主张。1935年2月4日,领导了震撼西北的天水第三监狱暴动,后在与包围之敌战斗中牺牲,年仅27岁。

1924年，赵德懋考入西安省立单级师范学校。1926年4月，军阀刘镇华围攻西安，学校被迫放假，赵德懋回家帮哥哥种地。在农村劳动的一年多时间里，他深刻地体会到劳动人民的艰辛和剥削阶级的残酷。这种社会的不公平，使他如坐针毡，他决心继续外出求学，立志寻求一条救国救民的道路，以改变这种不公平的社会现象。

1928年春，赵德懋与妻子翟碧莲赴汉中求学，赵德懋考入省立第五师范学校，翟碧莲入汉中女师学习。其间，他如饥似渴地阅读了《共产党宣言》《俄国十月革命史》等马列著作和《新青年》《向导》等进步书刊，明白了只有中国共产党才能救黎民百姓于水深火热之中，只有共产主义才能救中国的道理，便下定决心跟共产党走，为共产主义奋斗终身。

1930年上半年，赵德懋经同班同学、共产党员黄勉初、何玉然介绍，加入了中国共产党。入党不久，他被选为学校党支部组织委员和中共陕南特委委员。同年10月，中共陕南特委决定创办公开刊物《前驱》，赵德懋担任编委，并负责印刷和发行工作。他经常背上刊物和书籍到各学校去宣传和推销。由于他多才多艺，又善于接触群众，在学生中享有很高的威信，不仅被选为学生自治会的负责人，还担任了"汉中学生联合会"的常务委员。11月，中共陕南特委利用阎、冯倒蒋之机，组织汉中五师、女师、职校、五中、联中、南中六校500余名学生，在赵德懋、王新德领导下开展了揭发国民党黑暗统治、打击国民党官员的运动。

九一八事变后，中共陕南特委领导学生掀起了大规模的抗日救援活动，并在原学生联合会的基础上，成立了"汉中学生抗日后援会"，赵德懋先后担任该会的常务委员和主任委员。同年10月，赵德懋受特委的指示，领导汉中学生在汉台组织游艺会，宣传中国共产党的抗日救国主张，痛斥蒋介石的不抵抗主义，同时组织抗日募捐。群众从四面八方赶来观看演出，并争先恐后地为抗日捐款。南郑县长温天伟见此情景，十分恐慌，急忙派来大批军警，以执法队的名义维持会场秩序，监视学生的爱国行动。执法队员借口殴打赵德懋，试图破坏抗日宣传和募捐。赵德懋强忍着疼痛，指挥学生纠察队维持场内秩序，命令文艺队继续演出，敌人的阴谋没能得逞。

事件发生以后，激起全市学生的强烈义愤，特委决定借此机会，再次掀起学运高潮。共产党员陈文华、何玉然找来一台油印机，在赵德懋家中刻印了大批传单，广为张贴散发，揭露国民党政府以暴力镇压学生爱国运动的事实，愤怒谴责反动政府的罪恶行径。同学们罢课、游行、到县政府门前示威……温天伟慑于群众的威力，以假亲善的手段，到赵德懋家道歉，并送来了医疗费。然而，学生们的斗争并未停止，严惩打人凶手的呼声越来越高，迫于压力，国民党政府撤了温天伟的职，斗争取得了最后的胜利。

1932年冬，陕南特委派遣赵德懋回家乡凤县开展地下工作。1933年2月，赵德懋在岳父翟象仪的帮助下，进入凤县西街小学任教，并先后发展白三复、马俊武、龙芳声等人入党。同年农历四月中旬，在凤州城西门外成立了中共凤县支部，赵德懋任书记。中共凤县支部成立后，赵德懋一边积极发展党员，一边组织党员和进步学生深入农村进行社会调查,发动群众开展抗粮、抗租、抗税、抗捐、抗兵的"五抗"斗争,凤县地区的革命斗争轰轰烈烈地展开了。同年农历九月十九日,国民党凤县政府察觉西街小学有共产党员活动,派兵搜查,赵德懋被迫离开凤县躲避,后在甘肃天水被捕入狱。在狱中,赵德懋不断向难友宣传党的抗日政策,成立了党小组,并计划暴动越狱。1935年2月4日(农历正月初一)深夜,赵德懋与其他共产党员一起,夺取了看守的6支长枪,组织100多名难友成功越狱。在向陇南山区开进途中,被敌胡宗南部包围。战斗中赵德懋英勇就义。

赵德懋与妻子女儿合影

"我们的武器是用于抗日打鬼子的"

——牺牲在安边城的红军勇士谭忠余

谭忠余（1906年—1936年），上海宝山人。1923年参加红色工会。1925年五卅运动中参加上海工人纠察队。1927年3月，参加上海第三次工人武装起义，并加入中国共产党。四一二反革命政变后，参加中共中央军委直属的特务工作科，不久调入中央特科行动科，成为特科前期的主要干部。1932年被派往苏联学习。1936年，回国途中在定边县被反动民团逮捕，后被杀害，年仅30岁。

北伐战争期间，谭忠余参加了由中共在上海领导的3次工人武装起义。此后参加中央特科行动科，担任顾顺章的助手，成为特科前期的主要干部。

1931年4月，顾顺章被捕叛变，谭忠余在周恩来的直接领导下任中央特科三科科长，负责党的保卫锄奸工作，领导和参与了多次惩处敌特叛徒和奸细的红色风暴行动。同年6月，中共中央总书记向忠发被捕叛变，中央离开上海，谭忠余到鄂豫苏区，任红二十六师政委。

1932年初，谭忠余回到上海，中央遂派他化名周平去苏联学习。1936年春，继张浩、阎红彦、刘长胜成功回国之后，驻共产国际中国代表团派谭忠余化名陈平信，携带大功率电台等器材，肩负恢复共产国际和中共中央电台联系的重任，从苏联经蒙古国回国。

谭忠余一行6人扮作蒙古商人，牵赶13峰骆驼，将电台与武器藏在骆驼驮着的皮毛之中，于3月29日到达安边堡东南李寨子。一峰骆驼累倒，他们将物资重新整理后，丢弃了倒地骆驼和多余的废木箱，继续前行到苏区交界处的田大山（俗称"喇叭山"，今学庄乡高庙湾、耿庄一带）休息。途经李寨子的团丁发现了奇怪的木箱，遂报告了正在崔崾崄向群众摊粮要草的安边民团队长武占魁。武占魁带领20余民团人员追到田大山，向谭等6人发起进攻。6位同志当即抢占了喇叭山，利用有利地形向这伙匪徒还击，打得匪徒们龟缩在山脚下寸步难行。武占魁派人向安边民团团总王子元送信，请求派兵增援。恰巧这时，国民党定边县县长李德庵也在安边进行活动。王子元接到武占魁所谓"十二万分火急"的信后,和李德庵当夜召开紧急会议,进行策划和部署消灭6名红军战士的罪恶阴谋。王子元命令其骑兵队长周桂堂、第二联保主任张永汉(外号人称张大鼻子)带领所有骑兵,星夜出城,增援武占魁。

第二天,周桂堂、张永汉带领60多个亡命之徒赶到耿庄,开始向喇叭山头发起疯狂的进攻。6名红军战士为了有力打退敌人的进攻,保存实力,赢得时间,争取苏区红军接应,便在山上挖下工事,进行了英勇的反击。张永汉这时向周桂堂说:"老兄,以我看咱们硬打硬拼不是个办法,不如将红军哄下山来,然后再慢慢消灭他们,你看如何?"周桂堂一听便说:"妙计!"随即命令匪徒停止攻山,并放开喉嗓大喊,让红军派人下山谈判。坚守在山头的红军听到山下敌人喊话,就停止了还击,谭忠余走下山坡跟敌人进行谈判。谭忠余见到周桂堂一伙后,向他们宣传红军北上抗日的道理,讲解我党的政治主张,要求撤兵,无条件放行他们过河到苏区去。这时,周桂堂公开耍赖,厚着脸说:"只要你们将所带武器全部留给我们,我们就让你们马上过河去到红地。"谭忠余严词拒绝,说:"我们的武器是用于抗日打鬼子的,决不能送给你们这些不抗日光害群众的人。"正当谭忠余与周桂堂说话的时候,张永汉带着几个团丁偷偷地从侧面溜上山头,妄图山上山下一齐动手,缴夺红军战士的武器。周桂堂一见张永汉爬上了山头,以为他们的诡计得逞,又见谭忠余拒绝了他的无理要求,鬼脸一吊,恶狠狠地命令手下将谭忠余绑了起来。

之后,周下令攻山,山上红军战士英勇还击,多次击退敌人进攻，经过两天战斗，两名红军战士英勇牺牲，其余三名战士砸毁电台，趁天黑突围撤退。由于地理生疏，迷失方向，竟一路向北（应向南面苏区）行至堆子梁村瓦窑坑，被堆子梁天主堂教民张宗库发现并报告给了神父高明道（比利时人），高立即派出联保主任张志清带领教堂武装教徒张培德、邵文彬、冯进贤、李仲海等十几人，围堵红军战士，双方发生枪战，两名红军牺牲，另一名红军弹尽力竭在庙湾牺牲。

谭忠余被带回安边城关押。伪县长李德庵一伙用软硬兼施的卑鄙手段，多次对谭忠余进行劝降，均遭到严词拒绝和斥责。李德庵无计可施，无可奈何地叹息道："共产党人真是些铁石心肠，他们的意志比钢铁还硬，真叫我李某束手无策。"于是他将谭忠余下到狱中，加了脚镣手铐。谭忠余在狱中，忍受酷刑，坚贞不屈。他向狱中难友们宣传党的政治主张和"停止内战，一致抗日"的道理，并组织狱中难友同敌人进行反迫害反虐待的斗争，把李德庵这一伙搞得狼狈不堪。

1936年6月，西征红军右路军在徐海东、程子华指挥下，将安边城围困了个水泄不通，龟缩在孤堡里的李德庵和三边土匪民团头子张兰亭（即张鸿儒）、张廷芝父子，妄图抗拒红军西征，保住他们摇摇欲坠的反动统治，经过一番密谋策划，决定将谭忠余押上城头，让谭忠余做反宣传，以影响红军攻城士气。谭忠余走上城头对城下的红军战士讲明身份，并高呼口号，鼓励红军战士英勇杀敌，不要管他。中共中央闻讯后对此十分重视，毛泽东特意调遣中共天津市委组织部长杜培荣前往安边设法营救。未料反动民团头领张鸿儒害怕动摇军心，假借王子元之名将杜培棻骗至南城墙下，派人暗中用手榴弹将其炸死。谭忠余终未得救，后在一个深夜被杀害于安边城。

"战胡匪奋不顾身 捐躯疆场"

渭北群众领袖黄子文

黄子文（1909年—1947年），陕西三原人。1926年在上海加入中国共产党。1927年3月参加上海工人第三次武装起义，后入黄埔军校武汉分校学习。曾任中共三原县委委员，中共三原特支书记，中共陕西省委候补委员，中国工农红军晋西游击队政委，陕甘游击队第五支队政委，中共渭北特委常委、渭北革命委员会主席，陕甘边区游击队总指挥。1947年，以三原县陵前乡乡长身份作掩护，率乡自卫队起义。1947年，在小道口战斗中负伤牺牲，时年38岁。

1947年5月9日，黄子文率领的陵前起义部队被改编为渭北总队第一支队，黄子祥任支队长，黄子文任副支队长。10日，党组织为加强对一支队的领导，派杨顺玉任第一大队副大队长，刘多荣任第二大队政治指导员。11日，调来张孝德任支队政委。6月初，黄子祥调任渭北游击总队任副司令员兼参谋长。

不久，习仲勋电报指示："环境好时，部队到渭北平原活动，环境坏时，部队拉回边区休整。"随后，一支队在黄子文等人的领导下，凭着对社情、民情、地理环境熟悉这一优势，活跃在渭北的三原、泾阳、富平、耀县、铜川、淳化一带，袭击敌人运输线，破坏通信设施；摧毁敌地方政权，除暴安良；宣传革命，建立人民政权；配合主力部队，歼灭敌军有生力量……一支队转战在游击区和国统区，使敌人胆战心惊。

黄子文派出几个熟悉地形、有爆破经验的战士，采取声东击西的办法，在很短的几天时间内，破坏了三原境内柏社乡岩窑至狼沟敌人封锁线上的碉堡15座，接连7次破坏敌架设在三原通往耀县、洛川等地的电话线，收割电话线450斤，使敌人的通讯一度中断。当"渭总"一、二支队进驻三原、耀县一带时，黄子文又派一支队参谋慕天祥带9名战士，向三原、富平交界的公路沿线出击。

6月24日，渭北总队司令员谈国帆带一、二支队在陵前小道口与敌董风文保安团遭遇，黄子文指挥一支队利用地形，向敌反击，打死、打伤敌人20余人，缴获机枪1挺，长枪10支，余敌仓皇逃窜。战斗结束后，黄子文与刘学成、刘汉成一边打扫战场，一边观察侯家堡乡公所的动静。当他们走到村北的大槐树下时，一颗罪恶的子弹射中了黄子文的头部。刘学成见黄子文倒下了，吃惊地抱起他，与刘汉成一起给他包扎伤口，血从伤口不断流出，渗满了包扎布。刘学成心如刀绞，泪水盈眶。他见谈国帆向北走来，忙喊："谈司令，二哥受了伤，不会说话了！"谈国帆吃惊地跑上前来，见黄子文伤情严重，马上找到黄子祥和二支队队长杨汉山，商议后，立即抬着黄子文向北转移。26日，黄子文在转移途中，牺牲于耀县境内的烟当村。

黄子文牺牲后，广大指战员无不伤心落泪。大家怀着万分悲痛的心情，将他安葬在他曾经战斗过的凤凰山下。"无产阶级革命坚强忠诚的战士""渭北革命根据地的创始人之一""渭北群众的领袖"，黄子文牺牲后，党和人民给予他崇高的荣誉。为了告慰忠魂，党组织于1950年将黄子文的灵棺移于陵前乡甘涝池村。中共中央西北局、关中地委、三原县委及各区都送了挽联。关中地委的挽联上写着："为人民毕生奋斗历尽艰险；战胡匪奋不顾身捐躯疆场。"这幅挽联正是黄子文一生的写照。

"要死就要死在战场上"
西府总队作战参谋彭修

彭修（1907年—1949年），陕西扶风人。1929年扶风县立高小毕业后，加入冯玉祥部队，任录士、文书。1930年在江西加入中国工农红军。1932年加入中国共产党。1934年10月随红五军团参加长征。1936年返回扶风，从事党的地下工作。1948年被任命为扶风县游击大队副大队长、中国人民解放军西府总队作战参谋。1949年1月，率西府总队接应郝登高率领的起义部队，在旬邑县张洪镇与敌遭遇，英勇战斗，不幸壮烈牺牲，时年42岁。

1929年夏季，彭修高小毕业。当时关中地区正遭年馑，国民党的苛捐杂税却有增无减，百姓啼饥号寒，饿殍遍野。目睹这种惨状，彭修忧愤难忍、夜不能寐，遂奋笔疾书"吾侪非等闲，投笔当从戎"的豪言壮语，怀着救国救民的强烈愿望，辞别新婚未满一月的妻子，投奔西北军冯玉祥部，开始了戎马生涯。

1930年12月14日，二十六路军1.7万余名官兵，由董振堂、赵博生率领在江西宁都举行起义，宣布参加中国工农红军，被编为红一方面军第五军团。1934年10月，红军主力开始进行长征，在甘肃河西走廊同国民党军队浴血奋战，在突破乌江、四渡赤水、强渡大渡河等各次战斗中，彭修都冲锋在前，英勇善战。

1936年彭修因革命需要返回家乡扶风，继续开展革命工作。1938年，同地方党组织取得联系后，他一面从事教育工作，一面在党组织领导下，秘密进行革命活动。他以教师身份为掩护，先后在豆会、四家堡、高望寺、县城西街、西官村等学校任教，教书期间，他经常宣传中国共产党的方针政策。1948年，组织任命他为扶风县游击大队副大队长，指挥地方武装反击敌人"清剿"。同年10月，他被任命为中国人民解放军西府总队作战参谋。随后，彭修奉西府地委指示，带领扶风县游击大队30余名武装人员，护送一批地下党的干部和进步青年安全进入陕甘宁边区关中分区。

1949年1月，在中共关中地委、关中军分区的争取和帮助下，国民党旬邑县县长郝登高同关中军分区秘密达成协议，准备率保安团400余人起义，参加中国人民解放军。关中地委命令关中军分区二十一团、西府游击总队、渭北游击总队以及旬邑独立营2000多人，由关中军分区司令员陈国栋统一指挥，做好战斗部署，接应起义部队。西府游击总队政委吕剑人、副司令员张占云指挥二十一团和西府游击总队，于16日在张洪镇西南部设下埋伏。17日凌晨，一架敌机突然凌空出现，盘旋侦察，紧接着大批骑兵蜂拥而至，黑压压一片迅速冲上张洪原，向我军阵地发起猛烈进攻。面对突然出现的敌情，西府游击总队命令第一支队组织火力迅速抗击，掩护兄弟部队撤退。但敌军依仗骑兵的速度优势，又有众多步兵的配合，加上武器装备精良，很快就冲到我军司令部阵地前沿。在这关键时刻，身为作战参谋的彭修挺身而出，带领西府游击总队训练队全体战士，利用有利地形和障碍物进行阻击。战场上枪林弹雨，枪炮声震耳欲聋，双方进行着激烈的战斗。战士王献民请求彭修先撤，把坚守阵地的任务留给自己，彭修喊道："我不能走，要死就要死在战场上！"继续指挥战友们英勇抗击。这场战斗从上午9点一直打到傍晚，先后打退了国民党三次冲锋，为掩护兄弟部队转移，保卫司令部首长的安全起到了至关重要的作用。在最后一次阻击战中，国民党冲进解放军阵地后，

彭修光荣证

双方短兵相接,展开了一场肉搏战。只听彭修大吼一声:"同志们,冲啊!"纵身跃出掩体,冲入敌群之中。他眼睛里燃烧着愤怒的火焰,双手紧握钢枪,左冲右刺,拼命厮杀。突然,一个国民党军官骑着高头大马向他背后冲来,挥起大刀朝他砍去,彭修还未来得及转身,便倒在了血泊之中。

篇七　革命夫妻

"我只要你革命到底的一颗心"

——共赴刑场的白德胜、任志贞夫妇

白德胜（1910年—1934年），陕西子长人。1933年2月参加革命，同年加入中国共产党。曾任陕北红军游击队第一支队分队长、代支队长。1934年2月13日，同妻子任志贞一起在安定县（今子长县）瓦窑堡迎勋门外被国民党反动派杀害，年仅24岁。

任志贞（1914年—1934年），陕西子长人。1931年秋加入中国共产党。1933年任陕北红军游击队一支队一分队政治指导员。1933年11月因叛徒出卖被捕。1934年2月13日，同丈夫白德胜一起在安定县瓦窑堡迎勋门外被国民党反动派杀害，年仅20岁。

1914年5月，一个瘦弱的女孩出生于陕北一个贫苦农民家里，取名海棠，父亲任广盛1926年前后就秘密加入了中国共产党，跟着谢子长从事革命活动。谢子长、马明方、马文瑞等党的负责同志经常在任家砭开会、接头，海棠也常常为他们站岗放哨。耳濡目染，时间一长，像"马列主义""苏维埃""打倒帝国主义和军阀官僚""改善我们民众的生活"等新名词、新思想，就像种子一样，深深地植根于海棠幼小的心灵里。

1931年一个秋天的夜里，在安定县玉家湾任家砭小学老师办公室里，年仅17岁的海棠和她的同学高云霄、栾新春一起参加入党宣誓仪式。他们跟着地下党员强本植庄严地宣读誓词："志愿入党，服从组织，严守机密，牺牲个人，努力革命，永不叛党！"

在这次入党宣誓会上，她把自己的乳名"海棠"改成"志贞"。她说："海棠是爸妈起的名字，表示我的第一个生命；志贞象征我的第二个生命。我成了党的人了，立志跟党走，永远做党的忠诚女儿！"

在她多次要求下，党组织批准她参加游击队。当时，白德胜带领的红军陕北游击队一支队一分队在安定县任家砭一带活动。党组织为了对白德胜进一步加强政治思想教育，特派任志贞担任一分队政治指导员。

共同的战斗生活，使任志贞与白德胜产生了爱情，结成了革命伴侣。在婚礼上，当着主婚人和战友们的面，白德胜说："你是念书人，咱是大老粗，论人才不行，要银钱没有。"

任志贞深情地说："你说的我都不要，只要你有一颗革命到底的心，你能办到我就满足了。"

白德胜坚决地回答："能办到，为共产主义我死不回头！"他把一支自己心爱的手枪送给任志贞说："这是咱们的结婚礼，也是咱们的护身宝。"战士们热情地赞扬他们："一对青年结鸳鸯，两颗红心献给党。"

任志贞担任陕北红军游击队一支队一分队指导员后，处处严格要求自己，事事起模范带头作用。在白德胜和任志贞的共同努力下，一分队的面貌发生了很大变化，军容整齐，士气很高，在安定和延川境内接连打了几次胜仗，巩固并扩大了根据地。

1933年10月，陕北红军游击队一支队一分队在延川县关庄一带活动。国民党反动派调遣了安定、延川两县驻军和地方民团"围剿"游击队。面对数倍于己的敌人，为了保存实力，分队领导决定避实就虚，向蟠龙方向转移，然后向群众基础较好的安定地区发展。但是狡猾的敌人兵分四路，把东西南北的要道全部占据，步步进逼，将一分队团团包围。

天刚黎明，游击队就和敌人接了火。战斗非常激烈。分队长白德胜和副队长张成忠率领两个小队组成的突击队攻克了一个山头后,敌人又纠集数倍兵力进行反扑。这时,另一路敌军正向玉盘山运动。如果这个高地被占领,游击队的处境将更加困难。敌人为了夺取这个山头,连续不断地发动进攻,但每次都遭到迎头痛击,前进不得,便把守玉盘山周围的几个山头,缩紧包围圈,妄图把游击队困死山上。

晚上,分队干部开会研究决定突围。半夜以后,任志贞在前,白德胜断后,穿过了敌人几道封锁线。后来与敌人巡逻队遭遇,在激烈的夜战中,白德胜身负重伤,被敌人俘虏。任志贞率领同志们甩掉了敌人,几经辗转,回到安定地区。

玉盘山突围后,一支队损失惨重。白色恐怖笼罩城乡。党组织决定派任志贞到绥德县田庄一带去做党的秘密工作。

由于安定县的敌人已经贴出告示,重金悬赏捉拿任志贞。出于安全起见,任志贞装扮成农村媳妇模样出行。1933年11月的一天夜里,她在大伯任丰盛陪同下,从任家砭出发,到了田庄,借住在地下党员戴宗智家里。戴宗智曾因偷盗乡亲的衣物等东西,受过任志贞的批评,一直心怀不满,便把任志贞的行踪报告给了敌人。敌营长张建南得知后,立即派兵去抓任志贞。

任志贞在猝不及防的情况下被包围了。手中没有武器,突围已不可能。她当机立断,烧毁了身边的传单和文件,随后就被冲进来的敌人逮捕了。

敌人把任志贞当作"要犯",反复审讯。敌营长张建南先是假惺惺地用软话利诱,任志贞连理也不理。张建南见软的不行,大声喝道:"我问你,你们的地下党在哪里?"

任志贞狠狠瞪了敌人一眼,冷冷地回答:"不知道。"任凭敌人张牙舞爪暴跳如雷，任志贞的回答只有三个字："不知道！"

张建南气急败坏地说："告诉你，你男人白德胜把什么都说了，你说了，就放你和他见面！"任志贞反诘道："他都说了，还问我干什么？"敌人威胁说："难道你不怕死？"任志贞毫不畏惧地回答："死，只能吓倒胆小鬼！"敌营长喝令用刑，几个匪兵把粗木杠压在任志贞腿上，站上去把木杠踩得吱吱响，钻心的疼痛使任志贞汗湿全身，昏迷了过去。

任志贞在昏迷中被拖进牢房。刺骨的冷风渐渐地把她吹醒。她抚着伤痕，忍着剧痛，走向窗口，隔窗瞭望养育过她的瓦窑堡古城，热血澎湃，心潮翻腾，不由得唱起她平日最爱唱的《少年先锋队队歌》："走上前去，曙光在前。同志们奋斗，用我们的刺刀和枪炮开自己的路。勇敢向前，稳住脚步，要高举起少年的旗帜。"接着，她又唱起了《国际歌》。看守的敌人听见她越唱声音越高，吼叫道："不要命的东西，半夜三更不睡觉，还唱什么？"任志贞大声回答："我唱歌，为的是让天快快明！"

第二天，任志贞的大伯任丰盛来看她。老人家隔窗望着侄女斑斑伤痕的脸和鲜血染红的衣裳，哽咽着说："孩子，你受罪了！"任志贞宽慰大伯："你老人家不要哭，顶多敌人要我一条命！"趁着看守不注意，大伯赶忙告诉她："孩子，党组织和同志们正在想办法搭救你。"任志贞立即说："大伯，你赶快转告党组织和同志们，不要费心了，敌人是不会放我的，也很难跑出去。组织和同志们有困难，我了解。只要同志们安全，革命成功，我死也心甘情愿！"

过了几天，敌营长张建南又进行第二次审讯。他说："任志贞,你说你不知道共产党的领导人和游击队,你自己是什么人,总该知道吧?"任志贞正气凛然地说:"我是共产党员!游击队员!"张建南拿出一张预先写好的自首书说:"好,痛快!那就在这上面签个名吧!"这时,叛徒戴宗智从外面进来,无耻地说:"志贞,到什么山头唱什么歌,吃谁家饭都一样,你就签个名吧!"任志贞一下把自首书摔在戴宗智脸上,骂道:"叛徒!你签吧!签名自首是你叛徒戴宗智干的事!筋骨可断,头可掉,要我叛变办不到!死了你们的贼心吧!"匪营长气急败坏,命令打手把任志贞捆在凳子上,用竹签子往指甲盖下面钉,用烧红了的铁条烙腿……任志贞又一次被折磨得昏迷过去了。

面对坚强的任志贞,敌人又生毒计,把任志贞的妹妹任换换抓来,威逼她劝姐姐投降。任志贞抚摸着妹妹的头发,深情地说:"换换,姐姐是共产党的人,活着要和敌人斗争,死也不能向敌人低头!我要是有个三长两短,你要好好照顾妈妈和小妹妹。"听姐姐这么说,换换难过地哭出了声。任志贞说:"换

任志贞夫妇旧居

换,不能哭!在敌人的牢房哭,就好比我们动摇,你要坚强起来啊!"敌人的阴谋又失败了。

腊月二十三日,任志贞的大伯任丰盛又来探监。他悄悄告诉任志贞,谢子长同志回到安定了,革命要有大发展了。听到这个好消息,任志贞万分激动。她对大伯说:"你老人家转告谢子长同志,转告党组织,我盼望革命早日胜利""为了安全,千万别让同志们来看我!"

1934年2月13日,张建南叫看守给任志贞端来了饭菜。他指着饭菜说:"已经到年关了,你也该吃顿好饭了,只要你说了,现在还不迟。"任志贞猛然抓起一碟菜向他砸去,因他躲得快,没砸着,油菜溅了满脸。张建南狂怒地嚎叫:"好厉害的女共产党,难道你真的不怕死?"任志贞毫不畏惧地答道:"共产党员你们是杀不完的!四万万中国人民你们更杀不完!我任志贞宁要共产主义不要头!"

当天下午,张建南带领刽子手打开牢房,将任志贞和她的丈夫白德胜五花大绑,押赴瓦窑堡南门外刑场。任志贞和白德胜这对革命夫妻在如此严峻的时刻见面了!任志贞向白德胜投去热切鼓励的目光,借此交换内心的千言万语,重温结婚前她对白德胜说过的那句话:"我只要你革命到底的一颗心!"

一路上,任志贞、白德胜昂首挺胸,并高呼:"打倒国民党反动派!""中国共产党万岁!"

这对年轻夫妇英勇就义。

★ "生是为中国,死是为中国"

同心为党的刘伯坚、王叔振夫妇

刘伯坚(1895年—1935年),四川平昌人。1921年与周恩来等发起组织中国少年共产党,1922年转为中国共产党党员,1928年被派往苏联学习军事,并出席了中共六大。曾任国民军第二集团军总政治部副部长、苏区工农红军学校政治部主任、红五军团政治部主任、中革军委总政治部宣传部副部长等职。1934年10月,中央红军长征后,留在苏区坚持斗争。1935年3月,率部队突围时不幸负伤被捕,1935年3月21日壮烈牺牲,时年40岁。2009年9月被中宣部、中组部等11部门评为"100位为新中国成立作出突出贡献的英雄模范人物"。

王叔振（1906年—1935年），陕西三原人。1920年考入西安女子师范学校。1927年到国民军联军总政治部工作，同年加入中国共产党。大革命失败后，曾在上海济难会工作。1930年到江西中央革命根据地，曾任苏区中央局秘书科长。1934年中央红军主力长征后留在根据地坚持斗争。1935年3月，在福建长汀被执行王明"左"倾错误的福建省苏维埃政府保卫局杀害，年仅29岁。

1920年6月，刘伯坚赴法国勤工俭学，后转入比利时沙洛瓦劳动大学学习。当时，西欧正经受十月革命的冲击，刘伯坚在那里接受了共产主义思想，并于1921年与周恩来、赵世炎等共同组建了中国少年共产党（后改名为旅欧共青团），随即转为共产党员。1923年，刘伯坚赴莫斯科，入莫斯科东方劳动者共产主义大学，并担任中共旅莫支部书记。1926年5月，刘伯坚结识了率领西北军失败后到苏联"考察"学习和求援的冯玉祥，积极开展了对冯玉祥及其随从人员的统战工作。冯玉祥邀请刘伯坚回国任国民军联军的政治部副部长。同年8月，刘伯坚随冯玉祥回国，被任命为国民革命军第二集团军总政治部主任。刘伯坚到西北军后，同上层人物建立了很好的统战关系。他还积极用革命思想改造这支从军阀阵营中分裂出的部队，建立起各级政治工作机构，举办各种干部训练班，开办军政干校，培养革命骨干，秘密发展党员，建立党的组织，从而奠定了党对西北军的领导和政治工作的基础。同时，刘伯坚非常重视地方群众工作的开展，他秘密组建党的陕甘区委，主持马列主义训练班，在陕、甘、宁广大地区播下了革命火种。

1927年4月，刘伯坚在西安同有名的才女、共产党员王叔振结婚，在西北军中一时传为佳话。王叔振1920年考入省立西安女子师范学校，在校时经常参加学生爱国运动，发表演讲，呼号救国。与刘伯坚结婚后，任国民军联军总政治部秘书，其间加入中国共产党。7月，根据党的指示赴上海从事济难会工作，营救被捕党员和革命群众。1928年春，丈夫刘伯坚赴苏联学习，王叔振留在上海从事地下工作，用笔名在上海各进步报纸撰文宣传革命理论。1930年秋，她和刘伯坚奉命去江西中央苏区，刘伯坚任中央军委秘书长，协助朱德总司令工作。王叔振受命从事妇女工作。1931年3月，王叔振生下第三个儿子熊生，因苏区条件艰苦，她和伯坚商定，将孩子过养给闽西新泉芷溪乡的秋满菊。

1934年10月，红军主力离开江西长征，刘伯坚被留下任赣南军区政治部主任。20万国民党军队将留下的3万红军（半数系不能远征的伤病员）压缩到赣南一隅。中央分局书记项英在几个月后才接受陈毅的建议，下令分路突围，开展游击战。

1935年3月4日，留在苏区的部队遭敌人重重围攻。在江西信丰的一次突围战斗中，刘伯坚不幸身中数弹，左腿负伤，落入敌人手中，被关押在大庾粤军第一军第一师第一团团部。广东军阀为了"炫耀"所谓胜利，故意押着负伤戴镣的刘伯坚，在大庾县最繁华的青菜街（今改称建国路）游街示众。

刘伯坚气宇轩昂，使路旁的人们敬佩不已。回到牢中，他写下气壮山河的诗歌《带镣长街行》和长诗《移狱》，并写了几封充满感情的家书，也是安排后事的遗书。

在被囚的17天中，刘伯坚坚贞不屈，视死如归。他在遗书

中把自己的一生归结为:"生是为中国,死是为中国",并以"我为中国作楚囚"自豪。刘伯坚在狱中所作《带镣长街行》诗:

　　带镣长街行,镣声何铿锵,市人皆惊讶,我心自安详。
　　带镣长街行,志气愈轩昂,拚作阶下囚,工农齐解放。

　　革命工作使刘伯坚与妻子王叔振聚少离多,但无论走到哪里,刘伯坚总习惯给妻子写上一封家书。家书的内容反复说着两件事,一是鼓励妻子继续坚持革命,二是希望妻子能够将三个孩子抚养成人。但随着局势的紧迫,二人联系越来越少。

　　3月20日,刘伯坚被国民党军法处宣布了死刑。行刑前,敌人问他还有什么后事要交代。刘伯坚说:"第一,我要写封家信,交代我的子孙后代将革命进行到底;第二,我死后要葬在梅关。""葬在梅关站得高望得远,使我死后也能看到革命的烈火到处燃烧!"刘伯坚写了最后两封信,他预言:"不久的将来中国民族必能得到解放",他的"鲜血不是空流了的"。他在信中谆谆叮嘱亲人:"最重要的,诸儿要继续我的志向,为中国民族的解放努力流血,继续我未完成的光荣事业。"其中留给妻子的信写道:

叔振同志:

　　我的绝命书及遗嘱你必能见着,我直寄陕西凤笙及五六诸兄嫂。你不要伤心,望你无论如何要为中国革命努力,不要脱离革命战线,并要用尽一切的力量教养虎、豹、熊三幼儿成人,继续我的光荣事业。我葬在大庾梅关附近。

　　十二时快到了,就要上杀场,不能再写了,致以最后革命的敬礼。

刘伯坚
三月二十日于大庾

这封绝命书短短100多字，饱含着对未来革命事业的期待、对亲人的牵挂、对个人生死的淡然。在生命的最后一刻，刘伯坚内心的信念毫无动摇，仍在嘱托自己的结发妻子继承遗志，继续革命；期盼三个儿子长大成人，仍然能继续他的光荣事业。3月21日，刘伯坚高呼"共产党万岁！"英勇就义。

王叔振闻讯后强忍悲痛，奉命转赴闽西长汀开展工作，不幸在四都乡西面姜畲坑（红军的四都医院附近）遇害。王叔振直到牺牲都没有看到丈夫写的书信，也没有再看到他们的孩子。

1938年毛泽东为刘伯坚碑文题词："刘伯坚是中国共产党的早期优秀党员，中国工农红军早期优秀将领，无产阶级革命家，我党我军政治工作第一人。"

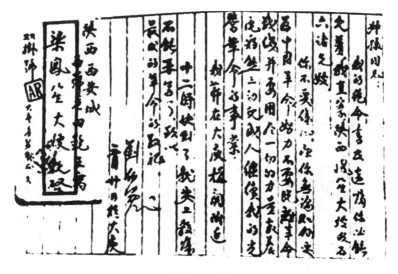

刘伯坚写给妻子的信

患难与共的杨虎城、谢葆真夫妇

"精诚团结起来,整齐我们抗日救国的阵容"

杨虎城(1893年—1949年),陕西蒲城人。1911年参加辛亥革命,1915年率众加入陈树藩的陕西护国军,参加反对袁世凯的革命活动。1924年加入中国国民党,历任第十七路军总指挥、陕西省政府主席、西安绥靖公署主任等职。1936年12月12日与张学良一起发动了震惊中外的西安事变,成为时局转换的枢纽。1937年11月,被蒋介石诱骗至南昌囚禁,后又囚禁于湘、黔、川等地,长达12年之久。1949年9月,被国民党特务杀害,时年56岁。2009年9月被中宣部、中组部等11部门评为"100位为新中国成立作出突出贡献的英雄模范人物"。

谢葆真(1911年—1947年)，陕西西安人。1926年加入中国共产主义青年团，1927年经魏野畴介绍加入中国共产党。同年12月担任安徽省太和县妇女联合会主任。1928年春节前夕，与杨虎城结婚。1936年担任西北各界妇女救国联合委员会会长，以独特的身份参与和支持了西安事变。1937年，陪同杨虎城赴欧美"考察军事"。1938年，杨虎城回国被囚禁以后，为探望和营救杨虎城赴武汉，被军统特务囚禁。1947年1月，被残害于重庆国民党监狱，时年36岁。

1922年冬，杨虎城因兵败无路，寄居榆林，前途茫然，无所适从。1923年春，经榆林中学校长杜斌丞介绍，杨虎城结识了共产党人、陕西青年运动的著名领导者魏野畴，拉开了他和中国共产党合作的序幕。

1927年秋，谢葆真报名参军，被编入国民革命军第二集团军总司令部政治部直属的前线工作团，她年龄虽小，但思想进步很快，后来加入了中国共产党。

此时，杨虎城任国民革命军第十军军长，共产党员魏野畴是该军政治部部长。不久，魏野畴将谢葆真等一批青年骨干调到第十军政治处做宣传工作。谢葆真先被分到该军驻地安徽省太和县开展妇女工作，后当选为妇女联合会主任委员。她领导县妇女联合会积极开展各项活动：动员妇女参加妇联，投身反帝反封建斗争；提倡婚姻自主；反对妇女缠足等。她专门组织成立放足委员会，派人守候在城门口，向进城妇女逐个进行说服教育。与此同时，谢葆真还创办妇女识字班，帮助妇女识字、学文化。

杨虎城对谢葆真由赞扬、赏识到逐渐钟情。经请示中共河南省委并得到批准，1928年春节前夕，杨虎城与谢葆真在其军部所在地教堂举行了婚礼。婚宴上，有人问杨虎城为什么能爱上小谢，杨虎城说："我知道她思想进步，结了婚可以直接帮助我。"谢葆真说："我不要你海誓山盟，只要你革命就行了。"杨虎城说："好！为了革命到底，白头到老，大家共同干杯！"简短的几句话表明，正是共同的革命理想使他们结合在了一起。婚后，谢葆真将主要精力用在支持和帮助杨虎城工作方面，以其特殊身份，做了大量有益的工作。

在中国共产党的抗日民族统一战线政策影响下，东北军和西北军的抗日爱国热情被进一步激发。从而，在抗日救国的基础上，在西北形成红军、东北军、第十七路军"三位一体"的合作局面。1936年12月，趁蒋介石亲临西安督逼东北军和第十七路军"剿共"时，杨虎城与张学良多次向蒋进谏无效后，于12日发动西安事变扣留蒋介石，并以八项抗日

杨虎城与张学良

救国主张通电全国。

西安事变震惊中外，杨虎城始终胸怀坦荡，说明"兵谏"的原因和目的。12月15日，他在全国广播讲话中说："同胞们！我们中国目前的国势已到了什么地步了，是不是被日本帝国主义者无厌的侵略，眼看就要亡国灭种了？我们救国的方针除了全国一致，不分派别，向同一目标，对准中华民族的敌人日本帝国主义抗战以外，实在再没有第二条生存的道路了！现在南京政府在蒋委员长控制之下，他们一贯的政策究竟怎么样呢？他们的口号就是'安内攘外'。同胞们！我们平心静气地想想，日本帝国主义的积极进攻，亡国灭种的惨祸就在目前了。所谓'安内'仍然是中国人杀中国人，将来的结果，也只有同归于尽，还谈什么'攘外'呢？"

12月16日，中共中央派周恩来为首的代表团到达西安，与张、杨协商，并与宋子文、宋美龄等进行了谈判。经过谈判，最终达成了停止内战、共同抗日的六项协议。西安事变在中国共产党的促成下得到和平解决。正如毛泽东同志在《论联合政府》中指出："西安事变的和平解决成了时局转换的枢纽：在新形势下的国内的合作形成了，全国的抗日战争发动了。"

蒋介石返回南京后背信弃义，扣留了张学良。消息传到西安，军民无比义愤。1937年元旦，西安民众举行了盛大的游行示威。杨虎城即日发表《告民众书》，力言：

"去年十二月十二日西安事变的崛发，为我们揭开了中华民族解放独立自由的头一幕，伟大的光明与正义，正期待在我们的前面……"

杨虎城、谢葆真与儿子在欧洲

"双十二的要求也很单纯，只是一个中华民族为反抗帝国主义者侵略的独立自由的战争而已，是要把中国从此引上一条永久生存的大道，希望集中全国各党派的力量，共同站在民族解放的立场，大家抛弃一切成见与党派关系，精诚团结起来，整齐我们抗日救国的阵容。"

1937年1月5日，蒋介石任命顾祝同为西安行营主任，孙蔚如为陕西省政府主席，杨虎城被撤职留任。同年3月至4月间，蒋介石以派杨虎城出国考察军事为由，剥夺了他的军权，流放国外。7月8日，当载着杨虎城一行的轮船行至太平洋时，传来了卢沟桥事变的消息，杨虎城心急如焚，立刻电报给宋子文说："日寇进迫，国将不国，噩耗传来，五中痛愤。弟以革命军人，何忍此时逍遥国外，拟由旧金山返国抗敌，祈转陈委座（蒋介石）。"但却遭到蒋介石的拒绝。杨虎城不得已，先后到美、英、法、德等国进行考察，虽身处逆境，仍为中国抗战和世界反法西斯斗争奔走呼号。他多次发表演说宣传抗日主张，受到爱国侨胞及各国进步人士的欢迎。他在美国旧金山的书面谈话中说："保卫国土是军人的职责，我一直要坚决抵抗日本侵略者。这次卢沟桥事变，是危及中华民族生死存亡的大问题，我怎能置身事外，流连忘返？……"在法国巴黎世界青年保卫和平大会上，他说："反对日本侵略的战争已经爆发，如果中国人民愿意继续自由地生活,他们就必须拿起武器来抵抗日本的侵略。中国人民是以热爱和平著称的,虽然中国人民有着热爱和平的感情,但是,我们只能用武器来抵抗入侵者的暴力,再没有其他办法。"

1937年11月底,杨虎城一行由法国回到香港,准备参加抗日工作,但是一上岸就被诱至南昌囚禁。在此以后的12年中,杨虎城一直被监禁,先后被关押于湘、黔、川等地。1938年10月中旬,蒋介石命戴笠将杨虎城一家转囚在贵州息烽的玄天洞里。这里终年不见阳光,屋内异常潮湿。杨虎城一家就这里度过了8年的牢笼岁月。

1946年,国民党又派人将他押至重庆渣滓洞。在长达十数年的囚禁岁月里,杨虎城及妻儿受尽了国民党特务的虐待、凌辱与精神上的折磨。杨虎城被折磨得身染重病,妻子也被逼得精神失常。其间,国民党特务以谢葆真病情影响杨虎城为由,将夫妻二人分囚别处,进行精神上的折磨。1946年,在重庆政协会议上,中国共产党郑重提出释放杨虎城,被蒋介石否决。

1947年1月21日,谢葆真最终惨死于监狱。

1949年9月6日,杨虎城惨遭杀害。同时被害的还有杨虎城的二儿子杨拯中,不满10岁的小女儿杨拯国,杨虎城的秘书宋绮云夫妇和他们8岁的幼子宋振中(小萝卜头),以及杨虎城的副官阎继明、警卫员张醒民。特务们还用硝镪水毁坏了他们的面部,然后把他们的遗体分地掩埋。

1949年12月16日,中共中央给杨虎城家属发出唁电:

> 杨虎城将军一九三六年与中国共产党合作,推动全国一致抗日,有功于国家民族。杨将军由此而受到蒋介石的囚

禁达十二年之久,并因坚持爱国主义立场而牺牲,这个牺牲是光荣的。杨将军的英名,将为全国人民所永远纪念。

杨虎城烈士陵园

篇八　英雄群体

"头可离颈，志不可灭"
——西安九烈士

王德安（1897年—1928年），陕西乾县人。1923年入北京大学学习政治经济学，为学生会会长，1925年加入中国共产党。1927年毕业后在西安私立敬业中学担任教务主任，后又在私立乐道中学任校长。国共合作时期曾任国民党陕西省党部筹备委员会委员，陕西省党部党务委员，党政训练班政治教员，西安省立第一中学政治教员。大革命失败后，打入国民党陕西省党部"清党"委员会做秘密工作。1928年4月22日被捕，6月17日慷慨就义，时年31岁。

李嘉谟（1901年—1928年），陕西延川人。1923年县立高小毕业后入绥德省立第四师范学校学习。1925年冬加入中国共产党，曾回延川建立国民党临时县党部和中共临时支部。1926年绥师毕业后创办延川第二高小，并在第二高小成立了中共支部，同年冬，随李子洲筹备成立陕甘区委。1927年10月调入中共陕西省委秘书处工作。1928年4月22日深夜被捕，6月17日慷慨就义，年仅27岁。

王文宗（1904年—1928年），字子清，陕西渭南人。1921年入西北大学读书，1927年入西安中山学院学习，毕业后任县立中学教员和校长，同年10月加入中国共产党，并任国民党渭南党部执行委员。1928年2月，被当时的渭南县政府扣押并转押西安，6月17日慷慨就义，年仅24岁。

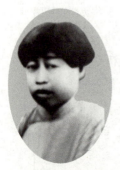

方鉴昭（1906年—1928年），女，陕西西安人。1921年入长安县立第一女子高小读书，1924年入陕西省立第一女子师范学校学习。1926年夏加入中国共产主义青年团，不久转为中共党员。军阀刘镇华围西安城时，担任西安妇女协进会总务负责人，1927年上半年创办妇女识字学校，任校长。同年10月，在中共陕西省委秘书处工作。1928年4月22日深夜被国民党反动派逮捕，6月17日，慷慨就义，年仅22岁。

李维俊（1906年—1928年），陕西华县人。1923年入私立西安成德中学学习，1925年加入中国共产主义青年团。中学毕业后回乡被聘为高塘小学教员，1926年任高塘小学校长，同年加入中国共产党。渭华起义失败后，被捕并被转押到西安。1928年6月17日慷慨就义，年仅22岁。

校明济（1906年—1928年），陕西渭南人。1925年冬在学校加入中国共产党。1926年到渭南县赤水职业学校以教师身份作掩护从事革命工作。1927年冬到中共陕西省委秘书处工作。1928年4月22日深夜被捕，6月17日慷慨就义，年仅22岁。

冀月亭（1906年—1928年），河北宣化人。1925年在北京加入中国共产党。1926年被中共组织派往国民军联军政治部做宣传工作，后历任《新陇西报》总编辑、共青团平凉特支书记。1927年6月，冯玉祥附蒋反共后，到西安寻找中共组织，被中共陕西省委派往渭南县立中学担任教员，负责共青团渭南县委的宣传工作。1928年2月随团县委转移到农村，后化装入城不幸被捕并被转押到西安。6月17日慷慨就义，年仅22岁。

徐九龄（1907年—1928年），女。陕西西安人。1924年毕业于三原县立小学，翌年入西安省立第一女子师范学校，其间加入中国共产主义青年团，1926年转为中共党员。1927年1月，出席国民党陕西省第一次代表大会，当选为国民党陕西省党部候补执行委员兼妇女部副部长，同年春到泾阳县女子高小执教，任学校共青团支部书记。1927年11月回西安到中共陕西省委秘书处工作。1928年4月22日深夜被捕，6月17日慷慨就义，年仅21岁。

任醴（1909年—1928年），陕西西安人。1924年长安县立第五高小毕业，后考入西安省立第一中学。1926年加入中国共产主义青年团，同年11月转为中共党员。1927年被调到中共陕西省委秘书处。1928年4月22日深夜被捕。6月17日慷慨就义，年仅19岁。

1927年大革命失败后，国内革命形势急剧恶化，国民党反动派疯狂镇压革命运动，屠杀共产党人和革命群众。陕西的国民党反动当局，以西安为据点也开始了反共"清党"活动，到处搜捕共产党员和革命青年。白色恐怖笼罩西安。中共陕西省委秘书处在敌人军警、特务的层层监视包围中，随时都有暴露被捕、牺牲的危险。秘书处工作人员方鉴昭原来在渭南工作，但当她听说秘书处需要像她这样经受过大革命考验，有实际斗争经验，革命意志坚定的女同事，化装去秘书处工作时，她连家也没回，就去了。秘书处的李嘉谟工作起来，时常废寝忘食、彻夜不眠。同志们关心地劝他要爱护自己的身体，要注意休息，他却总是恳切地说："革命就需要吃苦，要有铁的精神，才能负得起革命重任。"徐九龄，工作非常细致负责，经她手装订的文件，精致美观。她不避风险，经常化装出门，把省委的指示传达给各级党组织，把党的文件一一分送到同志们手中。

1928年4月22日，中共陕西省委秘书处秘密机关遭敌破坏，敌人将王德安、徐九龄、李嘉谟、校明济、方鉴昭、任醴和从渭南捕解来西安的王文宗、冀月亭、李维俊9位共产党员一起关押在西安西华门军事裁判处。9位同志虽然深陷牢笼，遭敌严刑拷打，残酷折磨，但却始终严守党的机密，利用一切可能的形式和机会，顽强地同敌人斗争，表现了共产党人高尚的革命情操。1928年6月17日，九位同志被活埋于西安北关外，俗称六一七惨案，9位同志被称作西安九烈士。1952年12月21日，中共西北局、陕西省委、西安市委及省市政府在新城群众礼堂联合举行了声势浩大的追悼会。

"对敌斗争不要怕死"

舍身跳崖的贾家三妯娌

黄云爱（1913年—1935年），陕西神木人。丈夫贾怀忠是中共神木南乡区委军事委员，在丈夫的影响下，1934年加入共产党，积极参加革命运动，站岗放哨、做军鞋、护理伤员、传递信息。1935年，担任二区苏维埃政府的巡视员，发动妇女支持革命，与敌人作斗争。牺牲时年仅22岁。

刘金珍（1916年—1935年），陕西神木人，是贾怀忠弟弟贾怀孝之妻。受贾怀忠、黄云爱的影响，和丈夫一起参加了革命活动。他们冒险掩护革命干部，为革命捐献过不少钱物。牺牲时，年仅19岁。

贺博芳(1918年—1935年),陕西神木人。丈夫贾华龄是贾怀忠的堂弟,1935年任三区青年干部。贺博芳嫁到贾家沟后,受革命家庭的影响,积极参加革命活动,生死关头毅然献出了自己宝贵的青春。牺牲时,年仅17岁。

岁月风尘,湮没了多少往事,但三妯娌跳崖的英雄故事,至今在陕北众口相传。

1935年初,国民党反动派调集5000余兵力,对神府苏区发动疯狂"围剿",敌邬青云骑兵营更是经常四处掳掠,烧杀奸淫,无恶不作。苏区人民对国民党军的种种恶行恨之入骨,实行坚壁清野,与敌人展开周旋和坚决的斗争。

4月20日,敌邬青云骑兵营到贾家沟村及周围的村庄"围剿"。一个连突然向贾家沟村窜来,群众得悉后,惊慌万分。危急关头,共产党员黄云爱和两个弟媳刘金珍、贺博芳,不顾自身安全,分头做群众的疏散工作,组织群众分批次向安全的

三妯娌殉难的鬼则崖

山沟转移,直到确认所有村民转移完毕,她们才决定迅速离开,向村外跑去。

进村的敌人扑了空,于是就向村外四处搜山,恰逢向村外奔跑的三个年轻妇女,敌人一边拼命追赶,一边大声喊叫:"站住,再不站住就开枪了。"黄云爱三妯娌,面对身后尾追的敌人,呼啸的子弹,深知如果跑向山沟无疑会暴露群众藏身的地方,后果将不堪设想。年长的黄云爱果断地对两个弟媳说:"我们一定要把敌人引开,让群众安全转移,现在只有一条路——鬼则崖。"于是三人向鬼则崖方向跑去,鬼则崖山前是一道缓坡,没有隐蔽物,山后无路,三面皆是10余丈高深岩。敌人见三个手无寸铁的妇女走上绝路,更是凶相毕露,争先恐后地边爬边喊:"抓活的,抓活的。"

黄云爱三妯娌跑上山顶,四顾无路,眼看敌人就要逼近身边,三妯娌心想,群众已经安全转移,任务完成,心中无憾。年纪较大的黄云爱对两个弟媳说:"即便粉身碎骨,我们也绝不能落到敌人的手里,让敌人糟蹋我们。而今后是追兵,前是悬崖,为了革命,只能跳崖。"说完毅然纵身跳了下去,两个弟媳紧随其后一齐纵身跳下鬼则崖。三妯娌毅然跳崖的英雄壮举,吓得匪徒

黄云爱故居

们目瞪口呆,望了望崖下灰溜溜地走了。就在这段时间,原地隐蔽的群众乘机安全转移,贾家沟群众免遭了一场劫难。

三妯娌生前积极投身革命,热爱群众,憎恨敌人。黄云爱、刘金珍经常向妇女们讲:"对敌斗争要不怕死,万一被敌人抓住,就是咬敌人的耳朵、鼻子也要拼个你死我活!"

三妯娌舍身跳崖的英雄壮举,赢得了当地群众的敬仰和爱戴,她们用生命保护了群众,用鲜血捍卫了尊严。

"为国捐躯,虽死犹荣"
——东江口三烈士张文津、吴祖贻、毛楚雄

张文津(1907年—1946年),湖北钟祥人。曾任湖北应城游击司令部参谋长兼四支队队长,新四军豫鄂挺进纵队独立一团团长、十五旅参谋长,新四军五师司令部作战处副处长,边区一、二分区参谋长,三五九旅参谋长,中原突围时,任干部旅旅长。1946年,在宁陕县东江口惨遭杀害,时年39岁。

吴祖贻（1914年—1946年），河南开封人，1937年加入中国共产党。曾任南开中学学生自治会主席、开封市委青年部长、豫西省委青年部长、鄂豫边区党委常委、民运部长。1946年6月随三五九旅突围，1946年，在宁陕县东江口惨遭杀害，时年32岁。

毛楚雄（1927年—1946年），湖南湘潭人，革命先烈毛泽覃的独生子，毛泽东的侄儿。1945年，在湖南省湘阴县参加新四军，投身革命。1946年，在宁陕县东江口惨遭杀害，牺牲时不满19岁。

1946年1月10日，重庆政治协商会议召开。同日，国共双方签订了《停战协定》。但是不久，蒋介石悍然撕毁停战协定和政协决议，于1946年6月底，以30万重兵进攻中原解放军6万抗日有功将士，密令郑州绥靖公署主任刘峙，务于7月1日前48小时内将解放军全部歼灭。中原人民解放军遵照党中央和毛泽东主席的战略部署，于6月26日晚进行了震惊全国的中原突围。李先念、郑位三、王震率北路突围主力，冲破敌五道防线，长驱2000里，胜利抵达陕南，完成了战略转移任务，并与陕南游击队会合，创建豫鄂陕革命根据地。

蒋介石见重兵围剿堵击失败，又继续搞和平欺骗，派军调部第三十二、第九谈判小组尾随中原解放军相继入陕。第三十二小组7月15日至老河口用飞机投掷第二号函"请李先念将军于18日于淅川晤面"。当天下午，第九、第三十二小组又联合拟成第三号函，由第九小组三方代表乘飞机散发。第三十二小组7月20日经商南至龙驹寨，雇老百姓向李先念送了8封信，并用飞机在东自湘河西至口头坪以及竹林关以南地区撒了第四号函："务请将军派代表以一切可能方法于7月24日24小时以内来龙驹寨与三十二小组取得联络""如24小时仍不能与贵司令所派之代表取得联络，则九及三十二小组即于25日赴西安"，并邀李先念派代表至西安谈判，"以此为和平最后一次之尝试。"

为再次表示我军和谈诚意，进一步揭露国民党假和谈真内战的阴谋，王震所部在攻下镇安县城后，8月6日电告李先念和党中央，确定派原第九执行小组我方代表，上校参谋、突围时任干部旅旅长的张文津，以及干部旅政治部主任吴祖贻，中原军区干部、毛泽东侄子毛楚雄三人为和谈代表，8月7日从镇安县杨泗庙出发，携带第九执行小组的符号、旗帜、证件公开去西安谈判。

张文津一行经过三天的山地路程，来到宁陕县的江口镇。这里山大沟深，是南下安汉、北去长安的必经之地，国民党派重兵把守着。

胡宗南部六十一师一八一团团长岑运应接到我方代表事前的通知，率队到魁星楼列队鼓掌迎接。当地群众也簇拥到一起欢迎。他们议论着：共产党到西安和国民党谈话呀，这下就不打仗了，和平了。但是，反动派的本性是与人民的良好愿望背道而驰的。敌第四连连长把张文津一行"欢迎"到团部后，刚才假惺惺的欢迎掌声立即变成了敌少校新闻主任韩清雅的审问声：

"你们谁是和谈代表？"

"我！"张文津怒目而视，"这里有旗帜、证件、符号，请过目。"

"你们为贵军何部所派？"

"李先念将军所部所派！"吴祖贻出示了通行证。

韩清雅进一步逼问道："谁请你们去西安谈判？"

张文津笑道："刚才你们不是在欢迎'和谈代表'吗？怎么？"

韩清雅理屈词穷："我方邀请有何证据？"

毛楚雄将飞机撒下的邀请谈判的公函掷向韩清雅："这恐怕你们也拣到了吧！"

韩清雅无言以对，改口道："我们再请示上级！为保护你们的安全，不准擅自行动。"

……

张文津、吴祖贻、毛楚雄从此失踪了。

对此突发事件，党中央极为关注。中原突围部队于8月14日报告中央："张文津等三人已于七日由镇安之杨泗庙以军调九小组人员公开去西安，请设法营救。"8月22日《解放日报》在头版显著位置发表新华社消息："蒋方此举显欲隔绝李先念部与第九小组之联络，以便破坏中央停战协议，实行追击与歼灭中原部队的计划。而中央社一再诬蔑狂叫李先念将军不派代表到西安之谣言，已由上述事实击破。对张文津等蒋方无理扣押事，南京中共代表团周恩来将军与北平执行部叶剑英委员均已向国民党提出严重抗议。"面对强烈的社会舆论，国民党却一直矢口否认，强加掩饰。

没有人知道，就在8月10日当天，胡宗南就已电令岑运应将中共和谈代表"就地秘密处决"。

这是一个漆黑的夜晚，四周寂静，只有旬河的水不停地流淌着，在为英勇的战士悲鸣。刽子手们押着张文津、吴祖贻、毛楚雄等人来到偏僻的城隍庙背后，将三位和谈代表及向导残酷地活埋在东江口镇城隍庙石坎下的水渠旁。

毛楚雄当时只有19岁，壮志未酬，埋骨秦岭。毛泽东得知毛楚雄牺牲后，十分悲痛。1950年见到毛楚雄之母周文楠时，深情地说："楚雄是个有志气的孩子，是韶山人民的好儿子……楚雄年龄不大，为国捐躯，虽死犹荣。"

中原军区和谈代表被害事后，国民党竭力掩盖事实真相，竭尽阻挠、欺骗之能事，致使此事一直无法查清，成为一桩重大的历史悬案。

党和人民没有忘记遇难的烈士，在李先念、胡耀邦、王震等党和国家领导人的关怀下，在陕西党史工作者和烈士亲属们的不懈努力下，1984年年底终于彻底查清了这一历史事件，于东江口找到了烈士的遗骨。

"革命的胜利一定要到来"

满门忠烈巩德芳

巩德芳（1909年—1947年），陕西商县人。1938年加入中国共产党。解放战争时期，曾任中共商洛工委委员、商洛游击队总指挥部总指挥，配合李先念领导的中原解放军主力部队创建了以商洛为中心区域的豫鄂陕革命根据地。1946年豫鄂陕边军区成立，任二分区司令员。1947年3月，由于积劳成疾，病逝于丹江北岸的姜家岭，时年38岁。为了革命事业，巩德芳一家及亲属共牺牲了7人，可谓满门忠烈。

1937年11月,中共陕西省委派地方科科长王柏栋,返回家乡龙驹寨茶房,担任中共商洛工委书记,发动和领导商洛的抗日救亡运动。巩德芳得知这一消息后,便邀请当时在常备队队长谢孝廉护兵班任班长的好友薛兴军,一起去拜见王柏栋,表达了加入共产党队伍的坚定决心。1938年4月,巩德芳与薛兴军经王连成、巩德胜介绍,加入了党组织。

正当茶房街、商洛镇、龙驹寨一带抗日活动热火朝天的时候,国民党陕西省第四(商洛)行政区督察专员温良儒,通过龙驹寨保安中队长冯麟生和商棣仙联保处常备队队长谢孝廉,买通土匪头子曹建勋于1938年7月25日暗杀了中共商洛工委书记王柏栋。地下党组织决定惩处破坏抗日救亡活动的反共顽固分子冯麟生、谢孝廉、曹建勋等人。1938年底,巩德芳利用常备队内部矛盾,处决了恶贯满盈的曹建勋。谢孝廉开始有所警觉,着手清理内部,搜捕中共地下党员。先是突然撤换了薛兴军的护兵班长职务,接着又千方百计架空副队长巩德芳。巩德芳经过精心筹划,于1939年7月4日在孙家塬常备队队部,将谢孝廉击毙。谢孝廉死后,商棣仙联保处常备队副队长巩德芳顺理成章地当上了队长。巩德芳利用职务之便,进一步扩大党掌握的武装力量。随后,先是处决了冯麟生派来的茶房联保处副主任李景蟾,后又将茶房、沙沟河等地的二三百人武装统一组织起来,成功地击毙了破坏抗日救亡、杀害共产党人和革命青年的主谋冯麟生,击溃冯带的三个分队,毙俘分队长以下30余人,缴获长短枪60余支。

1942年春,巩德芳率部到马栏整训。在马栏,巩德芳按省委指示，牵头开办了"德记骡马店"。他以省委拨给的5万元边币和5石小米为经费，带领同志们进行整风学习、开展生产。此后，商洛的游击队员陆续进入马栏，"德记店"成为保存革命力量、训练储存干部的一个场所。

巩德芳将"德记店"的同志分成三批，一批搞农业、一批搞副业、一批搞经营。在大家的共同努力下，"德记店"越办越红火，把收入的一部分粮食和资金交给关中地委，受到上级党委的表扬。经济问题解决后，巩德芳及时将"德记店"的工作重点转入到军事训练和政治教育上来，成立了训练队，巩德芳任副队长；配备了文化、军事教员，除教认字读书外，还讲游击战、运动战的打法，讲常用武器的性能、构造和使用。1944年冬，训练队人员增加到300多。关中地委决定"德记店"与临潼、西府等同类单位合并为教导队，后来扩编为教导团。除坚持平时训练外，巩德芳还率部参加了粉碎国民党军队围攻边区的淳化战斗和爷台山保卫战。

1946年7月，中原军区司令员李先念率领中原军区北路突围部队，从湖北宣化店胜利到达陕南。巩德芳等奉西北局命令前去接应，迅速派出多支小分队前去寻找接应突围部队。最终，张青山带领的第三小分队在丹凤毛里岗山坡上发现突围部队。8月1日，巩德芳接李先念住进小王沟他的朋友张孝仓家。

李先念当时身体非常虚弱，行走艰难，巩德芳精心地安排其住的地方，行走的路线，每一个地方住的天数，抬担架的人员等，确保李先念安全度过了一段时间，身体健康状况逐渐好转。巩德芳在保卫好首长安全的同时，常常亲率游击队，配合主力部队，出其不意地打击敌人。在敌军反复"围剿"的严重情形下，他把主力部队的伤病员分散隐蔽在群众家里，千方百计寻医购药，安排群众精心护理，使伤病员很快康复，重返前线。在部队急需棉衣过冬，敌人又严格限购布匹等物资的情况下，巩德芳发动群众，白天分散进城购买棉花和布匹，晚上赶制棉衣，在很短时间里，就解决了主力部队的冬衣问题。

9月26日，在巩德芳的精心安排和亲自护送下，李先念安全返回延安。后来巩德芳还保护和护送中原局代书记郑位三、常委兼组织部长陈少敏等领导人因病不便随军行动，离队在地方休养的人员安全返回延安。巩德芳出色地完成了毛泽东、党中央交给的任务。毛主席曾在一份电报中四次提到巩德芳，称他是陕南游击队领袖。按照战略部署，巩德芳协助李先念创建的豫鄂陕革命根据地牵制了大批敌人，坚持在商洛战斗了一年零一个月，在保卫延安和整个解放战争中发挥了重要作用。

为切断游击队与人民群众的联系，国民党纠集9个正规旅和12个保安团围攻根据地。他们用刺刀逼着群众移民并村，到处泥门封窗，抢劫财物，水中投毒，粮中浇粪，糟蹋妇女，屠杀群众，烧毁房屋。巩德芳率领游击队，不畏艰险，不怕牺牲，依然坚持对敌斗争。他们隐蔽在深山老林之中，住的是茅草棚，有时连草棚也住不上，就在荒山草坡上露宿，吃野果、野草。部队陷入弹尽粮绝的境地，还要和搜山的敌人进行周旋。

在日益尖锐的斗争中，巩德芳常常风餐露宿，忍饥挨饿，积劳成疾，终于卧床不起了。可是他从来没有因此停止过工作。躺在铺上不是看文件就是和同志谈话，好多同志都劝他要多休息，可他依然坚持工作，并满怀信心地鼓励战友："敌人的疯狂是暂时的，革命的胜利一定要到来。"当陕南游击队副司令员薛兴军在掩护主力部队北撤后，率部返回商洛，几经周折才在丹江北岸一个叫姜岭的偏僻山沟里，找到了巩德芳。1947年3月23日，也就是薛兴军见到巩德芳后的第三天，巩德芳溘然长逝。

巩德芳病故后，敌人将他的尸体挖出割下头颅，悬挂于商县西城门示众。为了斩草除根，反动势力于3月26日深夜枪杀了巩德芳的父亲巩怀让、妻子张菊娃、伯父巩怀富。只有巩德芳8岁的女儿巩党娃藏于竹箩筐下才幸免于难。巩德芳之弟巩德胜，也是中国共产党党员，曾任中共商县县委组织部长，1942年10月被捕后，受尽酷刑，于1943年英勇就义。

"杀了我,我还是一条叮当响的好汉"

——同日就义的周氏三兄弟

周瑞政(1919年—1947年),陕西丹凤人,1946年加入中国共产党。1947年初受伤被俘,4月5日英勇就义,年仅28岁。

周蛤蚂(1919年—1947年),陕西丹凤人。1946年加入解放军。1947年3月14日被俘,4月5日英勇就义,年仅28岁。

周作云(1919年—1947年),陕西丹凤人。1946年夏加入解放军。1947年3月14日被俘,4月5日英勇就义,年仅28岁。

周瑞政家境贫寒,以种田杀猪养家糊口。自己杀猪却吃不上猪肉的贫苦日子,使周瑞政深深地感到社会是如此的不公平。参加游击队,为穷人争取光明,便成了他心中的一个梦想。

1946年,李先念率中原解放军突围到商洛,与陕南游击队胜利会师。一次偶然的机会,周瑞政知道了这个消息,而且听人说,和巩德芳的游击队一样,这都是穷苦百姓自己的部队。于是,他暗下决心,一定要找到游击队,加入这支队伍。

李先念和巩德芳的部队合并后,很快便成立了第二军分区,随即在留仙坪、北宽坪、商镇一带开展活动。两岭子正好在第二分区的活动范围之内,革命心切的周瑞政,借卖肉为名四处打听,很快便找到了部队。第二分区副司令员薛兴军看见又来了一个斗志昂扬的汉子,便很快答应他留在自己的部队。

苦日子出身的周瑞政,深知生活的艰难,革命的艰难,然而革命的信念使他浑身充满了力量。部队每到一处,他总是顾不得休息,又是挑水、又是筹粮,而且凭着一手做饭的手艺,把后勤工作做得很好,很快被任命为事务长。

长期受地方民团欺压的周瑞政参加革命后最想干的事情就是和敌人真刀真枪地干上一场,可没想到进入部队后却干上了后勤工作。周瑞政对领导的安排没有意见,可是他也不想放弃任何一次参加战斗的机会。

一次,部队决定攻打国民党商棣镇镇公所炮楼,由于自己是两岭人,对炮楼和村里的环境比较熟悉,他便请求领导批准他参加战斗。领导看到周瑞政恳切的样子,同时也考虑到实际情况,便批准了他的请求。终于可以参加战斗了,瑞政高兴得几天都没有睡着觉。他想到自己可能会牺牲，可是他并没有害怕。战斗终于在一个夜晚打响了，机敏的他像夜猫子一样抱着机枪，对着敌人的炮楼猛烈的射击，他是要把穷人一腔的怒火射向敌人的心脏。很快，敌人的炮楼被端掉了，还活捉了保长李保鄂。由于周瑞政在作战中的机智英勇的表现，组织很快批准他加入中国共产党，并任命他为连指导员。

1947年初，当豫鄂陕军区党委决定抽调主力组成野战纵队转至外线作战时，长期劳累的周瑞政不幸身染重病，连行走都困难。身体的恶劣状况，没有丝毫消磨他坚强的革命斗志。领导再三劝说他休息，可他还是硬撑着跟上部队。春节前夕，敌人对官坡等地进行了疯狂的"清剿"，周瑞政不幸被发现，由于腿部受重伤而被敌人俘获。辗转数天后，被押送到家乡两岭子，关在商棣镇镇公所。

看到病体不支的周瑞政，敌人以为他们立功的时候到了，多次以金钱和职位引诱其投降。每次劝降，敌人都被他恶狠狠地骂了回去。恼羞成怒的反动派想用严刑拷打逼他招降。奄奄一息的周瑞政没有被敌人的淫威所吓倒，只要一息尚存，就要和国民党反动派做最后的斗争。软硬兼施，是敌人一贯的伎俩。面对瑞政瘦弱皮包的身躯，敌人再一次威逼利诱。当周瑞政听到"投降"两个字时，昏迷中的他睁开眼睛大骂："这样的话不用再讲了，想让老子投降门儿都没有。"关押他的镇公所使尽伎俩，在无奈的情况下，把他押往国民党商县监狱。

同年3月初，为掩护第二野战纵队北渡，原第九支队支队长薛兴军根据豫鄂陕军分区副司令员陈先瑞的指示，率领一个营,从豫西返回根据地牵制敌人。周蛤蚂、周作云所在的蔡兴运营在薛兴军的率领下,在河南栾川县同大部队告别,在前有重兵堵截、后有强敌追击的险境中,历尽千辛万苦,打回商洛,牵制了敌人,有效地缓解了主力部队的压力。在行军当中,为了任务的顺利完成,薛兴军命令所有战士尽可能轻装行走。然而,周蛤蚂为了多带些子弹,以免和敌人遭遇不吃亏,他瞒过领导和同志,除了将背包装满子弹外,硬是将随身携带的被子里的棉花掏出来放进子弹,同背包一起背上前行。尽管背上被磨出了泡,他却没有扔掉那些子弹的打算。每当部队快速前进的时候,他仍然忍着疼痛小跑前进。在一次遭遇敌人的时候,大家才发现周蛤蚂竟然带着这么多子弹,感谢之余,大家都佩服他过人的毅力和对革命的热情。

为早日同坚持斗争的陕南游击队司令巩德芳取得联系,在蔡兴运的率领下,周作云、周蛤蚂同战友们经过大小10多次战斗,终于在3月12日同中共商洛县县委书记刘丹东汇合。汇合后,他们很快被敌人发现并被重兵包围。在突围中,刘丹东同志壮烈牺牲。蔡兴运和战友们流着眼泪,在"冲出去,为刘书记报仇"的一声声呐喊中,冒着敌人的炮火,猛烈地向敌人射击,一次又一次的冲锋终于冲出了敌人的包围圈。迫于险恶的形势,为保存革命力量,蔡兴运宣布,部队化整为零,分散活动,暂避敌锐,积蓄力量,待形势好转时再化零为整集体行动。不少人流着泪、埋好枪,投靠亲友去了。无亲无靠的周作云说,"我没有亲人,共产党就是我的亲人,我没有朋友可以依靠,革命就是我的靠山!"周蛤蚂和周作云商量,决定不回家,继续和连长薛宝宝在商山打游击。

周作云生得人高马大，臂粗力壮，作战勇敢，机智果断，参加革命后一直担任机枪手，每次战斗，他总是打头阵。3月14日，他和周蛤蟆、薛宝宝在布袋洼遭遇敌军，面对来势凶猛的敌人，连长薛宝宝一时说不出话来，只是拿着枪四处乱射。邀功心切的敌人发现他们只有几个人时，大喊着"抓活的"，像疯狗一样冲了过来。在危难关头，周作云在子弹不足、势单力薄的情况下，始终保持清醒的头脑。为掩护战友撤离，有效地进行阻击，等敌人进入自己的射击范围，他才扣动扳机，子弹里装着仇恨与愤怒，狠狠地射向了罪恶的敌人。就这样，一次又一次的打退敌人的进攻。看到战友们已经平安地上到坡顶，他背着机枪准备撤退。当他一只手抓住一棵小树，另一只手拖着背上机枪，准备爬上一道塄坎时，机枪突然不听使唤地滑落到坎下。

枪，是革命的武器。人在枪在，这是一个革命战士的信念。当他迅速跑下坎去捡枪的时候，被追上来的敌人死死地围住。在经过了一番赤手空拳的搏斗之后，周作云，这个铮铮硬汉被敌人俘获了。

周作云和一同被俘获的薛宝宝、周蛤蟆等人，被敌人押解到丹凤县城西边的两岭炮楼，软硬兼施要他交代蔡兴运营长及其他游击队员的去向。关键时刻，身为连长的薛宝宝经不起考验，叛变投降。然而，周作云却十分干脆地说，"薛宝宝投降了你们，他即使活着，也是个窝囊鬼。好汉只有一个头，杀由你，砍由你，打由你。杀了我，我还是一条叮当响的好汉。要叫我出卖别的同志你们想都不要想。"

当敌人劝周蛤蚂投降时，他大骂道："你们太小看我周蛤蚂了。薛宝宝是孬种，我不是。我周蛤蚂生是共产党的人，死是共产党的鬼，要我投降，除非太阳从西边出来！""我被你们抓住的那一天，就没有想活。"

镇长谢虎山见劝降不成，亲自把这个"硬汉"的情况汇报给商县县长杜得霖。杜得霖给商棣镇下命令：处死不投降的周蛤蚂、周作云，还有一个尽管重伤仍然宁死不降的周瑞政，也要带回商棣镇处死。

4月4日下午，杜得霖把押在监狱的周瑞政一起带到商棣镇公所所在地两岭子。他还叫镇公所的人再次诱降此三人。还没等他们开口，满身是伤的周作云便大骂："老子的话早就说完了，杀呀、剐呀由你们。"

杜得霖得知周氏三兄弟不但不归顺投降，反而大骂他们，气急败坏，指示手下用铡刀铡死了三人。

4月5日，两岭子的天阴沉沉的。一大早，国民党地方民团已在商洛镇周边放满岗哨。三圣宫前后，到处都架有机枪。一伙刽子手押着周蛤蚂、周作云来到西渠边的老坟场。重伤昏迷的周瑞政，被拖到刑场，抬向铡刀口，壮烈牺牲。由于铡刀钝了，加之刽子手双手打颤，周蛤蚂被铡了几次才铡死。与此同时，周作云在一边大笑着破口大骂："狗日的国民党反动派，用钝铡刀铡人了，老子就瞧不起你们！"由于刽子手再也没有勇气按下铡刀了，只好采用枪毙的办法处死周作云。周作云高呼口号："打倒国民党反动派！""共产党万岁"，最终在枪声中倒下。

"为人民而死,虽死犹荣"
——为新中国奋斗到底的四八烈士

王若飞(1896年—1946年),贵州安顺人。1919年,赴法国留学,1921年在法国与周恩来等组织社会主义青年团,1922年成立中国共产党旅欧支部。1923年转赴苏联求学,1925年回国,历任中共豫陕区党委书记,中共中央秘书长与中共江苏省委常委等职。1928年秋季出席中共第六次代表大会,会后被派为驻共产国际中国代表团代表之一。1931年回国,途经呼和浩特时不幸被捕入狱,至1937年被释放。1939年后历任十八集团军副参谋长,中共中央华北华中工作委员会秘书长,中共中央秘书长及中共中央党务研究室主任等职。1945年中共第七次全国代表大会上被选为中央委员。王若飞为致力国内团结,曾三次参加国共两党间的谈判。1946年4月8日不幸遇难,时年50岁。

秦邦宪（1907年—1946年），江苏无锡人，中国共产党早期领导人。1925年入上海大学学习，参加五卅运动。同年底加入中国共产党。1931年4月任中国社会主义青年团书记。之后又任中共临时中央局成员、临时中央政治局书记和负责人。1934年10月参加长征。1935年在遵义会议上被解除中共最高领导职务。1938年后任中共中央长江局组织部部长、南方局组织部部长、红军野战部队政治部主任等职。1941年任解放日报社社长兼新华社社长。1946年4月8日不幸遇难，时年39岁。

叶挺（1896年—1946年），广东惠阳人。保定军官学校第六期毕业生，1922年任孙中山卫队团营长。1924年赴苏联求学并加入中国共产党。1925年回国，任国民革命军第四军李济琛部参谋处长，北伐时任第四军独立团团长。和贺龙在1927年8月1日举行南昌起义，任十一军军长。12月又参加广州起义，担任总指挥，失败后出国。1937年10月，新四军成立，担任新四军军长，坚持华中敌后抗战。1941年1月皖南事变中被国民党当局非法逮捕，先后被禁于江西上饶、湖北恩施、广西桂林等地，1945年9月间又由恩施押至重庆，至1946年3月4日被释放。1946年4月8日不幸遇难，时年50岁。

邓发（1906年—1946年），广东云浮人，中国共产党前期领导人之一，中国工人运动的早期领导人。1922年参加香港海员大罢工。1925年加入中国共产党，同年参加省港大罢工和东征战役。1927年参加广州起义。1928年后历任中共香港市委书记、广州市委书记、广东省委组织部长。1930年后任闽粤赣边特委书记、中央工农民主政府执行委员兼政治保卫局局长。长征中任纵队政治委员。抗日战争期间任中共驻新疆代表、中共中央党校校长、中共中央职工运动委员会书记、民运委员会书记。在中共六届三中全会和第七次全国代表大会上当选为中央委员，六届五中全会上当选为政治局候补委员，1945年9月代表解放区职工出席在巴黎召开的世界职工代表大会。1946年4月8日不幸遇难，时年40岁。

黄齐生（1879年—1946年），贵州安顺人，王若飞的舅舅，一手抚养王若飞成人。早年热心开展业余教育工作，参加护国运动反对袁世凯复辟帝制。1917年，率贵州学生赴日本留学，后又组织赴欧洲勤工俭学，接触了马克思主义，支持共产主义革命主张和留欧学生革命活动。回国后任贵州省视学等职。1926年，任贵州省立第三中学校长。1931年，经黄炎培介绍先后往江苏昆山、山东邹平、河北定县开展乡村教育。后在中华职业教育社和广西基础教育研究院任职。七七事变后组织抗日救国会，全力以赴为抗日救亡运动奔走；后任四川歇马乡村建设育才学院文史教授；他还不避险阻，多方奔走，从狱中营救出我党领导人王若飞，并随赴解放区考察，在延安受到毛泽东接见。1946年4月8日不幸遇难，时年67岁。

1945年8月28日,毛泽东、周恩来、王若飞等人赴重庆与国民党进行和平谈判,经过40天的谈判,签订了《国共代表会谈纪要》。多灾多难的中华大地仿佛看到了和平的曙光。

1946年4月8日,出席国共谈判与政治协商会议的中共代表王若飞、秦邦宪等由重庆乘飞机回延安,同机返回的还有刚被组织营救出狱的新四军军长叶挺、出席巴黎世界职工代表大会回国的解放区职工联合会筹备会主任邓发、著名教育家黄齐生老先生等人。

延安接到重庆八路军办事处发来的电报,下午一时许,毛泽东、朱德、任弼时、林伯渠和秦邦宪的爱人张越霞等来到延安东关机场等候迎接。

那一天,细雨蒙蒙,大家焦急地等待着飞机的到达。可是直到下午4点多,依然杳无音信。毛泽东、朱德等迎接人员只得疑惑不解地离开机场。后来经询问西安、重庆等地的有关人士,才得知该机未曾返航。

可能出事了!中共中央立即发布命令,要求各根据地寻找失踪的飞机。

11日晚10时左右,噩耗传到了延安:飞机因迷失方向,在山西兴县东南40千米、海拔2000米的黑茶山上触山坠毁,乘坐飞机的王若飞、秦邦宪、叶挺、邓发、黄齐生,十八集团军参谋李少华、副官赵俊登、魏万古,叶挺的爱人李秀文和两个孩子叶扬眉、叶阿九,保姆高琼,黄齐生先生的孙子黄晓庄,美军飞行员兰奇、瓦伊斯、迈欧、马尔丁共17人全部遇难。

4月18日下午1时,在晋绥边区谭政等人的护送下,飞机载着王若飞、秦邦宪、叶挺及美籍机组人员等遗体到达延安。在机场，朱德、刘少奇、任弼时、康生、林伯渠亲率各解放区及延安各界代表万余人肃立在机场接灵。

当朱德得知叶挺没有将军服时，就把国民党发给他的一套将军服给叶挺穿上。因遇难者遗体无法辨认，准备的衣服、被褥，只能按遗体上的花圈为标志，分别覆盖在遗体上。

4月19日上午10时，延安各界群众3万余人，在延安东关的飞机场举行了庄重的追悼大会。延安周围数十里的群众，天不亮就起身参加追悼会。

王若飞、秦邦宪、叶挺、邓发等参加过辛亥革命和五四运动，参加过大革命、土地革命、抗日战争与和平民主的领导，参加过中国共产党、中国人民军队、中国解放区的建立。他们是久经考验、忠于人民事业的革命战士，他们是有着丰富经验和能力的党的优秀领导者，他们为中国人民的和平解放事业做出了伟大的贡献。

四八空难前两个月，为了保障人权，为了保护政协五项决议，为了坚持宪章修改原则，为了反对国民党破坏停战协定，为了中国的和平、团结、民主、统一事业，王若飞和秦邦宪站在斗争的前线，奔走呼号，与国民党反动阴谋作最坚强的搏斗。4月8日他们飞回延安，也正是为保护政协决议、坚持宪章修改原则而向党中央报告和请示的，不幸竟遇大难。叶挺是人民军队的创造者，率领新四军为解放人民立下了汗马功劳。邓发为中国工人阶级联合战线同时也为世界工人阶级联合战线，建立了光辉的业绩。黄齐生是教育界的老前辈，他虽然不是共产党员,但自中国共产党成立,20多年间始终是我党的一个亲密朋友,为中国民主改革努力不懈。他们数十年如一日,忠心耿耿,奋不顾身,为中国人民的和平民主事业建立了卓越功绩,他们的不幸遇难是中国人民的巨大损失。

尤其是王若飞和叶挺,他们都曾为了人民的解放事业,坐过5年以上的牢狱。"横眉冷对千夫指,俯首甘为孺子牛。"鲁迅的这两句诗,正是他们的真实写照。虽然敌人给他们以百般折磨,千般诱惑,万般威胁,但他们都是富贵不能淫,贫贱不能移,威武不能屈。他们为人民服务的心,为民主奋斗的心,像钢铁一样坚强。5年多的监狱生活,他们没有丝毫丧失共产党人的立场,没有放弃共产主义的理想信念。在敌人的法庭上,王若飞坦然承认自己共产党员的身份,毫不掩饰自己信仰共产主义的世界观,坚决为无产阶级事业奋斗到底的决心。在狱中,王若飞还言传身教,大力宣传马列主义真理,扩大党的影响,以一个共产党员的模范行为让广大难友了解到"共产党是好样的!"叶挺10年流亡,5年牢狱,虽花白了头发,但更坚定了理想信念。他出狱后的第一句话就是请政府释放一切"政治犯";出狱后的第一件事,就是要求重新加入中国共产党。这就是真正共产党员的理想信念和坚强的革命意志。

"死里逃生唯斗争,铁窗难锁钢铁心。""如果今天,我能为真理,为广大劳苦大众而死,我会含笑以赴。""共产党人为党的利益牺牲一切,以至生命,就是最崇高的品质!"《王若飞在狱中》的这些话语今天读来,仍然掷地有声,仿佛响在耳边。叶挺的《囚歌》同样彰显了一个共产党人誓死与敌英勇斗争的伟大精神：

>   为人进出的门紧锁着，
>   为狗爬出的洞敞开着，
>   一个声音高叫着：
>   ——爬出来吧！给你自由！
>   我渴望自由，
>   但我深深地知道——
>   人的身躯怎能从狗洞子里爬出！
>   我希望有一天，
>   地下的烈火，
>   将我连这活棺材一齐烧掉，
>   我应该在烈火与热血中得到永生！

为革命牺牲是他们共同的心愿，他们毫无遗憾，最终他们为国家的和平与民主献出了自己宝贵的生命。

为悼念死难的烈士，毛泽东题写了"为人民而死，虽死犹荣！"的题词；朱德题写了"为全国人民和平民主团结而牺牲！"；刘少奇题写了"把给予我们伟大死者的悲痛变为积极的力量来巩固和平争取民主"；周恩来题写了"黑茶山顶，延安河边，人民英雄，永垂不朽"；任弼时题写了"你们的功绩，永垂不朽"；彭德怀题写了"为中国和平民主团结而牺牲，永远是光荣的！"

毛泽东为四八殉难烈士撰文写道：

>   亲爱的战友们，不朽的英雄！数十年间，你们为人民事业做了轰轰烈烈的工作，今天，你们为人民事业而死，虽死犹荣！你们的死是一个号召，它号召全党党员和全国人民团结起来，为和平、民主、团结的新中国而奋斗到底！全党党

员和全国人民将继承你们的遗志,继续奋斗,直到胜利,决不懈怠,决不退缩!

毛泽东为四八烈士题词

篇九 革命同心

"我觉得这个地方很好"
献身红色中国的德国牙医冯海伯

温奇·海伯特（1906年—1936年），又名冯海伯，德国犹太人，德国共产党员。毕业于柏林大学，获牙医博士学位。1936年到中国，同史沫特莱、路易·艾黎等外国友人从事进步活动。1936年春，从上海来到西安七贤庄，开设了牙科诊所，以此掩护红军"秘密交通站"，将采购的药品、医疗器械等转运陕北苏区。1936年12月12日，西安事变爆发，凌晨从睡梦中被枪声惊醒，外出打探究竟时被误击牺牲，年仅30岁。

"刘,我觉得这个地方很好。"一个外国人面对着一座新建的宅院,对另一个青年说。

面前的这座宅院,白墙灰瓦,10座砖土木混合的工字型四合院一字排开,壮观气派。每院高墙环绕,门户严实,这便是1936年建造的七贤庄。七贤庄北靠明城墙,西连北新街,东临火车站,南连杨虎城官邸,是建立地下交通站的理想之处。

这个青年,就是上海党组织刚刚派到西安做地下工作的刘鼎。此刻他正站在七贤庄一号院前,朝身后刚下黄包车的一位身着马褂、却长着一副欧洲人面孔的人说了句德语,便往前敲开了院子的大门。

1935年红军长征到达陕北,频繁而激烈的战争,恶劣的生活环境,使许多红军战士伤病在身,红军急需的医药用品和器械严重匮乏。

为了解决燃眉之急,中央决定让刘鼎在西安设定一处交通站,负责接收零散物资和医药,设法转运苏区。为完成这一重大任务,刘鼎经过思考,构思了交通站的基本设定——医院。

刘鼎专门去找了在上海的美国记者史沫特莱。通过史沫特莱的介绍,刘鼎认识了在上海开牙医诊所的德国共产党员冯海伯。冯海伯的牙医身份正好与刘鼎设想不谋而合。通过对冯海伯的调查,刘鼎了解到冯海伯在学生时代就曾参加过德国反法西斯运动,几年前被德国法西斯驱逐出境。冯海伯的经历没有问题,刘鼎就对冯海伯发出邀请,冯海伯欣然应下,于是随同他来到西安,开设诊所。通过诊所的掩护,红军所需物品被源源不断地运输到了延安。

1936年春夏之交，初来西安的冯海伯为古城气派所折服，但却为诊所的选址犯了难。于是刘鼎雇了辆黄包车，邀请冯海伯游览西安城，寻找合适的地点。经过一天的选择，两人决定在北新街七贤庄开设诊所。4月，七贤庄1号院的门外，挂上了"德国牙医博士冯海伯诊所"方形铜牌子，冯海伯的牙医诊所正式开业。

"德国牙医博士冯海伯诊所"铜牌

为开设诊所，刘鼎四处游说，东北军、西北军的军官及家属、朋友慕名来这里料理牙齿，一时之间，这间由德国医生在古城大院开办的牙医诊所，人来人往，热闹非凡。

1936年9月，女作家丁玲等人由上海去陕北途经西安，便在这座诊所里住了一月多。冯海伯曾在上海为张学良治好过牙病，到西安后又成为张学良牙医顾问的事情，为诊所招揽了许多国民党高级将领，为中共的统战工作创造了极为有利的条件。

远在上海、天津、武汉的地下党员和爱国人士购置的药品、器械、通信器材等，源源不断地寄到西安，采购的物品由冯海伯亲自查收，认真清点存放，没有任何一批货物发生过差错。存放的物品到了一定数量，由刘鼎出面，和西安地下工作者刘向三、王立人等，通过东北军六十七军军部汽车转运陕北。货物多了，就雇佣商车挂上军车车牌运送物资。红军的生存条件得到很大改善。

电台的滴滴声，回荡在1号院的地下室里，顺着木板拼接的缝隙，飘到安静的诊所里来。今日是诊所休息的日子，院子里静悄悄的，仿佛只剩下了冯海伯喝咖啡的声音。冯海伯原本打算今日去史沫特莱处商议有关事项的，但刘鼎和同伴此时在地下室使用电台。今日又是电台转播"红中社"新闻的时间，冯海伯一边喝着咖啡，守着地下室"干活"的人，一边拿着收音机收听延安发出的新闻。出于地下保密工作原则，刘鼎从来没有告诉过冯海伯电台的真实用途，但参加过反法西斯运动的冯海伯，早已心中有数，每当发报机在工作时，冯海伯总是自觉地在一旁望风守候。

冯海伯躺在刘鼎送给他的中式摇椅上，听着耳边传来的轻微电台声。一旁的咖啡杯还留着余温，冒着轻微的热气。突然间，有人敲响了诊所的门。

"冯医生，冯医生在吗？"

冯海伯将收音机放在桌上，拧大音量，收音机立刻发出一阵嘈杂的声音，随后他快速来到地下室的木板前，轻轻地敲了敲木板，两短一长，这是他和刘鼎的暗号，电报机的声音立刻停下，木板内同样传来两短一长回复的声响。

"冯医生！冯医生！"门外的声音变得急促起来。

冯海伯赶忙从一旁拿来几块毛巾，搭在地下室门口的栏杆上，随后躺回摇椅上，又将一条毛毯盖在身上，将眼镜放到一旁的桌子上，顺道把还冒着烟的咖啡杯端到手里。

大门被推开，进来的是两个穿着大衣的年轻人。冯海伯假装被惊醒，茫然呆看着眼前来客，发现他们并不是附近常见的住客。能在这个时间突然闯入，早期曾参加过反法西斯斗争的冯海伯，立即提高了警惕！

"冯医生。"

"哦，你们好，今天是诊所休息时间，不接诊。如您有什么困难，可以等明日再来，好吗？"冯海伯摸着桌上的眼镜，从摇椅上侧身站起，借着身体的遮挡，尽量把地下室的楼梯口挡住。

"我们是省会公安局的。"两人亮明了身份。"听到冯医生的诊所有些奇奇怪怪的声音，前来检查。冯医生刚才一直在睡觉吗？不知道我们有没有打扰到你。"一个高个的人说道，眼神往冯海伯身后看去，而另一个矮一些的，则紧紧盯住冯海伯的眼睛。

"哦，没打扰。近日找到了这个收音机，便想学学汉语，没想到这收音机，似乎有些坏了，一直都是这种声音，听着听着便睡着了。"冯海伯说道，"不知道两位可不可以帮我看看这收音机，不知是什么原因，接收不到信号？"

两人对视一眼，笑着上前："让我们看看。"

话音刚落，其中一人立刻将收音机的声音关掉。没了收音机的声音，诊所立刻安静下来，冯海伯拍了拍收音机笑道："估计是真的坏了，我本来想听收音机，学习中国话，可惜了。"

就这样静静地过去了几分钟时间，诊所内很安静，没有其他任何声响。

"建议你买一台好的收音机学习汉语。"高个子说。

"谢谢你们。"冯海伯见两人准备离开，就向他们挥挥手。高个子回头仔细看了冯海伯一眼，说道："冯医生今后还是将收音机的声音开小一些，免得影响别人。"

"好，我明白了。"冯海伯回答。等两人都离开后，冯海伯关好大门，在收音机旁的摇椅上躺了一会儿。等外面再无任何声响后，他又敲了敲地下室的门，刘鼎又开始工作了。而这期间，再无人来敲过门。

七贤庄共10个院落，冯海伯租用的只是1号院，周边还住着许多邻居。邻居们只当他这位金发蓝眼睛的外国牙医初来中国，借着收音机学习汉语，也不多问。偶有人进来同冯海伯打个招呼，放下点东西又离开，冯海伯总是很客气地问好，或者安静地坐在凳子上，听对面的人用他听不懂的话与他交谈。也许是他听不懂的缘故，有些人总喜欢来和他说话，像是对着教堂的牧师忏悔一般，而冯海伯也像牧师一般静静地听别人说着话。这样的生活很好，与德国相比，更加平静。待到夜幕降临，冯海伯收起诊所里的器具，往里屋里走去。他碧蓝色的眼睛扫过地窖的门，将一个椅子轻轻地放到上面，随后入睡。冯海伯知道，在他不知道的地方，也有人彻夜不眠，仔细记录着这间小小牙医诊所地下室传送出去的每一声滴答作响的电波声，规划着他似懂非懂的中国人的大事情。

1936年12月12日凌晨，古城正发生着一场震惊世界的大事变，但冯海伯并不清楚。他像往常一样，早早从床上爬起，从箱子里翻出了一条围巾，这是他刚来中国时，史沫特莱送给他的。很简单的一条浅咖色围巾，放箱子里久了，带着点樟脑丸的气味。

这时，外面传来一阵枪声，冯海伯不知道发生了什么事，他披衣下床，走到院子里抬头四处望了望。

他想起这天同史沫特莱有个约会，决定提前赴约，去见住在西京招待所的史沫特莱，看这位消息灵通的女士能够提供些什么情况。他拉开门栓，开了一扇侧门出了院子，沿北新街向南走去。此刻，天色昏暗，只有一线亮光透出东方的天际，街道两侧还是漆黑一片。

"谁？口令！"突然一声断喝，冯海伯虽然听不明白，但他看见武装士兵端着枪，正对着自己。他感到了危险，稍一犹豫，就拔腿往回跑。"哗啦"一声，对方子弹推上了枪膛。"站住！不站住就开枪了。"枪声响起，冯海伯身中3弹倒在路边。

士兵围了上来，有人认识是冯海伯，就架起他送回1号院。冯海伯忍着剧痛，拿起注射器，给自己打了一剂强心针。但一个多小时后，他终因失血过多而离世，没有留下任何遗言。按照党组织的安排，冯海伯的遗体上覆盖着中国共产党党旗。

"不打败日本侵略者，决不回家园"

战地救护队长罗锦文

罗锦文（1914年—1939年），陕西洛南人。1932年秋考入英国教会开办的西安广仁医院高级护士学校。1936年西安事变爆发后，四处奔走，宣传抗日救国。1937年成立"西北青年抗日前线救护队"并任队长。1939年10月12日，以身殉职，年仅25岁。

1932年秋,罗锦文考入西安广仁医院高级护士学校,接受医学专科教育。在那里,他刻苦学习,悉心研究,学习成绩在全年级名列前茅,外科临床技术尤为突出。毕业后,罗锦文入股西安同仁医院,任外科医师。

1936年到1937年,目睹了西安事变和西安各界轰轰烈烈抗日救亡热潮的罗锦文,被各界人士的拳拳抗日救国之心及具体行动所感染。尤其是七七事变之后,从山西中条山、河北古北口、东陵沟、卢沟桥、张家口等前线辗转送往西安的伤病员与日俱增,各医院早已应接不暇。有的危重伤病员由于救治不及时在转运途中丧生。见此情景,立志抗日救国的罗锦文萌发了组织医疗队奔赴前线救治伤病员的念头。

罗锦文很快将自己的想法付诸行动。他多次找到八路军驻西安办事处,陈述自己的忧患情怀及抗战心志。在"八办",罗锦文向接待他的伍云甫处长说:"前方打仗这么紧,伤员那么多,我觉得那儿最需要医务人员。能直接为八路军服务,这就是我的心愿……"伍处长对罗锦文说:"你说得很对,前线需要你们,八路军盼着你们……"

得到"八办"的支持后,罗锦文随即展开了救护队的组织工作。他分别写信给自己在西安、洛阳、泾阳等地从医的同学或亲戚朋友,动员他们加入前线救治伤员的行列中来。

在罗锦文的积极努力下,西北青年抗日前线救护队正式组建成立,罗锦文任队长。救护队成员由曹民哉、胡秀英、翟碧文、阎玉珍、吕英杰、罗惠文、罗惠民、苏道理、吕书林、崔海潮等14人组成,其中男青年9人,女青年5人;年龄最大的24

岁，最小的16岁。

救护队成立后，罗锦文来不及和父母道别，仅以书信告知自己的行踪："儿已与同学组织救护队，儿任队长，事已就绪，不日即可出发前线。当这个困难的时候，无我无家，因是事实。假使日本鬼子来此，我们做亡国奴呢，还是当刀下鬼？这是三岁童子也料得到的。""儿已退出股东，共折一半，合洋160元，七折八扣，吃亏不小，这是儿自愿牺牲！"言语不多，但字里行间无不闪耀着一个热血青年的爱国情、赤子心。

随后，罗锦文秘密与西安"八办"联系，经伍云甫处长请示山西抗日前线八路军总部。总司令朱德、副总司令彭德怀当即联名回电："不怨苦可前来，这里十二分的欢迎。"10月下旬，救护队成员陆续在西安汇合，准备奔赴前线。

救护队出发前，伍云甫向队员们介绍了残酷的战争与艰苦的生活，他说："前方将士多么渴望医务人员，你们去，那真是雪里送炭……"伍云甫的话使这些年轻人心里感到热乎乎的，报效祖国的重担压在了自己的肩上，他们又兴奋，又心急，恨不得插上翅膀飞向前方。罗锦文代表全体队员表示："我们宁肯战死疆场，也不当逃兵。不打败日本侵略者，决不回家园。"

1937年11月初的一个夜晚，在"八办"工作人员的帮助下，救护队员满怀抗日救亡的拳拳之心，秘密登上一列"闷罐子"货车，然后摆渡渡过黄河奔赴抗日前线。到达八路军总部卫生部驻地山西省临汾县高公村后，卫生部长姜齐贤在接待他们时说："你们是全国第一个自愿上前线的救护队，你们从白区冲破敌人的层层阻拦和封锁，来到前线参加战地救护，这种精神令人十分敬佩。"随后，八路军总部为他们举行了隆重的欢迎仪式，左权副参谋长致辞："西北青年抗日前线救护队的同志不远千里，不畏艰苦，奔赴抗日前线，你们这种忧国忧民的行动，应受到人民的尊重，你们是炎黄的好子孙，人民的好儿女，是全国青年学习的好榜样。"

救护队成员抵达八路军总部后，罗锦文等八人被分配到前方野战总医院外科，罗锦文任手术室医师兼《医疗学》教官。他不辞劳苦，经常在日寇的炮火之中抢救伤员。1938年7月，贺龙师长率一二〇师在晋西北与日军精锐部队激战，伤病员日渐增多。罗锦文就和野战医院院长曾育生赶到一二〇师卫生处工作。不管白天黑夜，不论刮风下雨，哪里有战斗，哪里有伤员，哪里就有罗锦文。晋西北的兴县、岚县、五寨、岢岚，被战火烧焦的土地上，到处都有罗锦文紧张忙碌的身影，到处都有罗锦文匆匆来往的足迹。就是在这一时期，罗锦文经常与伟大的国际共产主义战士、加拿大外科医生白求恩一起工作。

1938年11月21日，贺龙、关向应率一二〇师师直精锐部队挺进冀中，晋西北只留三五八旅。由于战斗日趋频繁、激烈，伤员也随之剧增。在战地救护工作更加紧张繁重的情况下，后勤生活却更加艰苦，医护人员常常只能以黑豆水充饥。长期超负荷的工作，加上生活困难，营养不良，罗锦文积劳成疾，高烧40度不退。三五八旅政治部主任兼医院政委刘惠农劝罗锦文休息，他却坚持不下火线。1939年10月12日，在岚县五里岗为伤员做手术时，罗锦文几次昏厥，醒来后又继续坚持工作，最后累倒在手术台边，以身殉职。

"努力实现民主主义"

革命教育家杜斌丞

杜斌丞（1888年—1947年），陕西米脂人。1917年在陕北榆林中学任教务主任兼史地教员，思想开明，支持学生爱国运动。1930年任国民党第十七路军杨虎城部高级参议。西安事变后任陕西省政府秘书长。1940年赴成都、重庆、昆明等地参加抗日救国民主运动。1946年1月，赴重庆以民盟顾问身份出席政治协商会议。1947年3月，被国民党特务逮捕，同年10月被害，时年59岁。

早在青少年时代，杜斌丞目睹旧中国内忧外患的悲惨情景，就立志寻求救国救民的道路。1917年从北京高等师范学校毕业后，杜斌丞以教育救国为己任，回到经济文化落后、风气闭塞的陕北家乡。任榆林中学校长期间，杜斌丞力除陈规、锐意革新，聘请了一批进步教师，包括一些著名的陕西早期共产党员和青年团员，传播新文化和新思想，培养了一大批革命青年。后来周恩来称赞他是"革命的教育家"。

1930年杨虎城主政陕西，杜斌丞应邀出任陕西省政府高级参议。九一八事变后，日本侵占了中国东北，而以蒋介石为首的国民政府却坚持"攘外必先安内"，对日本的侵略实行不抵抗政策。杜斌丞以爱国主义的胸怀和眼光，纵览全局，向杨虎城提出"回汉一家，陕甘一体，南北团结，反蒋救国"的主张。为了实践这一主张，他不畏艰险几度入甘，说服地方实力派团结抗日，并于1932年担任甘肃省政府秘书长、三十八军（孙蔚如任军长）高级参议。1933年，蒋介石下令杨虎城驻甘部队全部调往陕南"剿共"前线，妄图使十七路军与红军互相拼杀，两败俱伤。杜斌丞明确提出"联共、反蒋、抗日"的主张，得到杨虎城、孙蔚如的赞同，并和红四方面军取得联系。1933年6月24日，两军在第三十八军参议王宗山家中正式签订了"巴山为界，互不侵犯，联共反蒋，共同抗日"的秘密协定，又称《汉中密约》。这一协定的达成，在客观上为红四方面军集中兵力打击四川主要敌人，扩大川陕根据地，克服经济物质困难起到了重要作用。同时，也促进了第十七路军的内部团结，加强了同蒋介石斗争的力量。

1935年10月,中共中央和中央红军长征到达陕北。12月下旬,毛泽东派汪锋持他分别写给杨虎城、杜斌丞、邓宝珊的亲笔信到西安商谈联合抗日问题。杜斌丞同汪锋进行了多次晤谈,对共产党的信任深为感动,表示完全拥护共产党的抗日民族统一战线政策,并为党中央提供了西安军政界的许多情况。此后,杜斌丞为促进第十七路军和红军的合作做了大量工作,并在杨虎城的一些重要决策中发挥了积极作用。

1936年8月13日,毛泽东在致杜斌丞先生的信里写道:

斌丞先生左右:

仲节君回,盛称德意,并聆抗日救国宏论,天任钦迟。值此国难日亟,国贼猖狂,大好河山,危险万状。伪蒙军向绥远进攻,冀察政委会质量之改组,凡此种种,愈见日寇之变本加厉。弟等一再呼吁,要求全国不分党派,一致团结御辱。一年以来成效渐著。虎城先生同意联合战线,但望百尺竿头,更进一步。时机已熟,正抗日救国切实负责之时,先生一言兴邦,甚望加速推动之力,西北各部亦望大力斡旋。救西北救中国之伟大事业,愿与先生勉之。特派张同志诣崇阶,敬祈指示一切。云山在望,延企为劳,诸惟心照,不尽。

即颂

日绥

毛泽东手启
8月13日

西安事变期间,杜斌丞向杨虎城建议"三方联合,红军为首,接受共产党主张,团结各方爱国人士"。杜斌丞受杨虎城之命,就任陕西省政府秘书长,参与起草张、杨提出的"八项主张",并任红军、东北军、西北军三方联合办公厅西北军代表,代表杨虎城多次参加了由东北军、西北军和红军三方联合召开的重要会议。作为一方代表的杜斌丞,周旋促进并协助张、杨两位将军和中共代表周恩来在政治、组织、民政和稳定局势等方面处理了大量复杂而棘手的问题,为巩固"三位一体"的局面做了不懈的努力,表现了他韬略恢宏的政治家风度,受到各方人士称赞。西安事变的当天,杜斌丞就被杨虎城任命为陕西省政府秘书长。

1936年冬,中国工农红军与东北军、西北军,在共同抗日的基础上实现了"三位一体"的大联合,抗日民族统一战线首先在西北实现,从而为国共第二次合作和全国抗日民族统一战线的建立奠定了重要基础。在此后国共合作团结抗日的新形势下,杜斌丞始终维护团结抗战,支持各界民众的抗日救亡运动,对陕甘宁边区在物资方面尽力给予支援。

1938年秋,杜斌丞被国民党政府当局免去陕西省秘书长一职,授予省政府委员虚职。他拒绝蒋介石的拉拢,拒绝加入国民党。1940年赴大后方,在成都、重庆、昆明等地参加抗日救国民主运动,加入中国民主政团同盟和中国民主同盟。

之后,由于对国民党破坏团结抗战坚持独裁的倒行逆施深恶痛绝,杜斌丞致力于抗日民主运动,为促进西北与西南民主运动的联合南北奔走。1941年秋,杜斌丞在重庆经王炳南同志介绍,加入中国民族大众同盟,任陕西组组长。

1944年冬,杜斌丞参与领导筹建中国民主同盟西北总支部,提出"亲苏、友共、努力实现民主主义"的政治纲领,并同杨明轩等促成《秦风日报》和《工商日报》出联合版，使之成为西北民盟机关报。1945年2月，中国民主同盟西北总支部正式成立，他任主任委员。同年10月，在民盟第一次全国代表大会上被选为中央委员、常委。1946年1月，杜斌丞赴重庆以民盟顾问身份出席政治协商会议。2月8日，在西安以民盟中央常委名义向报界发表谈话，揭露国民党蒋介石一党专制独裁的行径，要求当局实施民主宪政。在白色恐怖严重、将对他不利风传颇多的情况下，杜斌丞谢绝要自己撤离的劝告，坚持留在西北斗争阵地。1947年3月20日，杜斌丞在西安被国民党特务逮捕。在狱中他受尽百般折磨，视死如归，奋笔疾书，严斥国民党反动派的罪行，10月7日，在西安玉祥门外英勇就义。

杜斌丞同志是从爱国主义、革命民主主义走向共产主义的忠诚战士，他为中华民族的独立和中国人民的解放事业贡献了自己的一生。中国共产党及各方人士对杜斌丞的评价颇高。毛泽东曾赞誉杜斌丞为"西北领袖人物""彻底的民主主义者""中国共产党的忠实朋友"；周恩来赞誉杜斌丞是"革命的教育家""坚贞的革命战士""生的伟大，死的伟大，正气磅礴，足可千秋"。彭德怀曾称赞杜斌丞是"难得的有识之士"。

后 记

今年是新中国成立70周年。深入挖掘三秦大地上为党的事业和新中国建立英勇献身的革命先烈的感人事迹，是我们的职责所系，也是今年我们党史宣传的重点。本书旨在通过革命先烈的家书、牺牲前撼人心扉的呼声和大义凛然的形象，以图文并茂的形式，为各级党员干部和广大青少年提供探寻和践行初心使命的典范，引导大家从革命先烈身上汲取前行动力。

本书由省委副秘书长、省委党史研究室主任高新民总体筹划，省委党史研究室副主任任惠林具体组织，研究一处李兵、汤彦宜，研究小组李静、李方负责编辑，孙都兴、王金强、佘林君、高子果、乔艳艳、牛金鹏、赵炜、苏维、任杰、潘晓毅等同志参与编写。

成书过程中，《当代陕西》杂志社王化欣、李丁等同志给予积极支持，陕西人民出版社南先锋同志对书稿进行了具体指导，西安交通大学出版社刘夏丽、薛伟、张瑞娟、贺彦峰等同志对本书的排版、核校、出版等做了大量细致的工作，在此一并致谢！

由于时间紧迫、编写者水平有限，书中难免会有一些不当不周之处，敬请广大读者批评指正。

编　者
2019年5月